TRIDUUM SOLENNEL
en l'honneur
DU BIENHEUREUX J.-B. DE LA SALLE

APOTHÉOSE DU BIENHEUREUX J.-B. DE LA SALLE

TRIDUUM SOLENNEL

EN L'HONNEUR

DU

BIENHEUREUX J.-B. DE LA SALLE

CÉLÉBRÉ

EN L'INSIGNE ÉGLISE CATHÉDRALE DE CLERMONT-F°

Les 11, 12 et 13 Mai 1888

RÉCIT DES FÊTES ET PANÉGYRIQUES

Du District de Clermont

CLERMONT-FERRAND

TYPOGRAPHIE & LITHOGRAPHIE RICHET & STANDACHAR

ÉDITEURS

3, Place de la Treille, 3

1888

DU BIENHEUREUX J.-B. DE LA SALLE

L A religieuse Auvergne ne pouvait manquer de célébrer solennellement la Béatification du Fondateur des Écoles chrétiennes. Féconde en vocations sacerdotales et religieuses, elle donne généreusement ses fils à l'Institut du Bienheureux de La Salle. Ils conservent dans la vie religieuse leurs qualités natives, l'esprit sérieux et réfléchi, leur constance proverbiale. Ils ont laissé partout de fortes empreintes. Il n'y a guère de provinces en France et à l'étranger qui ne compte parmi ses sujets les plus éminents quelque Frère sorti du noviciat de Clermont-Ferrand.

De plus, la divine Providence, qui sait si bien disposer toute chose pour la plus grande gloire de ses saints, a placé sur le siège de saint Austremoine, Mgr J.-P. Boyer, infatigable créateur d'écoles chrétiennes, qu'il construit et soutient par ses propres générosités et par celles que son ardente charité et son irrésistible exemple savent si bien provoquer. Fils de ses œuvres, il a placé dans ses armes épiscopales le rabot de son père, et il est heureux de saisir toutes les occasions de témoigner aux Frères des Écoles chrétiennes, ses premiers maitres, sa vive et impérissable reconnaissance. Rien de plus touchant que les marques d'affectueuse tendresse qu'il prodiguait naguère à l'humble Frère qui, dans l'école de Paray-le-Monial, lui apprit le catéchisme avec l'alphabet.

Admirable de zèle et d'activité, l'éminent prélat voulut tout ordonner, tout diriger : choix des orateurs, ornementation de sa magnifique cathédrale, ordre des cérémonies, fonctions que chacun doit remplir, rien n'échappe à sa prévoyante sollicitude.

Dès le 31 mars, la *Semaine Religieuse* de Clermont annonçait qu'un *Triduum solennel* ordonné par Mgr l'Évêque, en l'honneur du Bienheureux J.-B. de la Salle, fondateur des Frères des Écoles chrétiennes, serait célébré dans l'insigne Basilique Cathédrale le 11, 12 et 13 mai suivants.

Cette même feuille périodique, qui tient un rang si distingué dans la presse catholique, publia à plusieurs reprises le programme détaillé des cérémonies et des chants, ainsi que des articles fort remarqués sur la personne et l'œuvre du nouveau Bienheureux, et, après les fêtes, des comptes rendus auxquels nous faisons de larges emprunts. Nous sommes heureux d'exprimer publiquement notre reconnaissance aux éminents rédacteurs qui, par leurs annonces pressantes et répétées, ont puissamment contribué à rendre ces fêtes populaires ; grâce à eux, les fruits en seront plus répandus et plus durables.

I. — PRÉPARATIFS.

Notre magnifique cathédrale gothique, du plus pur XIIIe siècle, est si belle dans ses harmonieuses lignes architecturales, qu'elle ne supporte ni tentures ni colifichets; elle n'a rien à cacher : elle-même est sa meilleure décoration. Qu'on l'inonde de lumière, cela suffit.

A l'entrée du chœur, deux montagnes de fleurs et de verdure partant de la base des grands piliers du transept, charment la vue et donnent au vieil édifice un air de fête.

De nombreux lustres, qu'on aurait désiré plus nombreux encore, pendaient des voûtes élancées et formaient une couronne lumineuse autour du Bienheureux.

Mais ce qui attire et fixe irrésistiblement tous les regards, c'est le tableau représentant l'apothéose du Bienheureux J.-B. de la Salle.

Il occupait, au-dessus de l'autel, toute l'ogive médiane du chevet ; son encadrement s'harmonisait si bien avec l'architecture qu'il semblait faire partie de l'édifice. Cette toile magistrale ne mesure pas moins de dix mètres de hauteur. Elle représente le Bienheureux de la Salle quittant la terre et s'élevant au ciel. Sous les nuages qui le supportent, se silhouette la ville de Rouen où il vient de rendre le dernier soupir. Les anges l'entourent et chantent à l'envi ses louanges ; ils forment autour de sa tête une gracieuse couronne tout illuminée de la radieuse auréole dont Dieu pare le corps de ses élus.

Le visage transfiguré du Bienheureux respire une joie vraiment céleste, le calme et la sérénité éternelles ornent son front ; son regard semble doucement fixé sur des spectacles qui ne sont pas d'ici-bas. On dirait qu'il contemple Celui qui va le couronner, et qu'à son oreille retentit cette parole : *Euge serve bone et fidelis intra in gaudium Domini.* « Courage, bon et fidèle serviteur, entre dans la joie de ton Seigneur. »

Intra in gaudium, c'est bien la parole du jour, celle qui explique la joie et les transports de tous. Pour que personne ne s'y trompe, un ange radieux la porte inscrite sur un cartouche et semble la redire à toutes les oreilles attentives. D'autres anges portent les armes de l'Institut dont le Bienheureux a doté l'Église : une étoile brillante sur champ d'azur avec la belle devise : *Signum fidei.*

Une longue banderolle sépare la terre de la scène céleste ; elle porte la parole évangélique qui exprime toute la vie et les œuvres du nouveau Béatifié, ainsi que la mission confiée à ses disciples : *Laissez venir à moi les petits enfants.*

Est-ce pour les accueillir encore et les inviter à le suivre que le Bienheureux tient avec une si touchante expression ses mains étendues vers la terre ; est-ce pour y faire descendre avec abondance les grâces que le Seigneur lui confie en ce jour où il veut le faire glorifier et invoquer ?…

C'était surtout le soir, après le coucher du soleil, alors que tout est ombre et mystère dans le saint lieu, que le tableau éclairé par transparence se détachait de l'obscurité et semblait comme une apparition céleste.

Aussi, les ouvriers revenant alors des pénibles travaux de la journée, les gens du peuple libres seulement à cette heure accouraient *voir le saint.* Rien de plus touchant que ces troupes recueillies, l'œil charmé par la céleste vision, contemplant en silence le nouveau Bienheureux s'élevant dans la gloire.

Que de saintes pensées, que de salutaires souvenirs d'enfance chrétienne réveillait dans les cœurs la vue de ce

Frère glorifié. Le cher frère qui leur avait fait la classe, ses bons catéchismes, ses religieuses réflexions , son zèle pour leur faire entendre pieusement la sainte messe , les joies sans mélange de leur première communion..... Quels touchants souvenirs! quelles salutaires émotions!

L'un de ces ouvriers disait à son compagnon qui l'invitait à sortir : *Laisse-moi, je ne puis me détacher de ce grand Frère, il me dit tant de choses...*

Puissent ces impressions avoir pénétré bien avant dans les cœurs et avoir inspiré de saintes résolutions.

CATHÉDRALE DE CLERMONT

II. — PREMIER JOUR.

Dès la veille, les cloches de l'église cathédrale annonçaient, par leurs joyeuses volées, les solennités du lendemain.

A 9 heures et demie, l'immense nef se remplissait d'enfants de toutes les écoles des Frères, pendant que les bas-côtés étaient envahis par leurs nombreux parents.

Quel magnifique spectacle !

Le Bienheureux semblait contempler tous ces jeunes enfants au cœur pur, qui lui rappellent ses travaux et montrent le développement de l'œuvre que le Ciel lui a inspirée.

Le saint Sacrifice est offert par M. le chanoine Cistrier, doyen du Chapitre.

Cette grand'messe chantée en musique par plus de deux cents élèves produit le plus bel effet ; l'harmonie simple et douce en est fortement goûtée.

Après l'évangile, M. l'archiprêtre de la cathédrale, s'inspirant de la circonstance, a rapidement analysé, en un très beau langage, l'excellence, l'importance et les résultats de l'éducation populaire.

Nous empruntons à la *Semaine Religieuse* de Clermont le résumé de cette remarquable allocution :

« Les gloires ne manquaient pas à la fin du XVIIe siècle : les Universités, le Collège de France faisaient briller d'un vif éclat les lettres et les sciences, les arts et la poésie, dans le pays de Bossuet et de saint Bernard, de Racine, de Corneille et de Pascal ; mais seuls, les enfants de la classe aisée pouvaient franchir le seuil des établissements scientifiques.

« Pour les enfants du peuple, il y avait des écoles presbytérales jusque dans le plus modeste village ; et le moment était venu de donner à cet enseignement populaire plus d'extension, sous peine de voir les arts et les métiers, l'industrie, le commerce et l'agriculture frappés d'une désolante stérilité ; le fondateur de cette éducation populaire fut Jean-Baptiste de la Salle. Tandis que Vincent de Paul fondait un Institut pour les enfants orphelins ou délaissés, J.-B. de la Salle fondait un Institut pour l'éducation de l'enfant du peuple. — Les résultats de cette œuvre montrent qu'elle était celle de Dieu : plus de vingt générations ont été élevées par les fils de J.-B. de la Salle ; ces modestes et dévoués instituteurs sont au nombre de douze mille, et sont répandus sur toutes les parties du globe ; leurs écoles sont trop petites pour contenir les nombreux enfants qui s'y rendent de toutes parts. — A l'heure actuelle, cette éducation populaire a une importance capitale, à raison des efforts de l'impiété pour soustraire l'enfance à l'influence de cette religion qui fait le bonheur des individus et des familles, en même temps que la force et la dignité des peuples ; aussi, autant se livrent à une œuvre ingrate ceux qui font la guerre à l'enseignement chrétien, autant les fils de J.-B. de la Salle font une œuvre éminemment patriotique et française, en donnant aux enfants du peuple l'instruction qui en fait des citoyens éclairés, et cette éducation chrétienne qui en fait des hommes dévoués. »

Mgr l'Évêque, dont le cœur débordait de joie, a tiré de cette éloquente allocution une conséquence pratique en recommandant à ces chers enfants de faire au moment du saint Sacrifice, cette prière : « *Bienheureux de la Salle,* « *faites que nous soyons de plus en plus sages et pieux,* « *dociles à nos bons maîtres, pour profiter de l'éducation* « *chrétienne, faire leur consolation, le bonheur de nos* « *parents et le nôtre !* »

A l'Offertoire, la musique instrumentale du Pensionnat fait retentir les voûtes de l'antique Basilique à la grande joie de la multitude d'enfants qui remplissent la vaste nef. Ils ne se lassent pas d'écouter les vibrantes harmonies que leur renvoient les échos de l'édifice.

La cérémonie se termine par une cantate au Bienheureux, due à la plume exercée d'un maître en l'art d'écrire et dont le cœur de fils est heureux de chanter un Père tendrement aimé. L'air en est entraînant et majestueux ; il est promptement devenu populaire à Clermont.

CANTATE AU BIENHEUREUX DE LA SALLE.

REFRAIN.

Gloire à ton nom, honneur à ta mémoire,
De la jeunesse, illustre bienfaiteur !!
Nos chants d'amour célèbrent ta victoire :
Veille sur nous, sois notre Protecteur !

I.

De ses vertus, dès l'âge le plus tendre,
La Salle offrit le spectacle éclatant.
Reims l'admira; nul ne s'en put défendre,
Tant Dieu brillait dans cet aimable enfant !
Aussi ce cœur par de tout artifice,
Dès le berceau devint-il un autel,
Où par l'amour, s'offrait un sacrifice
A notre terre envié par le ciel !

II.

Mais à ses vœux lorsque, du sanctuaire,
S'ouvrit enfin le parvis immortel,
La Salle au monde, aux faux biens de la terre,
Avec transport, dit l'adieu solennel.
Dieu seul, Dieu seul, désormais fut sa vie !
Servir Dieu seul, captiva son grand cœur !
Aimer Dieu seul fut sa suprême envie !
Le faire aimer, son unique bonheur !

III.

Du saint amour, sondant le doux mystère :
D'un Dieu caché sous l'enfant pauvre et nu,
La Salle un jour, sans souci de la terre,
Se fit à Reims, l'apôtre méconnu.
O généreux ami de la jeunesse,
Vers Dieu, toujours, conduis nos jeunes ans !!
Entends nos vœux, reçois notre promesse :
Toujours, toujours, nous serons tes enfants !

IV.

Mais pour fournir à sa tâche admirable,
Pour enfanter de nobles dévouements,
L'apôtre, épris d'un zèle impitoyable,
Livra son corps à de nouveaux tourments.

Autour de lui, d'une légion sainte,
Péniblement, se groupa le faisceau !
L'enfer rugit ; l'œuvre parut éteinte ;
Mais Dieu veillait sur cet humble berceau.

v.

Maîtres chéris, l'œuvre de votre Père,
Au monde entier se révèle aujourd'hui,
Œuvre du ciel, merveille de la terre,
Digne à la fois et de vous et de Lui !
Méprisez donc l'effort de la tempête,
Qui, vainement, se déchaîne sur vous.
La Salle est là, debout, à votre tête :
En vous sauvant, il nous sauvera tous !

Pendant que la foule se retire, une 'brillante marche militaire termine la solennité du matin.

Le soir, à 4 heures, la Cathédrale est envahie de nouveau ; aux élèves du matin succède un nombreux auditoire de pieux fidèles ; longtemps avant l'heure, les places font défaut ; le chœur est étincelant de lumières. Mgr l'Evêque prend place sur son trône pendant qu'éclatent dans un cantique au Bienheureux, les voix fraiches et pures de 200 jeunes choristes.

Mgr d'Hulst, vicaire général, recteur de l'Université catholique de Paris, répondant à l'invitation de Mgr Boyer, monte en chaire et vient, par sa vive et entraînante parole rehausser l'éclat de ces belles solennités et ouvrir la série des panégyriques qui doivent être prononcés dans le cours du *Triduum.*

« L'éminent prélat n'est pas un inconnu pour nous. Les fidèles de Clermont se rappellent encore les fêtes des conférences de St-Vincent-de-Paul, les prêtres du diocèse ont conservé un précieux souvenir des retraites pastorales de 1886. Aussi l'affluence était-elle considérable. Un magnifique auditoire venait écouter l'éloge du Saint, fait par un de ses plus éminents panégyristes.

» Il appartenait au recteur de l'Institut catholique de Paris, au Prélat qui consacre les efforts de son intelligence et de son cœur à combattre pour la cause de l'enseignement catholique, d'étudier la béatification du fondateur des écoles chrétiennes, au point de vue de la grande œuvre qui préoccupe à l'heure actuelle toutes les âmes catholiques, et d'en tirer les conséquences pratiques. C'est ce qu'a fait l'orateur en développant largement ces deux idées : *La béatification du Bienheureux de la Salle glorifie la cause de l'enseignement populaire*, en même temps qu'*elle nous apprend la manière dont nous devons le servir*. C'était entrer au cœur de la question.

La hauteur des vues et des pensées, la beauté et l'élégance de la diction, l'ampleur du geste de l'orateur, tout a contribué à faire de cette soirée une fête où l'esprit et le cœur ont eu une égale part.

On nous pardonnera de ne donner qu'une froide analyse d'une œuvre que nous aurions été heureux de reproduire intégralement.

— » *L'enseignement populaire* fut la passion du Bienheureux de La Salle. C'est la cause qui doit nous passionner nous-mêmes.

» Nos ennemis voudraient nous ravir l'honneur d'une priorité qui les gêne. Vous aimez à enseigner le peuple, nous disent-ils, mais votre enseignement n'a d'autre but que de lui donner pour cortège vos superstitions et vos doctrines religieuses. Et encore, si, de nos jours, votre ardeur à faire la lumière dans les intelligences se manifeste avec autant d'insistance, vous nous le devez. Vous voulez nous suivre dans la voie que nous avons ouverte.

» Telle est l'objection dans toute sa force.

» Objection mensongère qui ne réussira pas à égarer les esprits dans la connaissance de la vérité. Nos ennemis n'effaceront pas l'histoire. L'Eglise a toujours lutté contre l'ignorance et la barbarie. C'est pour elle une nécessité d'existence. Pour imposer son autorité, sa morale, sa discipline, elle n'a d'autre ressource que d'instruire. Pour donner à l'homme toute une philosophie, tout un système de doctrine embrassant Dieu, le monde, l'homme, la vie présente, la vie future, elle n'a qu'un seul moyen : l'*école*.

« Aussi de tout temps le zèle de l'Eglise pour les écoles populaires s'est-il hautement manifesté.

» A cette époque où, dans notre France, les pouvoirs publics avaient le regard tourné du seul côté de la force, négligeant et méprisant toute autre culture que celle des armes, l'Eglise s'occupait des intelligences et des âmes. Aux écoles palatines créés par Charlemagne avaient succédé les écoles épiscopales et les écoles monastiques. Les princes de l'Eglise, dont un historien protestant a dit qu'ils avaient fait la France comme les abeilles leur miel, s'intéressaient au peuple, et leurs écoles, bâties à côté des presbytères ou de leurs palais épiscopaux, lui donnaient une nourriture que l'Etat ne songeait pas à lui dispenser.

» A mesure que l'histoire pénètre plus avant dans les siècles du passé dont elle n'avait jusqu'alors qu'effleuré la surface, elle acquiert la conviction chaque jour plus profonde que le monopole de l'Eglise en matière d'enseignement lui venait non d'un égoïsme jaloux, mais de la négligence des séculiers.

» Vint la Renaissance qui, en apportant à l'Europe les trésors littéraires de l'antiquité païenne, donna aux études un nouvel aliment et un nouvel élan. Mais sa sphère d'action ne s'étendit pas au-delà d'un cercle restreint. Au peuple elle ne donna rien. L'un de ses plus brillants apôtres écrivait : « Le peuple n'a pas besoin d'instruction. Au peuple, il ne faut qu'un aiguillon et du foin. »

» Pendant ce temps, l'Eglise continuait son œuvre d'institutrice du peuple. Et dans l'application des méthodes qui ont constitué l'enseignement pédagogique, elle fut la première à en sentir le besoin et à en provoquer l'organisation. Même avant le B. de La Salle, des tentatives simultanées avaient eu lieu, accusant un besoin universellement senti. En Italie, saint Joseph Calazansk ; en France, des hommes épris de l'amour du peuple se dévouaient aux enfants. Le mouvement avait eu surtout pour but des écoles de filles. Pour les jeunes garçons la généralisation des efforts n'avait obtenu aucun succès. Lorsque parurent deux hommes marqués par le doigt de Dieu. L'un est un fils de la chrétienne Vendée, Grignon de Montfort, que Léon XIII vient de couronner également de la gloire de la béatification, l'autre est le Bienheureux J.-B. de La Salle que nous venons de glorifier en ces jours de solennité.

» Dès lors, une ère nouvelle commence. Il est vrai, son œuvre est traversée par mille obstacles. La défiance des bons, la haine des méchants entravent son zèle et font échec à son dévouement. C'est une guerre que toute sa vie il aura à soutenir. Il la soutient, accablé parfois, découragé jamais. Il est enfin vainqueur ; après sa mort, son œuvre croît et se répand partout. De nos jours elle est devenue l'arbre gigantesque dont les rameaux s'étendent partout, suffisant à toutes les tâches, soutenant toutes les concurrences, servant de modèle aux plus heureuses imitations.

» Témoignage glorieux rendu à l'œuvre du Bienheureux ; il éclate au dedans et au dehors. Au dedans par la multitude des écoles qui couvrent le sol français et que le peuple préfère aux palais scolaires que lui bâtit l'athéisme officiel ; au dehors, par ces multitudes de religieux et de religieuses qui vont porter au loin le nom et l'influence de notre patrie, et qui lui ont mérité le beau nom de *Missionnaire de l'Église*.

» Telle est la cause qui est glorifiée par la béatification du Bienheureux de La Salle, cause sainte entre toutes, car il s'agit de l'âme du peuple.

» Autrefois il s'agissait surtout d'enseigner, car l'ennemi était l'ignorance. Aujourd'hui l'ennemi c'est le savoir impie, il s'agit de donner l'enseignement chrétien.

» Dangereuse dans les hautes sphères, l'impiété l'est encore plus quand elle pénètre dans les couches inférieures de la Société. Ni Dieu, ni maître, devient la maxime logique de la multitude. Désormais sans frein, le peuple ressemble à un navire désemparé, il subit l'influence du premier exploiteur qui veut s'en faire un instrument de fortune, brisant ses idoles de la veille pour en élever d'autres qu'il brisera le lendemain dans un nouvel accès de fol emportement.

» On accuse les égarements du peuple. Ceux qui l'ont mené à mal ne sont pas les derniers à avoir peur de leur ouvrage. La raison en est que les rois du jour ont été les premiers à se liguer contre Dieu et contre son Christ. Il est juste qu'ils soient les premiers à subir la punition de leur infâme attentat.

» O Christ, roi immortel des siècles, rappelez à ce peuple égaré les titres de votre royauté bienfaisante. Et puisque ces titres sont surtout le fruit de l'enseignement chrétien, en glorifiant celui qui a si bien servi cette cause sainte, vous nous la rendez plus chère et vous nous apprenez à la bien servir à notre tour.

» Le secret de bien instruire le peuple, c'est de l'aimer ; le secret de l'aimer, c'est d'aimer Dieu avant tout. Voilà ce que nous avons besoin de savoir, nous l'apprendrons à l'école du Bienheureux de La Salle.

» Nous rencontrons dans le monde beaucoup d'hommes qui aiment l'enseignement populaire, mais à leur manière ; à d'autres, le sacrifice, le travail, les humiliations ; à eux, l'honneur, le repos, le profit.

» Ce n'est pas ainsi que le Bienheureux de La Salle comprit son œuvre.

» Chanoine de la métropole de Reims, portant un grand nom, à la tête d'une grande fortune, il sacrifie tout. Il écoute un homme qui de Rouen vient lui faire d'étranges propositions. Avec M. Niel, il se met à l'œuvre. Il se donne à l'enfant du peuple. Quel contraste avec les apôtres de l'enseignement impie...

» Mais pour aimer ainsi le peuple, il faut s'appuyer sur un principe supérieur. C'est à travers l'amour de Dieu et les inexprimables mystères de la Rédemption qu'il faut regarder l'âme de ses frères. C'est là que les saints puisèrent leur charité.

» Le monde ne les comprend guère mieux quand il les loue que quand il les outrage. Il place Vincent de Paul au panthéon des philanthropes, il rend hommage à de La Salle, mais leur inspiration il la méconnaît. Il ignore que si les saints sont beaux à contempler dans leur triomphe, c'est surtout dans les combats qu'il faut les voir.

Or, le Bienheureux de La Salle nous apparaît comme un homme qui priait toujours, qui souffrait toujours, qui s'humiliait toujours.

» La prière le rendait maître de Dieu; la pénitence, maître de lui-même; l'humilité, maître des hommes.

» Aujourd'hui le monde meurt d'orgueil.

» Enfants du Bienheureux de La Salle, voulons-nous continuer son œuvre, en faisant comme lui une œuvre de patriotisme chrétien, imitons l'humilité de notre père.

» Aujourd'hui le monde prétend se passer de Dieu.

» Aimons comme le Bienheureux à prier, car la prière est l'arme de la victoire.

» Aujourd'hui le monde meurt d'égoïsme et d'amour du plaisir! Aimons l'humiliation. Le Bienheureux la poursuivit pendant toute sa vie. Le premier il porta cet habit que nous saluons avec respect, mais qui ne pouvait paraître à cette époque sans exciter la risée. Il vécut au milieu des persécutions, jalousies, mépris de la part de ses ennemis, de ses amis comme de ses frères. L'humiliation ne l'abandonna pas à l'heure de sa mort, sur son lit de douleur il voit les cieux s'ouvrir, c'est le repos ; pas encore. Une calomnie est lancée contre lui, on l'accuse de mensonge, on dit même que l'autorité ecclésiastique le frappe. Il reçoit le coup, le sourire aux lèvres, la résignation au cœur. Il meurt. Et le calomniateur de s'écrier : Le Saint est mort.

» Voici donc de plus en plus en présence les deux moitiés de l'humanité dont Dieu a ménagé ici-bas la rencontre : *Dives et pauper obviaverunt sibi*. Voici les pauvres et les riches, les simples et les lettrés. Le peuple a besoin d'instruction chrétienne ; les pouvoirs publics ne veulent plus la lui donner. Aux riches de rompre ce pain de la charité par excellence s'ils ne veulent pas voir l'ordre social menacé jusque dans ses fondements.

» C'est la charité que demande le Christ.....

» C'est celle que l'intercession du B. de La Salle nous obtiendra. — »

Tel est, résumé en quelques mots, le magistral discours prononcé par Mgr d'Hulst. Le cœur de l'orateur n'aura pas parlé en vain. La cause des écoles chrétiennes qu'il a

si éloquemment soutenue, a été gagnée auprès de ses nombreux auditeurs. Nous savons que sous l'action de cette
parole convaincue, la charité s'est réveillée dans bien des
âmes. Mgr d'Hulst peut emporter la consolation d'avoir
contribué dans une large mesure à rapprocher les deux
moitiés de l'humanité dont l'égoïsme tend à augmenter la
séparation.

Cette première journée est clôturée par le Salut du Très
Saint-Sacrement ; et, pendant que la foule se retire émue
et recueillie, l'harmonie du Pensionnat exécute une marche
triomphale.

III. — DEUXIÈME JOUR.

Les fêtes, en l'honneur du Bienheureux, continuent à se célébrer, dans la Cathédrale, au milieu d'un immense concours de pieux fidèles qui témoignent, par leur présence à ces religieuses solennités, de la popularité dont jouissent les modestes et dévoués instituteurs de la jeunesse.

Aujourd'hui, c'est la fête de famille, fête intime qui réunit aux pieds de leur père les enfants de son cœur. — A la messe de 6 h. 1/2, célébrée par Mgr, le Noviciat, le Scolasticat, le Petit-Noviciat, de nombreux frères des communautés de la ville, ayant à leur tête le Cher Frère Visiteur du district, occupent le chœur.

Quel recueillement, durant le Saint-Sacrifice! Quelle douce émotion rayonne sur tous les visages, et lorsque les regards s'arrêtent sur le père bien-aimé, il semble que son sourire devienne plus tendre en contemplant ses enfants dont la piété filiale se confond dans un même sentiment de vénération, d'amour et de reconnaissance.

Tout à coup l'orgue prélude et les voix fraîches et pures des Petits-Novices entonnent le cantique *Gloire à Dieu dans ses Saints :*

> Des humbles de la terre
> Couronnant leurs vertus,
> Il en fait ses élus.

Des couplets, composés pour la circonstance, sont chantés avec les vibrants accents d'un cœur pénétré d'amour. A l'élévation et pendant la communion d'autres chants succèdent aux premiers et, augmentant la douce émotion qui pénètre les âmes, on dirait que les anges qui accompagnent Jésus - Hostie ont rendu leurs harmonies sensibles.

Mgr l'Evêque daigna lui-même distribuer le pain de vie à cette portion choisie de son troupeau, aux futurs maitres des petits agneaux, à qui est réservée la meilleure part de sa sollicitude pastorale. Durant l'action de grâces, la prière s'échappe ardente, de tous les cœurs embrasés et monte au trône de Dieu comme les flots du plus pur encens.

Chacun présente à Dieu sa supplique par les mains du Bienheureux, avec la certitude de la voir bien accueillie. C'est à regret que l'on quitte ce sanctuaire, emportant précieusement au fond de son cœur le riche trésor de faveurs et de grâces que le Très-Haut vient d'y déposer.

A 9 heures, la grand'messe est célébrée par M. Chardon, grand vicaire. Les Petits-Novices et les élèves de l'Orphelinat chantent la messe de Dumont avec une ardeur qui n'a d'égale que leur foi. Exécutée par cette masse de voix, elle a produit un effet incomparable.

Ces mélodies graves et suppliantes, majestueuses et solennelles, semblent être l'accent même de la prière. Leurs harmonies puissantes retentissent sous les antiques voûtes qui semblent les reconnaître et les renvoyer plus vibrantes encore.

Rien ne convient aussi bien à l'imposante majesté de nos Cathédrales, à la sublime grandeur de nos rites saints que ces chants liturgiques consacrés par le temps et imprégnés des parfums de la prière. Rendus par des voix nombreuses et exercées, ils défient la plus belle et la plus savante musique. C'est l'avis de tous ceux qui ont entendu les chants de ce matin.

M. l'abbé Noëllet, chanoine, curé de Saint-Pierre, adresse une touchante allocution, dont voici l'analyse :

Mirabilis Deus in sanctis suis.
Dieu est admirable dans ses saints.
(Ps. LXVII. V. XXXVIe).

Toutes les œuvres de Dieu sont marquées au coin de la plus profonde sagesse, toutefois, c'est principalement dans l'ordre de la sanctification des âmes que le Seigneur se montre vraiment admirable ; Admirable dans Simon-Pierre qu'il arrache à ses filets pour en faire le chef de son Eglise ; admirable dans saint Paul, le persécuteur, qu'il transforme en un vase d'élection ; admirable dans Vincent-de-Paul, à qui il communiqua une étincelle de sa charité ; admirable dans Jean-Baptiste de la Salle, dont nous célébrons aujourd'hui la glorieuse béatification au milieu de l'allégresse universelle de cet illustre institut des Frères des écoles chrétiennes, dont il fut le fondateur sur la terre et dont il est aujourd'hui le protecteur dans le ciel.

Je vais essayer de dire comment Dieu a été admirable dans son serviteur.

— Un premier sujet d'admiration est la vocation du Bienheureux Jean-Baptiste de la Salle. Représentez-vous le doux Sauveur entouré de petits enfants que leurs mères s'empressaient de lui présenter aux jours de sa vie mortelle. Comme il les bénissait avec effusion ! « Laissez venir à moi les petits enfants... »

Cette scène si touchante de l'Evangile fut le point de départ de la vocation de notre Bienheureux. Lui aussi, comme son maître, voulut aimer les enfants ; il comprit qu'il ne pouvait rien faire de plus agréable à Jésus-Christ que de l'imiter, en s'entourant lui-même de petits enfants, rien de plus utile à l'Eglise que de leur enseigner la doctrine chrétienne, rien enfin de plus glorieux pour la France, sa patrie, que de former, par la vertu, de bon citoyens, et il se mit à l'œuvre.

Avec le concours de quelques disciples, dont le nombre s'éleva bientôt à plus de mille, notre Bienheureux fonda partout des écoles gratuites et les enfants allaient en foule demander aux chers frères qui le leur rompait avec abondance, le pain de la science qui fait non les orgueilleux et les déclassés, mais les ouvriers honnêtes et chrétiens.

— Un second sujet d'admiration est l'époque même où Dieu donna à l'Eglise de France le Bienheureux Jean-Baptiste de la Salle.

Au XVIIe et au XVIIIe siècle, le Protestantisme, le Jansénisme et une Philosophie sceptique et impie s'étendaient sur la France comme un chancre rongeur et menaçaient de détruire la foi catholique dans le cœur des enfants ; il fallait donc les préserver de la contagion et dans ce but, leur donner des maîtres chrétiens et sincèrement catholiques.

Ce fut pour remplir cette importante mission, que Dieu suscita le Bienheureux Jean-Baptiste de la Salle et lui inspira la pensée de fonder son Institut pour l'opposer, comme une armée, aux efforts combinés de l'hérésie et de l'incrédulité.

Dieu seul connaît tout le bien que les humbles Frères des écoles chrétiennes ont accompli, depuis le jour où le Frère Barthélemy fut élu supérieur général.

Aujourd'hui ils sont partout, et partout ils se montrent les dignes fils de Celui qui avait pris pour devise : *Laissez venir à moi les petits enfants,* toujours animés de son esprit, toujours fidèles à remplir leur fructueuse mission d'éducateurs de la jeunesse.

— Les honneurs que nous rendons au Bienheureux sont un troisième sujet d'admiration, car elle est venue à son heure, cette béatification.

Depuis longtemps, l'Institut des Frères appelait de tous ses vœux l'heure bénie où le successeur de Pierre inscrirait dans l'Album des Bienheureux, le nom de leur vénérable fondateur.

Elle n'était pas venue, son heure, tant que les Chers Frères avaient pu continuer dans la paix leur humble ministère, tant que l'impiété moderne n'avait pas opposé des écoles neutres aux écoles chrétiennes.

Mais le jour où l'enseignement religieux a été banni de l'école, le jour où de faux principes sur l'éducation ont été proclamés et mis en pratique, alors, Dieu a fait éclater les mérites et la gloire de ce pauvre prêtre par de nombreux miracles et l'Eglise, tirant de la poussière ses restes vénérés les a placées sur les autels.

Dieu n'abandonne pas son Eglise, il sait, quand cela est nécessaire, susciter des hommes selon son cœur pour protéger et défendre ses enfants, il faut donc travailler sans découragement à l'œuvre des Ecoles chrétiennes, Dieu semble nous y inviter lui-même, en ayant permis de nos jours la béatification de celui qui les a fondés; nous ne pouvons pas procurer à l'enfance un plus grand bienfait que celui de lui donner des maîtres chrétiens pour la former tout ensemble à la science et à la vertu.

A 4 heures, nouvel et immense concours de la foule, se pressant pour entendre un éloquent religieux, le R. P. At, des missionnaires de Toulouse qui, à son tour, vient proclamer la gloire du Bienheureux. Il le fait dans un noble langage et sait trouver des accents qui vont droit au cœur des généreux instituteurs dont il a eu maintes fois l'occasion de connaître et d'apprécier les vertus.

Nous sommes heureux de reproduire *in-extenso* ce panégyrique qui sera une belle page à consigner dans les archives de la Congrégation.

Sinite parvulos venire ad me.
Laissez venir à moi les petits enfants (Luc XVIII, 16.)

Monseigneur,

« Déjà des voix éloquentes se sont fait entendre dans cette Basilique, pour célébrer les louanges du Bienheureux que l'Eglise vient de placer sur les autels... Ces voix ne sont que l'écho de bien d'autres, qui à la même heure, dans le monde entier, racontent ses vertus aux foules enthousiastes. Tant Dieu se plait à honorer ses serviteurs, et à les venger des humiliations de leur vie et du long silence dont la mort les enveloppa ! Je viens, malgré ma faiblesse, donner ma note dans ce concert où le ciel et la terre se mêlent, partageant la foi et l'allégresse de ceux dont je ne puis égaler le talent. Heureusement les Saints sont des sujets inépuisables ; comme Ruth ramassait dans le champ de Booz les épis échappés à la faucille des moissonneurs, je glanerai les pensées que d'autres m'ont laissées. Si je répétais celles qu'ils ont exposées, vous me le pardonnerez ; il y a des choses si belles qu'on ne se lasse jamais de les entendre.

Tous les grands hommes ont une idée-mère qui est la synthèse de leur histoire, qui résume toutes leurs conceptions, concentre tous les efforts de leur activité, et en épuisant leurs forces, décide de leur succès et fixe la place qu'ils occupent dans la postérité. Les saints sont des grands hommes, quoique les grands hommes ne soient pas toujours des saints. Eux aussi ils ont eu leur idée-mère, qu'il faut savoir dégager, quand on veut peindre leur physionomie. — Tous les saints ont travaillé ici-bas à la gloire de Dieu, au salut des âmes, et à leur propre perfection : Ce programme est commun à tous ; mais ils ne l'ont pas rempli de la même façon, ni par les mêmes moyens : ainsi ils sont arrivés à la spécialité qui jette dans la galerie des illustrations catholiques, venues de partout dans la gloire qui les couronne, une riche variété.

Quelle est donc l'idée-mère du Bienheureux Jean-Baptiste de La Salle ? Dans cette vie qui mesure presque trois quarts de siècle, vie si pleine, si agitée, si contrastée où les extrêmes se touchent, où la joie et l'amertume, la victoire et la défaite, l'honneur et la confusion vont ensemble, quel est le but poursuivi avec tant de persévérance, le centre vers lequel convergent tant de labeurs ? Ensuite à l'aide de quels instruments fut réalisé le dessein que la grâce avait comme semé dans le grand cœur de ce prêtre, et qu'elle y fit germer, lui préparant des développements magnifiques, qui devaient rester une des merveilles de la France moderne et tourner au profit de l'Eglise et de l'humanité ?

Voilà les deux questions qui seront le partage de ce discours.

Puisse-t-il répondre à l'attente pieuse de cette assemblée, accourue de tous les points de la cité, attirée par l'irrésistible séduction d'un Saint, en ces jours triomphants du *Triduum* du Bienheureux Jean-Baptiste de La Salle, fondateur des Ecoles chrétiennes.

I.

L'idée-mère du Bienheureux Jean-Baptiste de La Salle, c'est l'enfant. Déjà l'art français, devançant les décrets de Rome, avait élevé des monuments à sa gloire : il n'eut pas à en chercher longtemps la composition. Le Bienheureux est représenté debout ; le sourire illumine la gravité de son visage ; un jeune adolescent est assis à ses pieds ; un autre est debout près de son cœur, lisant dans un livre ouvert sous ses yeux. L'enfant à l'étude restera sa caractéristique ; et quand, au plus lointain des âges, l'archéologue le cherchera dans l'intérieur des temples, ou sous les portiques qui en décorent les parvis, il le distinguera à ce signe touchant.

C'est à l'école de Jésus-Christ que notre Bienheureux apprit à connaître et à aimer l'enfant. Jésus-Christ qui était venu restaurer le monde, s'occupa d'abord de l'enfant. Il le trouva parmi les victimes du paganisme, entre le pauvre, l'esclave et la femme, ces saintes faiblesses qui attendaient la justice depuis quatre mille ans. Emu de son malheur, calculant d'ailleurs combien d'intérêts étaient confondus avec le sien, il le regarda d'un regard plein de tendresse ; et ouvrant son cœur et ses bras, il s'écria : *Laissez venir à moi les petits enfants* (1).

Jésus fit plus encore : prenant un jour un petit enfant par la main, il le présenta aux foules en leur disant : « *Si vous ne devenez pas semblables à des petits enfants, vous n'entrerez pas dans le royaume des cieux.* » (2). L'enfant devenait l'exemplaire auquel les âmes devaient se conformer. Dans cette scène, si simple et si grandiose, dans ces paroles tombées des lèvres du Maître, il y avait toute une révolution. Les contemporains ne comprirent pas sans doute ; l'avenir devait comprendre : Les saints se sont inspirés de cette doctrine et y ont puisé le génie de leurs œuvres. Jésus venait de révéler au monde la dignité naturelle et la dignité surnaturelle de l'enfant.

L'enfant a une dignité naturelle. Il est la fleur de l'humanité. Comme la fleur embellit la tige qui la porte, ainsi l'enfant orne le vieil arbre sur lequel il pousse, d'une sève qui n'est pas toujours pure, je veux dire

(1) Luc XVIII, 16.
(2) Math. XVIII, 3.

l'humanité dont nous sommes les membres, et que pour ce motif il ne
faut pas trop maltraiter. Mais au risque d'y trouver notre part de res-
ponsabilité, convenons qu'elle n'est pas toujours belle, et que pour
compenser les misères et cacher les laideurs morales qu'elle étale au
grand jour, — quand elle ne les déguise pas sous de fausses surfaces, —
elle a bien besoin de la parure des petits enfants : ainsi elle ne déses-
père pas tout-à-fait d'elle-même. La fleur parfume le jardin où elle naît ;
l'enfant répand autour de lui le parfum de son innocence, qui se mêle
aux odeurs des civilisations avancées. L'enfant fait croire à la vertu
parce qu'il en est l'image, image inconsciente, qui instruit sans prétention, qui reprend sans blesser, qui fait rougir le vice, qui ressuscite la
moralité éteinte dans le cœur des pères, et, en forçant le respect du
monde, devient pour les mœurs publiques un arôme qui en arrête ou
en retarde la complète décadence.

L'enfant n'est pas un simple décor du théâtre sur lequel s'accomplissent nos destinées : il est le but de la vie. En toute chose, le but a
une valeur suprême ; aucune pensée ne germe, aucune force ne se
déploie, aucun effort n'est tenté, si ce n'est en vue d'un but à atteindre :
plus le but est élevé, plus l'action qui le poursuit devient grandiose, plus
la préoccupation est solennelle. L'enfant a cet auguste caractère. Raison
dernière du mariage, il n'existe pas encore et déjà il provoque l'amour ;
il rapproche les cœurs, il préside aux saintes alliances, que la religion
bénit et que les patries sanctionnent. C'est pour lui qu'on édifie le foyer
domestique, qu'il soit palais, qu'il soit chaumière ; c'est pour lui que
l'homme se dévoue à un labeur cruel — souvent ingrat — puisant dans
sa pensée la vaillance qu'il déploie et les joies intimes qui accompagnent
ses sacrifices ; c'est pour lui que la femme délicate et fragile quitte son
père et sa mère, qu'elle se dépouille des lys de sa virginité, émue par
ce doux rêve, prête à donner sa jeunesse, sa beauté et son sang. C'est
l'enfant que l'amour appelle en lui disant : Viens ; c'est lui que l'amour
crée, lui que l'amour embrasse, en lui que l'amour se contemple lui-
même, devant lui qu'il demeure en extase dans l'ivresse d'un bonheur
satisfait. Dieu fit le monde pour l'homme, l'enfant de sa pensée qui allait
naître : il lui prépara les rayons de son soleil, les fruits de la terre et
l'eau fraîche des fontaines : l'homme supprimé, le monde devenait une
merveille inutile. La société, — monde humain, — est organisée pour
l'enfant, l'homme futur ; c'est pour lui qu'elle fonde ses institutions,
qu'elle rédige ses lois, qu'elle garde ses frontières, qu'elle conquière sa
gloire et fixe ses destinées. Sans l'enfant, la civilisation n'a plus de
raison d'être : la vie meurt en naissant. L'enfant explique tout : c'est
pourquoi il a tous les droits. C'est le seul être ici-bas qui n'ait que des
droits.

L'enfant est encore l'espérance de l'humanité, parce qu'il est son
avenir. L'humanité est placée entre l'ancêtre et l'enfant. L'ancêtre est

au passé, derrière elle ; il est sa racine, c'est-à-dire son principe de vie. Témoin de Dieu dans l'histoire, prophète de ses révélations, il les répète fidèlement à sa postérité. La mort l'a affranchi des misères terrestres ; plus haut que les orages, transfiguré par la lumière de l'éternité, il parle du fond de sa tombe. Aussi longtemps que sa voix est écoutée, les générations s'avancent par des sentiers glorieux, côtoyant des abimes qu'elles savent éviter. Le culte des ancêtres fait partie de toutes les religions. — L'humanité a l'enfant devant elle. L'enfant la console par ses grâces des rigueurs du sort ; en jouant avec lui, elle oublie les déceptions amères ; elle endure la pression des événements ; elle recommence chaque matin son labeur, toujours triste et toujours résignée à vivre. L'enfant la console de la mort, parce qu'il est sa perpétuelle résurrection. Elle meurt à tous les instants, la malheureuse, de faim et d'angoisses ; en remuant le sol pour y chercher son pain, c'est sa tombe qu'elle creuse. Convulsionnée, déchirée dans la lutte pour la vie, elle tombe pièce à pièce avec les cités qu'elle a bâties, les œuvres qu'elle a accomplies et les succès qu'elle a remportés ; victorieuse de toutes les forces qui conspirent contre elle, elle ne triomphe pas de la mort. Mais l'enfant la continue dans le temps et l'espace ; il garde son héritage ; il y ajoute son génie et son travail. Par lui elle traverse les siècles ; voyageuse infatigable, elle s'avance au milieu des ruines, s'arrêtant quelquefois pour respirer à l'ombre et laver ses pieds poudreux ; elle ne se repose, chargée du butin de sa gloire que devant le trône de Dieu. Malheur à la race qui rompt avec ses ancêtres, qui méprise leurs leçons et rit de leur sagesse, pour s'enivrer d'un prétendu progrès. Malheur à la race qui n'aime pas l'enfant, qui limite la vie dans un calcul égoïste, qui en étouffe les épanouissements, préférant jouir que créer, et qui renonce, pour ne pas souffrir, à l'honneur d'une nombreuse postérité. Cette race insensée, que le sophisme égare, que le plaisir énerve, que le vice ronge, se déc5couronne de ses propres mains. C'est *un arbre automnal, deux fois mort* (1). Séparée de son passé et de son avenir, ne comprenant ni la majesté de la tombe ni la poésie des berceaux, elle n'est plus qu'un tronc desséché, sans racines et sans feuilles, une épave que le vent emporte et dont il ne reste qu'une mémoire méprisée.

Ce sont ces considérations qui faisaient dire à un ancien : L'enfant est digne du plus profond respect. C'est là une belle doctrine, qui honore Quintilien, mais qui ne sauva pas l'enfant. La société païenne laissait dire ses sages, et restait pour lui une marâtre : elle le livra à l'arbitraire du père de famille, au despotisme brutal de l'État et aux leçons empoisonnées de ses rhéteurs : A Sparte, elle le tuait quand il naissait mal conformé : elle ne sut lui donner ni la vérité, ni la vertu, ni la liberté.

(1) Jude.

Le Bienheureux Jean-Baptiste de La Salle, chrétien et prêtre, emprunta à l'Évangile une philosophie plus sublime. Lui aussi, en regardant passer dans la rue l'enfant du peuple, en haillons, les pieds nus, sentit se réveiller dans son cœur le respect pour cet être faible et attachant, qui s'avance dans la vie sans la connaître, désarmé devant le péril et exposé aux plus terribles chances. Chez une nation chrétienne, qui s'appelait la France, en plein dix-septième siècle, quand depuis longtemps l'Église, maîtresse des esprits, des mœurs et des institutions, avait placé l'enfant sous la double tutelle du foyer et du temple, on ne rencontrait plus les abus de l'antiquité. Cependant il y avait quelque chose à faire. L'enfant devint l'idée fixe et bientôt l'objet d'un dessein arrêté chez le pieux chanoine de Reims, qui avait saisi sa dignité naturelle. Mais il avait su découvrir en lui une autre beauté, — celle-ci transcendante, — qu'on ne voit qu'à la lumière de la foi, et qui n'est révélée qu'à l'école de Jésus. Jean-Baptiste de La Salle était prêtre : c'est en prêtre qu'il aima l'enfant.

Il considéra dans l'enfant le chrétien, l'archétype de l'homme nouveau, découpé sur le patron du Christ, portant toutes les grandeurs du prédestiné. En effet : l'enfant a reçu en partage, de la nature et de la grâce, la docilité de l'esprit, la simplicité du cœur et la sincérité des lèvres : trois caractères du chrétien.

L'enfant croit spontanément ; son premier acte intellectuel est un acte de foi, prélude nécessaire et heureusement facile des plus hautes opérations de l'âme. Il croit comme il respire, comme il sourit : il croit à sa mère, à ses caresses, à son lait, à ses leçons. Son esprit est une tablette de cire molle, sur laquelle de son doigt infaillible, parce qu'il est guidé par l'amour, sa mère peut graver l'écriture de Dieu, — dogmes et préceptes, — et faire de la frêle existence qui l'écoute, assise sur ses genoux, un petit théologien. — Le chrétien est un enfant ; il en a la docilité vis-à-vis de l'Église, qui lui donne la vie surnaturelle par le baptème, et l'entretient en lui avec le pain de la vérité. Il s'incline doucement devant cette autorité enseignante : il écoute avec joie, il croit sans raisonner, il boit sans défiance à la coupe où toutes les générations ont trempé leurs lèvres. Quand il ne saurait pas d'où lui vient une si belle doctrine, la paix d'esprit dont il jouit, baigné dans cette lumière sereine, lui serait déjà une preuve suffisante de sa vérité : en attendant de pouvoir la fournir lui-même.

L'enfant a la simplicité du cœur. La simplicité, — ce trait charmant de la nature humaine, qu'on sent et qu'on ne sait pas toujours définir, — a ses racines dans la pureté. L'enfant est un vase de cristal, d'une limpidité inaltérable, où coule une source sans limon. La simplicité en sort et demeure épanouie à sa surface. C'est l'unité de l'âme qui se met tout entière dans une pensée, dans un sentiment, dans un regard. C'est un rayon, qui en donnant à la physionomie je ne sais quelle grâce naïve, va droit à Dieu, principe et fin de toute chose. La simplicité exclut la double vue, les dessous, qui ne sont pas toujours des profondeurs, mais des habiletés souvent peu honorables, jamais attachantes, et qui, en créant la défiance, arrêtent le cœur prêt à parler. L'unité de l'âme en fait la transparence ; l'âme passe avec ses facultés, tamisée par les organes qu'elle embellit ; Dieu passe avec l'âme qui devient sa révélation. C'est la supériorité de l'enfant de posséder cette simplicité, que la vie diminue chez l'homme. C'est par là qu'il nous séduit ; et nous l'aimons, avec un commencement de jalousie pour cet âge heureux, surtout quand le scepticisme nous a mordus. Comment conserver, en avançant dans la vie, une vertu si fragile, qui semble plutôt le bénéfice des années tendres qu'une vertu ? Le chrétien seul peut la faire fleurir dans son cœur, et en donner l'exemple au monde corrompu. Jésus a voulu qu'il en fut le gardien ; après l'avoir pratiquée lui-même, il la lui imposa. Il mit son programme dans ces deux mots : *Soyez prudents comme des serpents et simples comme des colombes* (1). Les serpents ne manquent jamais ici-bas ; ils ont rendu la vie scientifique : ils tracent les courbes ; ils sèment les pièges où se prennent les naïfs : la diplomatie est devenue un art qu'on cultive avec grand profit. Le chrétien sait échapper aux manœuvres des méchants ; objet de leurs antipathies, qui deviennent aisément persécutrices, il apprend la stratégie par force et à ses dépens, à la rude école où il est élevé. Mais il ne se déprave pas : au milieu des procédés machiavéliques du siècle, l'œil au ciel, s'inspirant de l'idéal évangélique, il garde sa fière simplicité. A certaines heures, le disciple du Christ est le seul honnête homme qui reste sur la terre.

Enfin, l'enfant a la sincérité de la lèvre. Incapable de trouver la vérité, il sait l'accepter : surtout il ne la trahit pas. Il a un autre mérite, celui de la confesser, car il lui est difficile de la taire. Il est de ceux qui pensent que la parole a été inventée pour être au service de la vérité. Ignorant l'art des déguisements, ne cultivant la réticence ni par peur ni par intérêt, il s'est fait une réputation par ses témérités. Quand on ne veut pas qu'il dise la vérité, il faut la lui cacher ; de temps en temps, enfant terrible, il commet des indiscrétions charmantes, qui déconcertent toutes les finesses et font échouer les plans les mieux conçus. C'est pourquoi, lorsque la vérité n'aura plus d'asile dans le monde, quand elle aura été bannie de la cour des rois, des écoles des philosophes, des forums où les passions s'agitent ; quand elle n'aura plus un seul représentant ni parmi les orateurs, ni parmi les poètes, le Prophète nous avertit que nous la trouverons encore dans *la bouche des petits enfants* (2). — Comme l'enfant, le

(1) Matt. X 16.
(2) Psaume 8.

chrétien est sincère jusqu'à l'audace : c'est un discur de vérités. Il récite son symbole dans les temples et en plein air : le symbole est la vérité de Dieu. Il attaque de front les erreurs et les fausses tendances, les abus d'où qu'ils viennent, la corruption qui flétrit l'innocence, la tyrannie qui étouffe la liberté, la force, quand elle est brutale et qu'elle opprime au lieu de protéger : ceci est la vérité de l'homme. Le chrétien dit la vérité partout et toujours ; il se reproche le silence comme un crime ; il ne se pardonne pas des compromissions voisines de la complicité ; il n'écoute pas le cri de l'égoïsme ; il ne cède pas à la crainte du péril ; il dit la vérité quand le monde est en paix ; il la dit dans la tempête, jusque sous le tranchant du glaive : sa tête, en tombant sur l'arène sanglante, parle encore : c'est pour dire la vérité.

Voilà l'enfant interprété très savamment, d'après des principes supérieurs ; mis dans la balance de l'Evangile, il a le poids de Dieu dont il est la vivante image. Ce n'est donc pas assez de le respecter ; il faut le développer pour le porter à la hauteur où Jésus l'a placé, et avec lui l'humanité dont il est exemplaire. C'est par ce côté que le Bienheureux Jean-Baptiste de La Salle envisagea l'enfant. Il en saisit la dignité surnaturelle ; et le prenant comme élément de réforme, comme plan d'avenir, il se consacra à son éducation avec une intensité d'amour, que l'histoire a constatée, que l'Eglise a proclamée, et que nous sommes venus admirer dans cette basilique, en ce jour mémorable. C'est ainsi que les saints, mieux encore que les hommes de génie et les fondateurs d'empire, ont deviné l'enfant. Quand les Pharaons, au fond de la vieille Egypte, voulurent se débarrasser de la famille de Jacob, qui menaçait de devenir un peuple, ils condamnèrent les mères à jeter leurs enfants dans le Nil. Quand Dieu songea à sauver cette race prédestinée, afin de la diriger vers la Terre Promise, qu'il tenait en réserve pour y fixer ses destinées il permit qu'on retirât du milieu des roseaux et des fleurs un berceau où dormait un enfant qui sera Moïse. L'enfant est le commencement et la fin de tout : voilà pourquoi le ciel et la terre veillent sur lui.

II

Obéissant au mouvement de la grâce, le Bienheureux Jean-Baptiste de La Salle fonda pour l'enfant les écoles chrétiennes. L'école du peuple existait déjà : L'Eglise, mère du peuple, n'avait pas attendu jusque-là pour lui donner cette marque d'amour. S'il en était ainsi, les ténèbres du moyen-âge seraient démontrées ; l'accusation si souvent portée contre elle d'avoir appuyé systématiquement la foi sur l'ignorance serait hors de doute. On pourrait encore refuser au siècle de Louis XIV le titre de grand ; car si en 1650 cette lacune avait existé dans ses institutions, elle aurait formé tache ; la philosophie, qui déjà conspirait dans l'ombre, aurait eu tous les droits contre l'ancien régime, coupable d'exploiter les masses sans les élever. Mais l'école est aussi ancienne que l'Église : elle naquit auprès des cathédrales, entre le monastère et l'hôpital ; elle a fourni à l'Europe la plupart des hommes distingués dont elle se vante justement. Ceci demeure acquis : aucune manœuvre déloyale ne ravira à l'Église ce titre de gloire.

Cependant le Bienheureux de La Salle a fait époque en matière sco-laire. Il donna à l'école chrétienne une pédagogie nouvelle, très supé-rieure à celle des Maîtres-écrivains, qui avaient sous leur main la jeunesse française. A la base de sa pédagogie, il mit la religion, au sommet la science, au milieu la méthode.

Avant tout, l'école fut pour le Bienheureux de La Salle un apostolat, une succursale du foyer et le vestibule du temple. Honoré du sacerdoce, il le mit au service de Jésus-Christ ; et comme d'autres lui gagnaient des âmes dans les travaux du ministère sacré, en prêchant l'Évangile, en distribuant la grâce à l'aide des sacrements, lui adopta l'école pour théâtre de son zèle : ce n'était pas si mal choisir le moyen d'amener le règne de Dieu sur la terre. On peut dire de lui, — sans artifice de lan-gage, — qu'il fit de l'enseignement un sacerdoce, puisqu'il appliquait le sacerdoce à l'enseignement.

D'ailleurs, le sens profond qu'il avait de la nature de l'homme et des conditions de la vie sociale lui faisait comprendre l'indispensable néces-sité de la religion. C'est, en effet, la science par excellence ; car elle résoud avec certitude tous les problèmes ; elle éclaire tous les mystères de l'origine et de la destinée ; elle trace d'une main ferme, parce qu'elle est la main de Dieu même, les règles du devoir ; en définissant les droits, elle crée l'harmonie qui est la paix dans l'ordre : elle consacre l'auto-rité, elle contient la liberté, elle garde la propriété, elle institue la famille en sanctifiant le mariage.

Si on avait prononcé devant le Bienheureux de La Salle le nom d'école laïque et d'enseignement neutre, on aurait choqué son oreille et désolé son cœur. La tradition, jusqu'à lui, n'avait pas connu ces absurdités odieuses ; elle n'avait pas proféré ces blasphèmes. Jamais on n'avait songé à faire pénétrer un pareil programme dans la politique, pour mieux empoisonner les masses populaires ; jamais on n'avait tourné contre Dieu et contre les âmes cette machine masquée, qui doit amener des résultats qu'on n'ose pas avouer, tant ils sont misérables ; l'antiquité païenne elle-même s'était préservée d'un abus si criant. Nous étions destinés, après dix-neuf siècles de christianisme, dans cette Europe pétrie avec la parole et le sang du Christ, qui lui doit son passé magni-fique et ce qui lui reste de principes, de vertus et d'honneur, nous étions destinés à assister à l'essai d'un système conçu par l'impiété, organisé au fond des cryptes ténébreuses des sectes, patronné par des hommes d'État que l'orgueil et l'ambition égarent, encouragés par tous les échos d'une presse vénale, soutenu par les finances d'une nation chrétienne, appliqué par des maîtres sans conscience, subi dans le silence de la résignation par les pauvres, dont on étouffe les protestations, ou dont on achète les complaisances.

Au sommet de sa pédagogie, le Bienheureux de La Salle plaça la science. La science et la foi ne sont pas ennemies : elles sont sœurs. La foi projette ses splendeurs sur la science ; en comblant ses lacunes, en illuminant ses ombres, elle l'accompagne dans ses voies, toujours prête à lui dénoncer ses erreurs, si elle ne les prévient pas. C'est une calomnie de prétendre que la foi borne les horizons de la science, qu'elle entrave sa liberté et qu'elle lui coupe les ailes. Car la lumière n'est pas la rivale de la lumière ; les deux rayons, tombés du front de Dieu, se rencontrent et s'unissent ; ensemble ils remontent au foyer d'où ils sont sortis. La science rend à la foi un peu de ce qu'elle en reçoit, sans égaler sa munificence. Après avoir établi son authenticité, pour la défendre contre d'injustes attaques, elle déduit ses conséquences, développe ses beautés et énumère ses avantages ; ainsi elle forme autour d'elle un cercle dont les clartés diminuent les mystères terribles de son centre.

C'est le mérite du Bienheureux de La Salle d'avoir mis la science à la portée de l'enfant ; — il fut le serviteur des humbles, plus exposés que d'autres à être oubliés ici-bas ; — c'est sa gloire de l'avoir proportionnée à ses facultés et à sa vocation. Il faut lire dans *La conduite des Écoles* le tableau des connaissances nécessaires à l'enfant, qu'il a dressé lui-même, avec un tact qu'on ne saurait trop admirer : la lecture, à tous les degrés et dans plusieurs langues y compris les manuscrits, l'écriture sous différentes formes, l'orthographe et la ponctuation, l'arithmétique, la grammaire, le système des monnaies, des poids et des mesures, le dessin, la théorie et la pratique des principaux actes civils et la tenue des livres ; ajoutez-y un traité sur la civilité, et vous aurez une idée du respect avec lequel ce saint instituteur de l'enfance traita les esprits à l'école. Ne vous semble-t-il pas qu'il est le prophète de l'enseignement primaire, et qu'il n'a pas laissé de grandes découvertes à faire aux futurs pédagogues ? Après cela, que signifie ce charlatanisme déclamatoire, qui fait remonter à l'ère révolutionnaire l'institution de l'enseignement public ? Si l'on veut parler de l'enseignement d'État, la date est juste autant que malheureuse ; car c'est la date de toutes les fautes dont nous recueillons les fruits amers, sans préjudice pour ceux que l'avenir nous réserve. Si on désigne par là l'enseignement populaire, distribué aujourd'hui très largement à toutes les classes de la société, on commet un anachronisme et une mauvaise action ; on vole le Bienheureux de La Salle, à qui appartient une organisation qui ne laisse après elle que le droit de l'admirer et de l'imiter.

N'omettons pas une différence essentielle entre le Maître et ses copistes. Il versa la science dans l'esprit de l'enfant avec mesure ; il évita de surcharger ses facultés, surtout de surexciter en lui l'orgueil qui dort dans nos entrailles, en déroulant devant son imagination de décevantes perspectives. Il lui donna la science de l'ouvrier, laissant à la Providence qui sait où est le génie, le soin d'opérer la sélection des intelligences d'élite et de leur faire une place au soleil de la gloire. De nos jours, on est moins sage : sans dépasser de beaucoup le programme du Bienheureux, on en change les proportions ; le surmenage fait éclater les cerveaux ; l'ambition égare tout le monde ; la pédagogie moderne engendre des prétentions ridicules ; elle fait des fous qui deviennent des scélérats. Il valait bien la peine de mener tant de bruit autour de ces funestes innovations !

Mais c'est surtout par la méthode que le Bienheureux de La Salle se distingue des instituteurs qui l'ont précédé, et qu'il s'impose à ceux qui l'ont suivi. C'est ici qu'éclate avec sa sagesse — qu'on peut appeler du génie — sa tendresse pour l'enfant, tendresse de père, puisée dans la charité apostolique dont il était consumé, et qui s'allumait dans l'oraison, au contact du cœur de Jésus. Ici le génie ne suffit pas, il n'explique pas une pareille condescendance, qui entre dans des détails minutieux, et n'est que plus touchante. C'est le saint qui apparaît, laissant bien loin derrière lui les prétendus amis de l'enfance.

Le Bienheureux de La Salle rédigea lui-même la méthode pédagogique, inusitée auparavant, et depuis pratiquée un peu partout : c'est la méthode simultanée-mutuelle, qui met en action, au même moment, le maître et le disciple, et amène une communication plus rapide et plus durable des notions à acquérir. La méthode contient encore l'ensemble des moyens propres à provoquer l'attention de l'enfant, ou à la soutenir quand elle est défaillante. Viennent ensuite les principes de l'éducation proprement dite, qui est la formation des caractères, comment il faut développer l'émulation chez l'enfant et prévenir ses fautes pour n'avoir pas à les corriger. Car, pour le Bienheureux de La Salle, l'enfant n'était pas une table rase destinée à recevoir des connaissances abstraites, qui éclairent l'esprit et ne font pas l'homme ; il était une âme déchue qu'il fallait guérir, une âme baptisée qu'il fallait cultiver, jusqu'à ce que l'image du Christ se dessinât en elle en traits éblouissants. C'est là la grande éducation chrétienne, le moule d'où sortent les personnalités éminentes et les races qui durent : ceci est l'œuvre des saints, qui visent plus haut que l'humanité, et qui, en pensant au ciel, travaillent encore pour la terre. Qui ne serait ému jusqu'aux larmes, en voyant cet homme ne reculer devant aucun détail scolaire, et tracer des règles qu'on croirait écrites aujourd'hui sous l'influence des idées courantes, tant préconisées par notre génération ! Il arrête le plan des salles ; il en assure les conditions hygiéniques, en déterminant le nombre des portes et des fenêtres ; il s'occupe du mobilier, des bancs et des bureaux qui doivent être à la taille des écoliers ; il pousse la minutie jusqu'au sublime, en instituant l'usage du déjeûner et du goûter dans les classes, pour apprendre aux enfants à manger avec modestie et convenance. Involontairement je me tourne vers nos maîtres en pédagogie, inspecteurs, hygiénistes, moralistes, humanitaires de tout ordre, qui traversent nos établissements avec un zèle si louable et des intentions qui le sont beaucoup moins, et je leur demande : Messieurs qu'en pensez-vous ? Le Bienheureux de La Salle a été le législateur de l'école. Solon légiféra pour Athènes, Lycurgue pour Sparte ; Numa laissa à Rome la loi des Douze Tables, Justinien ses Pandectes à Byzance : ces codes ont présidé au développement historique de ces nations fameuses ; ils expliquent en partie leur grandeur et leur décadence. Le Bienheureux de La Salle a fait des lois pour les enfants : c'est son peuple à lui, l'objet de ses complaisances, le principe de ses inspirations et le terme de ses labeurs. Ah ! c'est qu'il les aimait ces chers petits : et tandis que nous énumérons ses œuvres et que nous analysons son génie, ne vous semble-t-il pas entendre sa voix retentir dans les faubourgs des villes et au fond des campagnes, disant : *Laissez venir à moi les petits enfants ?*

Cette belle pédagogie appelait un maître digne d'en appliquer les règles : le Bienheureux le tira de son cœur. Il est écrit aux Saints-Livres : « *Israël germera comme un lys et il fleurira devant la face du Seigneur* » (1). Il était lui-même ce lys, planté dès le matin dans le temple, où il s'était épanoui sous le regard des anges, aux rayons de l'Eucharistie. Maintenant ce lys va fleurir : c'est par la tête, non pas par la racine ; c'est du ciel qu'il recevra la fécondité ; c'est vers le ciel qu'il jettera son fruit, sans en priver la terre. Ce maître, à qui il confiera son œuvre, il le prit dans les rangs du peuple, dans ce fond inépuisable où Dieu trouve ses prêtres et la patrie ses soldats, afin qu'il connût mieux et qu'il aimât davantage l'enfant qu'il élèverait. Il le sépara de sa famille ; il l'emporta loin des champs paternels, dont la poésie nous poursuit partout, où que nous pousse le vent de la destinée ; il l'habilla d'une bure grossière, vrai suaire où sa jeunesse sera ensevelie. En créant le maître, il prétendit faire un martyr, le martyr de l'école ; car il n'oubliait pas qu'il s'agissait d'appliquer la rédemption à l'âme des enfants : la rédemption commencée par le sang divin doit se continuer par le sang du dévouement apostolique. Le Bienheureux de La Salle soumit le maître à une règle austère, qui ne fait grâce à aucune délicatesse de la nature ; il voulut qu'il fut pauvre, pour que l'enfant

____

(1) Osée, XIV, 6.

du pauvre allât à lui avec confiance ; il voulut qu'il fut obéissant, afin de lui apprendre l'art de commander à son jeune auditoire ; il voulut qu'il fut vierge : à cette condition, il sera plus voisin de Dieu, l'époux des vierges et le foyer de la charité ; ainsi il sera plus parfaitement au service de l'humanité, en la dominant : son cœur, libre et creusé par le sacrifice, demeurera toujours ouvert et fera bon accueil aux fils adoptifs de sa tendresse. Ceci est une tradition dans l'Église : elle a provoqué dans tous les temps l'admiration des bons juges. Sans disputer au maître laïque les qualités dont il fait preuve, sans être ingrat pour ses services, en le regardant à travers Rollin, ce modèle immortel des éducateurs de la jeunesse, il est permis de proclamer la supériorité du maître voué au célibat, parce qu'il est dans les vraies conditions de son rôle. Avec ces vertus d'état et en quelque sorte constitutionnelles, le Bienheureux de La Salle inspira encore au maître d'autres vertus précieuses : la fermeté sans rudesse, l'exercice de l'autorité exempt de passion, le respect gagné par le mérite et non pas imposé par la force, la prudence, la retenue et le zèle. A ces traits, vous reconnaissez le Frère des Écoles Chrétiennes, si populaire depuis deux cents ans. Les enfants se suspendent aux plis de sa robe noire, les mères le bénissent, les pères le remercient, les gouvernements — quand ils sont sages — l'appellent à leur secours. C'est la France qui l'a produit, mais elle ne l'a pas gardé pour elle : toujours prodigue de ses biens, elle l'a donné au monde entier ; et aujourd'hui le cher Frère, devenu le citoyen de toutes les nationalités, catholique par son apostolat comme l'Église, il a bâti des écoles sous toutes les latitudes. Il est devenu une légion « *belle comme la lune, brillante comme le soleil, terrible comme une armée rangée en bataille* » (1). O fils du Bienheureux de La Salle, en ce jour de fête, qui est votre jour, qui est aussi le nôtre, car votre Fondateur appartient à l'Église et à la France, je vous salue de tout mon respect et de toute ma sympathie. Mais de peur que ces sentiments ne soient trop faibles, je vous envoie, en les faisant passer par mon cœur et par mes lèvres, les respects et les sympathies de toutes les générations que vous avez élevées.

En donnant à l'enfant une pédagogie supérieure et un maître d'un genre nouveau, moine et instituteur à la fois, le Bienheureux de La Salle lui donnait des portions de lui-même, son génie, ses veilles, ses prières, autant de formes de son amour. Il alla jusqu'au bout dans la voie royale de la charité, en se donnant lui-même. Il obéissait à la loi des grandes âmes, qui ne s'arrête qu'à la fin, quand l'idée qui a dévoré toutes leurs idées les dévore à leur tour, en les absorbant dans son triomphe. Depuis l'instant où le dessein de Dieu lui apparut avec clarté, on le voit, victime volontaire, s'immoler par degré et comme pièce à

____

(1) Cantique 6, 3.

pièce : sa vie n'est plus qu'une série d'actes héroïques. Semblable à l'athlète, qui dépose son manteau en entrant dans l'arène pour mieux assurer la liberté de ses mouvements, il commença par se dépouiller de ses biens. Fils d'une illustre maison, il avait été à la hauteur de sa naissance par les abondantes aumônes qu'il versait dans le sein des pauvres. Quand un hiver cruel vint désoler la population ouvrière de Reims, il saisit l'occasion qu'il cherchait depuis longtemps : il fit quatre parts de son patrimoine, ne se réservant que l'abandon à la Providence pour lui et pour ceux qui avaient consenti à devenir ses coopérateurs. Son audace troubla ses amis : il les rassura ; sa famille le chagrina : il la laissa dire ; le monde le traita de fou : il fallait s'y attendre ; il était fou, en effet, de la folie des saints. — Jeune encore, il avait été nommé chanoine de la métropole ; mais les dignités ecclésiastiques qu'il honorait autant qu'il en était honoré, lui semblaient un obstacle à ses desseins. Il renonça à son bénéfice pour se réduire au rang de simple prêtre, à l'imitation de saint Bruno qui avait parfumé ce même chapitre de ses vertus, et lui avait laissé, en partant pour les monts Chartreux, le souvenir de son abnégation. A six siècles de distance, Jean-Baptiste de La Salle suivait cet aigle, que le souffle de la grâce avait porté si haut. Plus il descendait, plus il montait vers Dieu qui attirait son serviteur sans lui permettre de s'arrêter : objet d'admiration pour un petit nombre, d'étonnement mêlé de raillerie pour ceux qui ne comprennent pas les préludes des grandes choses, et n'ouvrent les yeux que lorsqu'elles sont achevées.

Cependant il lui restait le manoir paternel. Il n'hésita pas à y réunir les instituteurs qui avaient répondu à son appel, et qui, jusque-là dispersés sur tous les points de la cité, sans direction bien arrêtée, manquaient de la cohésion nécessaire à une œuvre naissante. Tel fut le berceau de la société des Frères des Ecoles chrétiennes. Je ne sais quoi de sacré s'attache aux lieux où a germé une idée féconde, dont les développements ont ombragé l'univers. Dieu a touché ce sol et y a laissé sa trace ; c'est là qu'il s'est révélé et qu'il a donné la mission à une âme prédestinée ; on ne le foule qu'avec respect et en quittant sa chaussure. Des fondations restées fameuses dans l'histoire ont commencé sous un toit plus modeste ; cependant le signe divin brille sur une demeure auparavant habitée par une race accoutumée aux dignités, qui y menait une existence confortable et qui, par l'héroïsme d'un de ses fils, devint la maison de la prière, du travail et de la pénitence. Le Bienheureux de La Salle y ayant rassemblé ses petits comme dans un nid, les couvrit de ses ailes ; et sous l'incubation de son ardente charité, il les prépara à une vie plus parfaite, qui ne devait pas tarder à devenir une nouvelle forme de la vie religieuse. Pour mieux les séparer du monde auquel ils avaient renoncé, il leur donna un costume austère. Il voulut se revêtir lui-même de cette livrée qu'il préférait dans son cœur aux vêtements plus distingués du dignitaire de l'Eglise. Voyez ce gentilhomme, dont les traits reflètent la splendeur du sang qui coule dans ses veines, né dans un palais, la veille encore déployant, au milieu des pompes liturgiques, les magnifiques ornements de son ordre ; voyez-le, devenu humble parmi les humbles, traverser sans rougir les places de la cité, sous les yeux de ses proches et de ses connaissances. En vérité, les amis de Dieu ont des procédés qui déconcertent la sagesse du siècle ; c'est la grandeur à rebours ; c'est la grandeur pourtant : il ne faut qu'attendre pour s'en convaincre.

Bientôt les douze premiers disciples du nouvel institut prirent leur envolée ; ils se dispersèrent d'abord en Champagne, et peu à peu sur toute la surface de la France. Le Bienheureux quitta alors son pays pour s'en aller où le poussait le souffle de l'Esprit-Saint ; pèlerin de la charité, le bâton à la main, les pieds dans la poussière, il court le long des chemins, de ville en ville : il fonde des écoles, il recrute des maîtres, il crée les ressources nécessaires : par ses œuvres mieux encore qu'en paroles, il dit : *Laissez venir à moi les petits enfants*. Allez, ami de l'enfance, père du peuple, recueillir les déshérités, éclairer l'ignorance, principe de l'erreur et du vice : combattez le bon combat et que Dieu vous bénisse.

C'était l'heure des suprêmes épreuves. Il n'y a que la douleur qui soit féconde ici-bas : la douleur attend le Bienheureux à chaque pas. La fatigue des voyages, les périls qui en sont inséparables, les privations de la pauvreté, les nuits sans sommeil sont la partie la plus légère de son martyre. Qui dira les angoisses dont était remplie son âme tendre et forte, aux prises avec les tâtonnements, les incertitudes de l'avenir, les défaillances de ses disciples, les déceptions succédant aux espérances, l'insuccès du lendemain démentant le succès de la veille, et les abattements que ressentent les mieux trempés, jusqu'à souhaiter la mort quand elle tarde à venir ? Dieu n'épargna pas à son serviteur les amertumes de la persécution. Il vivait dans un siècle heureux, où la religion régnait sur toutes les classes de la société ; mais les passions humaines sont de toutes les époques, et les enfants de lumière n'en sont pas exempts. Il fut l'objet de la jalousie des corporations enseignantes, qui crurent leurs privilèges menacés par ses entreprises. Il vit les pouvoirs publics mal disposés envers lui, et il subit les rigueurs de leurs préventions. L'intrigue sourde et déloyale minait le terrain sous ses pieds ; plus d'une fois il se retira vaincu de cette lutte inégale avec des ennemis invisibles ou hypocrites. Les saints furent toujours persécutés ; ils se consolent aisément quand les coups partent du côté des méchants ; ils pleurent des larmes plus amères quand ils les reçoivent de la main d'où ils attendaient la protection. Le Bienheureux de La Salle connut ce genre de supplice : il souffrit dans l'Église et de l'Église même dont il était l'apôtre : abreuvé d'humiliations, accablé d'injustices, odieux à ses rivaux, presque suspect à ses supérieurs, son cœur devint un autel dont il fut l'holocauste, et sur lequel il se consuma, consolé par sa conscience, soutenu par son amour des enfants, auxquels il avait consacré sa vie ; car il pouvait bien s'écrier avec l'apôtre : *Mes petits enfants, c'est maintenant que je vous engendre dans la douleur, jusqu'à ce que Jésus-Christ soit formé à vous* (1).

Ce héros acheva sa carrière à Rouen, théâtre principal de ses épreuves, et qui devait être celui de sa gloire. C'était le Vendredi-Saint de l'année 1719 ; un jour bien choisi, car c'est le jour des victimes et celui des rédempteurs. Pendant sa vie, il fut semblable à son divin Maître, portant avec le même respect et un égal amour son sacerdoce et sa croix. Pour que rien ne manquât à cette ressemblance, comme Jésus il mourut sur la croix, condamné par ses juges, le fiel et l'absinthe sur ses lèvres, la couronne d'épines sur le front et la lance au travers de son cœur déchiré. Du haut de sa croix, Jésus étendit ses bras et jeta un dernier regard sur le monde qu'il aima jusqu'à la fin, en s'écriant : « *J'ai soif* » (2). Le disciple, pendant son agonie, contempla son œuvre sans vaine complaisance ; il prophétisa sa prospérité qu'il entrevoyait au milieu des nuages de la persécution. Sa dernière parole, que l'histoire n'a pas recueillie, mais qui se devine, fut une parole d'amour sublime, résumé de sa vie, formée d'une seule idée et d'un seul labeur : *Laissez venir à moi les petits enfants.*

Si le grain ne meurt pas, il demeure stérile : mort, il porte beaucoup de fruits. Cette doctrine, qui s'est réalisée tant de fois, se vérifie encore aujourd'hui sous nos yeux. Dieu s'est souvenu de son serviteur en l'exaltant dans l'assemblée des saints : nous assistons à son triomphe, qui a tardé à venir. Plus d'un siècle et demi a passé sur sa tombe, pendant lequel sa gloire voilée semblait finie avant de commencer ; l'histoire avait conservé sa mémoire ; l'Eglise ne se hâtait pas de la consacrer : elle attendait l'heure de Dieu. Les astres ont leur lever et leur coucher ; c'est Dieu qui les appelle, et les astres répondent : Nous voici. Qui n'admirerait avec quelle opportunité Rome a rendu le décret qui décerne à Jean-Baptiste de La Salle les honneurs de l'autel ? L'événement, si ardemment désiré, si lentement préparé, échappait aux prévisions de ceux qui en apparence l'avaient dans leurs mains : la procédure marchait sans eux. Cet événement surprend la France en proie à un accès de fièvre scolaire, maladie nouvelle et qui peut devenir mortelle. L'école est en effet la pépinière des âmes ; c'est de là que l'Eglise les tire, là que la patrie les prend. C'est pourquoi l'école est devenue le champ de bataille des doctrines, où les partis se mesurent et se disputent, avec l'enfant, l'avenir du monde. Le monde appartient à Dieu ; la Révolu-

(1) Galates, IV, 19.

2 (1 Jean, XIX, 28.

tion veut le lui ravir pour régner à sa place. Ce plan satanique est sorti de la sphère des fictions spéculatives : on le réalise chaque jour à nos dépens.

Puisqu'un astre bienfaisant est monté sur notre horizon, que cet astre est un saint et un saint français, qu'il n'est pas seulement une beauté qu'on admire, mais une force qu'on invoque, prions-le de répandre ses rayons sur notre malheureux pays. Que ces rayons éclairent les esprits égarés dans les faux systèmes, et les aident à retrouver le fil brisé de la tradition chrétienne en matière d'enseignement et d'éducation ; qu'ils découvrent aux hommes d'Etat les abîmes vers lesquels ils poussent une nation qui n'a pas besoin d'ajouter à ses maux d'autres maux plus terribles ; qu'ils fortifient, en les réchauffant, les âmes restées fidèles à Dieu et à l'Eglise et qui luttent si vaillamment contre les tendances de leur siècle. Que l'astre passe sur nos écoles chrétiennes, nées de nos larmes, objet de nos sacrifices et de nos craintes, car elles sont bâties sur un sol qui tremble sous nos pas. Qu'il passe sur les écoles d'où les maîtres chrétiens ont été chassés avec Dieu. Ces écoles sont à nous, parce que les enfants qui les fréquentent — douces victimes de l'erreur et du despotisme — sont à nous par le baptême ; nous maudissons les écoles ; nous aimons les enfants d'un amour proportionné au dommage qu'on leur cause et aux dangers qu'on leur prépare. Puisque le Bien-heureux Jean-Baptiste de La Salle fut le fondateur de nos écoles sur la terre, qu'il en demeure le protecteur au Ciel. Ainsi soit-il.

Un salut solennel en musique termine cette seconde journée du Triduum marquée au coin de la prière et du recueillement.

Les jeunes aspirants à la vie religieuse, ceux qui ont déjà revêtu les saintes livrées du Frère des Ecoles chré-tiennes et les élèves de l'Orphelinat ont dignement fêté leur commun Père.

Nul doute que le Bienheureux, dont le crédit est si grand dans le ciel, n'ait obtenu pour ses enfants des grâces de choix.

IV. — TROISIÈME JOUR.

C'est le grand jour, jour incomparable par la majesté des cérémonies, harmonie des chants et le concours immense de la foule envahissant à tous les offices les cinq nefs et les nombreuses chapelles de la Cathédrale.

Le matin, a lieu la messe de communion pour les élèves des écoles chrétiennes libres. Le Bienheureux les voit une dernière fois se grouper autour de lui par centaines et lui offrir l'hommage de leur piété filiale.

Ils vont faire place à d'autres, jaloux, eux aussi, d'avoir leur part dans ce concert de louanges qui, de la terre d'Auvergne, s'élève jusqu'au ciel, à la gloire de Jean-Baptiste de la Salle.

Ce sont les élèves du Pensionnat qui, aujourd'hui, ont l'honneur de fêter solennellement leur puissant protecteur ; leur tour est venu de témoigner de leur amour au Bienheureux de la Salle. A cette imposante manifestation étaient accourus de tous les points de notre catholique Auvergne les Anciens Elèves chez lesquels le souvenir du cœur est toujours si vivace ; ils répondaient à l'invitation qui leur avait été adressée par le Conseil de la société des Anciens Elèves du Pensionnat, qui dès le 18 avril, leur avait envoyé la circulaire suivante :

Monsieur et cher Collègue,

Un Triduum *solennel en l'honneur de l'illustre Fondateur de l'Institut de nos anciens Maîtres, le* BIENHEUREUX DE LA SALLE, *sera célébré en la Cathédrale de notre ville, les 11, 12 et 13 du mois de mai prochain.*

Gracieusement invité par notre Président d'honneur à prendre part à cette imposante manifestation, le Conseil de la Société lui en a exprimé sa vive reconnaissance, et a décidé qu'une lettre-circulaire serait adressée à tous les membres de la Société, pour les prévenir de cette solennité, bien convaincu que la sincère affection qu'ils ont vouée à leurs dignes Maîtres, leur rendrait agréable cette fraternelle communication.

En conséquence, monsieur et cher Ami, le Conseil de la Société vous invite, si vos occupations vous le permettent, à venir assister à la clôture du Triduum le Dimanche 13 mai prochain, et à prendre vos dispositions de manière à vous trouver au Pensionnat entre huit et neuf heures du matin.

En attendant l'heureux jour du rendez-vous, nous vous renouvelons l'expression de notre sincère amitié.

Le Président,
ANTOINE ASTIER.

Ils étaient venus nombreux, *les Anciens*, heureux de de donner à leurs Maîtres vénérés, l'expression de leur attachement, de leur reconnaissance, en s'unissant à eux pour fêter le *véritable Ami du peuple.*

Leur présence était aussi, dans la pensée de tous, une protestation contre l'école neutre, l'école sans Dieu. — Heureux bénéficiaires d'une éducation chrétienne, ils en apprécient les fruits, au sein des luttes et des épreuves de la vie.

Cette éducation qu'ils ont reçue au Pensionnat, ils la veulent pour leurs fils et ils le témoignent en s'associant aux joies de l'Institut, dont ils se montrent aujourd'hui heureux et fiers d'être les enfants!

Il est 9 h. 1/2, nous quittons le Pensionnat pour nous rendre à la Cathédrale, musique en tête.

L'imposant groupe d'Anciens Elèves ferme la marche ; ils sont de la famille ; des places d'honneur leur sont réservées, et, pendant que les *400* élèves du Pensionnat prennent rang dans la vaste nef, une foule immense remplit déjà les bas côtés, jetant par sa présence le cri muet d'un joyeux *Hosanna* d'autant plus vibrant qu'il était plus spontané.

N'était-ce pas là glorifier le *Bienheureux ?*

A 10 heures, la grand'messe est célébrée pontificalement par Mgr l'Evêque, assisté d'un nombreux clergé. Toutes les stalles sont occupées par MM. les Chanoines. Le chapitre est là, au grand complet.

Aux accents vigoureux d'une marche triomphale (de Verdi), Sa Grandeur Mgr Boyer, fait son entrée au chœur. Le saint Sacrifice commence et, sous l'habile direction M. A.-T. Lemaigre, nous assistons à l'audition de la messe solennelle de H. Valiquet, chantée par les élèves de la chorale du Pensionnat, accompagnés d'un nombreux orchestre.

On remarquait les voix pleines de fraicheur et d'éclat des soprani ; un peu jeunes, il est vrai, chez les ténors et les basses, mais néanmoins bien timbrées.

Çà et là, des modulations exquises, des dessins d'accompagnement merveilleux et admirablement rendus. On ne se lassait pas d'entendre le *Credo* et l'*Agnus,* vrais chefs-d'œuvre d'harmonie.

Cette grandiose exécution a été un véritable événement artistique, et l'assistance qui se pressait dans notre vaste église Cathédrale, n'a eu qu'une voix pour acclamer les beautés de l'œuvre musicale et la complète réussite de l'exécution.

A l'Offertoire, pendant que le grand orgue, tenu par M. Claussmann, jetait ses riches accords, Monseigneur Boyer bénissait le pain béni offert par les élèves du Pensionnat. Quel souriant tableau présentait ces jeunes adolescents portant, fiers et dignes, le brancard enguirlandé, sur lequel était dressée une pyramide des plus friandes brioches enrubanées ! Le gracieux cortége s'avançait vers l'autel, précédé d'un ainé, cierge en main. C'est aux jeunes offrants qu'était réservé l'honneur de distribuer à leurs camarades, comme aux nombreux fidèles, ce pain matériel, emblème du pain mystérieux, nourriture des âmes.

La cérémonie s'achève par la Bénédiction.

Les élèves Anciens et Nouveaux reprennent le chemin du Pensionnat aux sons d'un entrainant pas redoublé, emportant le souvenir de ces solennités inoubliables...

A 2 h. 1/2, la Cathédrale est envahie de nouveau. Toutes les classes de la société se sont donné rendez-vous, tous les rangs sont confondus : institutions diverses, religieux et religieuses de tous ordres, prêtres nombreux, tout le monde éprouve le besoin d'offrir au Bienheureux, le tribut de sa reconnaissance et de glorifier en lui la cause de l'enseignement chrétien.

A 3 heures, impossible de trouver un siége et la foule croissante, ayant achevé de combler nefs et chapelles, déborde au dehors.

Pendant les Vêpres, chantées en faux-bourdon, on a remarqué surtout les *soli* de *Magnificat* de M. de T., dont la voix emplissant l'immense vaisseau, pro'uisait le plus bel effet.

A l'issue de la cérémonie, M. le chanoine Barrière est monté en chaire. A un autre point de vue et dans une forme neuve et vraiment belle, l'orateur a fait le panégyrique du *Bienheureux*.

Nous reproduisons *in-extenso* ce discours qui a été très apprécié :

Hos vocavit... Illos glorificavit.
C'est Dieu qui appelle et qui glorifie les Saints.
(Rom., ch. 8. v. 30.)

Les merveilles que nous admirons dans les saints surpassent tellement les forces humaines que l'on est bien obligé de reconnaitre qu'ils sont soutenus par une puissance supérieure. Cette puissance c'est Dieu même, Dieu qui les choisit, qui les dirige, qui les conduit comme par la main au milieu des plus difficiles entreprises et des plus rudes combats. *Hos vocavit.*

Quand plus tard l'Eglise veut les placer sur les autels et les proposer pour modèles au peuple chrétien, elle attend que Dieu manifeste sa volonté par des signes irrécusables, en sorte que, en leur décernant les honneurs de la Béatification et de la Canonisation, elle n'est, à n'en point douter, que l'organe de la pensée divine et par conséquent c'est Dieu même qui les glorifie. *Illos glorificavit.*

Or Dieu ne fait rien par hasard ni par caprice. Il dirige les événements avec une puissance souveraine. Il les voit d'avance se dérouler devant Lui et d'avance aussi, Il prépare les moyens par lesquels Il les fera tourner bon gré malgré à l'accomplissement de ses desseins. Soit donc qu'Il appelle les saints, soit qu'Il les glorifie, Il choisit les moments opportuns : Il les appelle pour en faire les instruments de sa volonté toute-puissante, Il les glorifie afin d'illuminer le monde et de lui montrer sa voie. Nous allons étudier, mes Frères, ces opportunités divines dans l'appel et la glorification du Bienheureux de La Salle.

Or ce grand homme a été à la fois l'organisateur de l'enseignement populaire et le père d'une grande famille religieuse destinée à donner cet enseignement. C'est la double mission qu'il a reçue. C'est à ce double titre qu'il vient d'être placé au rang des Bienheureux. *Illos glorificavit.*

Quelles sont donc les raisons pour lesquelles Dieu lui a confié cette mission il y a 200 ans, quelles sont les raisons pour lesquelles Dieu a attendu jusqu'à nos jours pour mettre en lumière sa sainteté ? Voilà ce que nous allons étudier ensemble avec le secours de la grâce.

PREMIÈRE PARTIE

Dieu n'appelle pas tous les saints de la même manière. Tantôt il les terrasse au milieu du chemin de la vie, et sa voix se fait entendre à eux comme un tonnerre ; tantôt il les prévient dès l'aube et sa main les conduit insensiblement au but qu'il leur a marqué dans ses desseins.

Le Bienheureux de La Salle fut du nombre de ces privilégiés qui n'ont jamais connu d'autre sentier que les voies du Seigneur. Dieu le fait naître au sein d'une famille riche d'honneur et d'esprit chrétien. Il y respire dès ses premières années tous les parfums de la piété. Déjà il connaît les secrets de la mortification. Il a recours à de saintes industries pour interrompre son sommeil et consacrer à la prière les heures même de la nuit. Dans le lieu Saint on dirait un ange du Ciel ; dans la maison paternelle son plus doux amusement est d'élever des autels et d'y célébrer les cérémonies sacrées, et l'on admire le sérieux et la piété qu'il y apporte. Jeux enfantins si vous le voulez, mais qui n'en sont pas moins les premiers tressaillements d'une âme que le rayon de Dieu échauffe et qui commence à s'épanouir en regardant le Ciel.

Bientôt il déclare à ses parents son désir de se consacrer au Seigneur. Mais il est l'aîné de la famille, l'héritier du nom, on rêve pour lui les honneurs du monde.

Quel sujet de regrets amers si ces pensées humaines eussent prévalu ! Un grand ordre de moins dans la Sainte-Église, des centaines et des centaines de milliers d'enfants privés des bienfaits d'une éducation solidement chrétienne.

Hélas ! que devrions-nous penser aujourd'hui, si nous pouvions sonder les secrets des destinées ? En voyant la mollesse avec laquelle l'enfant est élevé, les préoccupations mesquines qui empêchent, dans certaines classes de la société, les vocations ecclésiastiques de naître ou de se développer, n'est-il pas permis de dire que souvent les plans de Dieu ont été déjoués, et de grandes œuvres étouffées dans leur germe ? N'est-ce pas au moins la cause pour laquelle ces classes n'ont pas dans la société l'influence qu'elles devraient avoir ? Semblables à un grand arbre, dans lequel la sève est sans cesse refoulée et qui n'étend que des rameaux languissants où l'on n'aperçoit plus que des fruits trop rares.

Les parents du Bienheureux ne se laissèrent point dominer par les pensées humaines. Aussi quel dédommagement Dieu leur a accordé ! Ils comptaient sur leur enfant pour perpétuer leur nom et ce nom il l'a légué à des milliers et des milliers de fils, entouré d'un éclat que ses ancêtres ne lui avaient pas donné. Ils rêvaient pour lui les honneurs, et voici qu'il apparaît au monde au milieu de splendeurs incomparables.

Il n'a encore que 16 ans, un de ses parents, chanoine de l'église de Reims, donne sa démission en sa faveur : « *Mon petit cousin*, lui dit-il, *souvenez-vous qu'un chanoine doit être comme un chartreux et passer sa vie dans la retraite.* » Jean-Baptiste de La Salle était dès lors capable de comprendre de si austères leçons. On admirait son assiduité aux saints offices, on enviait sa ferveur dans la prière. Cependant le moment est venu où il doit se préparer aux saints ordres et faire ses études ecclésiastiques. Il demande à entrer au séminaire de Saint-Sulpice.

Quelle joie pour notre Bienheureux d'entrer dans cette sainte maison. M. Olier venait de mourir, les échos de ses enseignements y retentissaient encore, et ses disciples, héritiers de son esprit, ne cessaient de rappeler aux aspirants au sacerdoce la grandeur des fonctions sacrées, la perfection à laquelle ils devaient tendre pour être dignes de les remplir, le zèle dont ils devaient être embrasés pour la gloire de Dieu et le salut des âmes.

Admirable coïncidence ! Presque à la même époque arrivait au séminaire un enfant de la Bretagne qui, lui aussi, devait être le fondateur d'un grand ordre, voué à l'éducation de l'enfance chrétienne. Et voici que tous les deux, Jean-Baptiste de La Salle et Louis-Marie Grignon de Montfort, reçoivent presque au même jour, les honneurs de la béatification.

Fils vénérés de M. Olier, vous avez beau vous envelopper dans votre humilité, vous n'empêcherez pas que la gloire des saints que Saint-Sulpice a formés rejaillisse sur vous. Vous ne cherchez qu'à vous faire oublier des hommes, mais vous inspirez les plus grands desseins. Les élèves du sanctuaire sauront désormais combien féconde est la retraite où Dieu les place sous votre conduite. Leur obéissance en deviendra plus prompte, leur affection plus tendre et plus dévouée, et, marchant sur les traces de leurs devanciers, ils se prépareront à continuer la race des Grignon de Montfort et des J.-B. de La Salle.

Le Bienheureux est retourné à Reims. Un instant il a songé à donner sa démission pour assumer la charge d'une paroisse populeuse, mais Dieu qui a d'autres vues sur lui ne permet pas que sa demande soit agréée.

Soyez attentifs, mes Frères, le moment est arrivé où les desseins de Dieu vont s'accomplir. Le Bienheureux reçoit un jour la visite d'un pieux laïque, M. Niel, qui vient à Reims avec la mission d'y fonder une école gratuite de garçons. C'est une pieuse femme qui l'envoie. A Rouen, elle s'est trouvée en rapport avec un religieux de l'Ordre des Minimes, qui a formé le projet de fonder un Ordre nouveau pour l'enseignement des enfants pauvres. Madame de Maillefer désire doter Reims, sa ville natale, d'une école, et le religieux qui connaît l'abbé de La Salle, lui adresse M. Niel. Le Bienheureux n'a que des encouragements pour la généreuse tentative de celui-ci, mais, quant à l'aider de sa personne, il n'y songe nullement. Il éprouve même, il l'a écrit plus tard, une répugnance instinctive à s'associer à lui. Mais M. Niel, poussé par une ardeur exhubérante, fait de fréquentes absences, ses coopérateurs sont livrés à eux-mêmes, et l'abbé de La Salle, pour ne pas laisser l'œuvre en péril, croit qu'il est de son devoir d'intervenir. Il met les maîtres de l'école dans une maison voisine de la sienne ; puis, pour que sa direction soit plus efficace, il les prend définitivement avec lui. Cependant M. Niel a fait échouer plusieurs entreprises par son zèle quelque peu intempestif, et le Bienheureux qui ne se proposait d'abord que de le suppléer, est obligé de se charger complètement du soin de la communauté.

Les membres s'en étaient multipliés peu à peu. Il comprend qu'il y a urgence à les former sérieusement à la piété et il leur propose dans cette vue quelques règlements. C'est déjà une communauté religieuse.

Bientôt de tout jeunes gens se présentent. Ils sont encore incapables d'enseigner, leur âge ne leur permet pas non plus de contracter les engagements de la vie religieuse ; ils pourront le faire plus tard, mais, s'il les renvoie, ils seront peut-être entraînés par les mauvais exemples, et les germes de leur vocation seront étouffés au contact du monde ; il les reçoit, les place sous la conduite d'un de ses disciples les plus recommandables ; ils se prépareront ainsi à devenir des maîtres dévoués et de fervents religieux ; c'est l'ébauche des *petits noviciats*.

Quelque temps après, on lui envoie de bons jeunes gens qui n'ont nul attrait pour la vie religieuse, mais qui veulent se consacrer à l'instruction des enfants de la campagne, et on lui demande de les y préparer. Le Bienheureux accepte de grand cœur ; c'est l'ébauche des *écoles normales*.

A Rouen, où il est allé fonder des écoles pour les enfants pauvres, quelques familles plus aisées lui confient l'éducation de leurs enfants qu'elles ne peuvent garder auprès d'elles ; c'est l'ébauche des *pensionnats*.

Parmi les enfants qu'on lui présente, il y en a de vicieux, d'incorrigibles, exposés à toute la sévérité des lois, il les sépare des autres, les soumet à une discipline plus rigide ; à force de dévouement, il les transforme, il en fait d'honnêtes gens, de solides chrétiens, plusieurs même deviennent de bons religieux. Il montre ainsi le vrai type d'une *maison de correction*.

Pour assurer le succès de toutes ces œuvres, il donne à ses disciples toutes les règles qu'ils doivent suivre. Ce qui doit faire l'objet de l'enseignement, les moyens à prendre pour former l'esprit et le cœur de l'enfant, et pour maintenir dans les classes une exacte discipline, les encouragements à donner, les châtiments à infliger, tout y est prévu. On a voulu changer ses méthodes, on a été obligé d'y revenir. Et quand on a voulu s'écarter des voies qu'il a ouvertes, on a toujours eu sujet de s'en repentir.

Vous le voyez, il ne fait que suivre pas à pas les indications de la Providence, et il peut bien dire qu'il n'est dans toutes ses entreprises que l'instrument dont Dieu se sert.

Dieu l'a donc appelé. Pourquoi ?

Les conciles, les synodes, les évêques dans leurs diocèses n'avaient cessé de s'occuper de cette grave question de l'enseignement populaire. Les écoles étaient nombreuses, nombreux les enfants qui les fréquentaient, nombreux les maîtres qui se présentaient pour les diriger.

Ce qui manquait, c'était la méthode, la fermeté dans la discipline, en un mot, l'organisation. Jean-Baptiste de la Salle fut envoyé pour combler cette lacune.

Mais ici se pose une seconde question.

Pourquoi Dieu a-t-il voulu que l'organisation de l'enseignement populaire eût lieu au commencement du XVIIIe siècle ?

Mes frères, voici la réponse. A ce moment-là naissait un homme, doué des plus séduisantes facultés de l'esprit, mais le cœur le plus profondément corrompu qui fut jamais. Rien n'est plus dangereux que les gens de cette trempe. La corruption de leur cœur les rend capables de tout oser, et le charme de leur esprit leur donne une puissance de fascination qui entraîne tout après eux. Quand un de ces hommes néfastes apparaît dans un pays, ce pays est perdu si Dieu n'intervient dans sa miséricorde. Dieu avait eu pitié de la France, il lui avait donné Jean-Baptiste de La Salle.

N'allez pas m'accuser, mes frères, de pousser trop loin ma pensée. Sachez que les destinées des peuples ne dépendent pas seulement du sort des batailles, ni des décisions prises dans le cabinet des diplomates. C'est là que les hommes s'agitent, ce n'est pas de là que partent ces courants mystérieux qui les poussent, qui les entraînent, qui les précipitent dans les abîmes ou qui les en retirent. Les grands événements extérieurs ne sont que les effets des grands mouvements imprimés aux âmes et comme des échos de cet autre combat qui se livre entre le bien et le mal dans le secret des cœurs. Voilà pourquoi je ne crois pas trop m'avancer en disant que Voltaire a été le mauvais génie de la France et que le B. de La Salle en a été le Sauveur.

Voyez-les en présence :

Pendant soixante ans Voltaire ne cesse de corrompre les classes supérieures de la société, il ébranle la foi dans les esprits, il pervertit les cœurs, il détruit le respect, il sape les fondements de l'ordre religieux et de l'ordre social. Et enfin voici que tout s'écroule. Jésus-Christ est chassé de ses temples, l'impudicité sous le nom de déesse Raison monte sur les autels. Voltaire triomphe.

Par bonheur, ce prétendu philanthrope professait pour le peuple le plus profond mépris. « Ce n'est pas le manœuvre qu'il faut instruire, disait-il, c'est le bourgeois. Le peuple n'est pas digne d'être instruit, il ressemble à des bœufs à qui il faut un aiguillon, un joug et du foin. » Un joug pour celui que Dieu a créé à son image ! un aiguillon à celui que le Fils de Dieu a racheté par son sang ! Du foin à celui que J.-C. veut nourrir de sa chair sacrée ! C'est à ce point que l'esprit humain peut méconnaître la dignité de l'homme quand il cesse d'être éclairé par la lumière divine.

Ah ! ce ne sont pas ces pensées qui inspirent notre Bienheureux. Il voit l'enfant du pauvre, devenu par le baptême le fils adoptif de Dieu aussi bien que l'enfant du riche, il le voit assis désormais sur les marches d'un trône incomparablement plus beau que tous les trônes de la terre et appelé à y monter un jour, et pour le rendre digne de ses destinées éternelles, il n'y a point de sacrifice qu'il ne s'impose.

Dieu a béni ses efforts. Tandis que les classes supérieures s'avilissent dans l'incroyance et la volupté, le peuple garde le respect, le bon sens, l'amour de l'ordre et l'intégrité de sa foi. Quand les disciples de Voltaire dressent l'échafaud sur les places publiques, l'homme du peuple ne craint pas d'y monter. Car il ne faut pas l'oublier, elles furent nombreuses les victimes dans les classes populaires.

Aussi, lorsque plus tard Napoléon voulut rétablir l'ordre dans notre pays, voyant l'attachement profond que le peuple avait gardé à la foi de ses pères, il comprit que son œuvre ne serait accomplie que du jour où la paix serait rendue à l'Eglise. J.-C. rentra dans les temples. Le peuple, le vrai peuple avait remporté la victoire et le champ de bataille restait à Jean-Baptiste de La Salle.

Vocavit. — Voilà pourquoi Dieu l'a appelé. — Et maintenant pourquoi Dieu a-t-il attendu jusqu'à nos jours pour glorifier son serviteur ?

Les églises étaient ouvertes. Mais le rétablissement du culte n'avait pas mis fin à la lutte. Rien n'est souple comme l'esprit du mal. Il va, il vient, il cherche le moment propice ; il ne se donne point de repos jusqu'à ce qu'il ait accompli son œuvre de destruction. Les fils de Voltaire ne tardèrent pas à voir la faute que leur chef avait faite en dédaignant l'ouvrier ; ils avaient reconnu que le peuple est une puissance et ils n'eurent plus qu'une pensée, celle de le séparer de l'Eglise et d'en faire leur instrument.

Vous connaissez leur mot d'ordre, il a retenti d'une extrémité du pays à l'autre, dépassé ses frontières et produit jusque dans les nations voisines un trouble profond.

Ah ! il fallait une protestation éclatante, une protestation venue du Ciel, car celle de la terre ne suffisait pas. O cendres de La Salle, ranimez-vous et devenez fécondes. Faites sentir cette vertu que Dieu ne donne qu'aux cendres des Saints.

Chrétiens, le Ciel intervient, les miracles s'accomplissent. — C'est une jeune fille qui, par suite d'un accident cruel, recouvre subitement la santé en invoquant le Bienheureux.

C'est un enfant qu'une maladie de langueur a conduit aux portes du tombeau et que le Bienheureux en ramène tout à coup plein de vie et de santé. C'est un Frère des Ecoles Chrétiennes qui, après l'avoir invoqué, recouvre soudain l'usage de ses membres qu'il avait perdu depuis longtemps. Chrétiens, il est là, au milieu de nous, témoin irrécusable de la puissance de son Bienheureux Père.

Mes Frères, est-il possible de s'y tromper ? Des cendres inanimées pourraient-elles accomplir d'elles-mêmes ces prodiges ?

N'en doutez pas, c'est Dieu qui agit, c'est Dieu qui parle.

Et que nous dit-il ?

Il nous dit que ce beau zèle que ses ennemis font paraître aujourd'hui pour l'instruction de l'enfance, ils ne l'eurent pas toujours.

Il nous dit que le véritable organisateur de l'enseignement populaire et le modèle de l'instituteur, c'est Jean-Baptiste de La Salle, et ce modèle, il le propose à notre imitation.

Ah ! vous vous vantez d'avoir étendu vos programmes. Pour lui, au lieu de charger l'intelligence de l'enfant d'une abondance d'aliments qu'il est incapable de porter, il s'attachait surtout à lui donner un sens droit, un jugement ferme et cette science maîtresse qui s'appelle la défiance de soi-même.

Vous croyez relever la dignité de l'enfant en lui répétant sous toutes les formes qu'il est libre. Pour lui, il lui rappelait au contraire qu'étant la créature de Dieu, il devait toujours se regarder comme son serviteur ; qu'étant membre de la société humaine, il devait dépendre de ceux que la Providence a placés à sa tête ; mais il lui disait que s'il savait s'affranchir du joug de ses passions, il serait toujours maître de lui-même, et qu'il aurait ainsi la véritable liberté.

Vous avez introduit dans vos écoles ces exercices du corps par lesquels vous essayez de rétablir l'équilibre dans un organisme débilité. Pour lui, il disait à ses enfants que le corps doit être toujours le serviteur de l'âme, que l'âme le domine par la chasteté et que la chasteté sera toujours la source la plus féconde où il puisera la vigueur et la santé.

Vous prétendez préparer l'enfant aux grandes choses en allumant l'ambition dans son cœur et en lui montrant les portes de toutes les carrières, même les plus élevées, ouvertes devant lui, au risque d'en encombrer les avenues sans jamais en franchir le seuil. Pour lui, il aurait craint d'exciter les jalousies, les rancunes, les colères, avant-coureurs d'épouvantables tempêtes. Mais il leur disait que, dans la condition la plus modeste, on est toujours grand si l'on est soumis à Dieu et si l'on cherche à se rendre utile à ses frères.

Vous montrez à l'enfant la richesse comme le but de la vie, auquel il faut arriver promptement et à tout prix. Il leur disait que l'on est toujours riche lorsque l'on a le nécessaire, une vie simple, des goûts médiocres et les mains pures de toute injustice, et que celui-là est toujours pauvre dont les immenses trésors n'égalent pas l'immensité de ses désirs.

Il ne leur apprenait pas, comme vous le faites, qu'il faut jouir de la vie et en jouir promptement parce que la vie est courte. Il leur disait au contraire que cette vie étant une épreuve, elle est toujours, quoique nous en ayons, visitée par la douleur, que le meilleur moyen de ne pas être écrasé par la souffrance, c'est de s'y préparer par l'austérité, et qu'au milieu des plus grandes infortunes on est toujours heureux quand on a le témoignage d'une bonne conscience avec les espérances éternelles.

Mais, dites-vous, comment faire accepter un enseignement si austère ? — Regardez ce beau nom d'Ecoles Chrétiennes qu'il a donné à son Institut.

Le Verbe étant la lumière qui éclaire tout homme venant en ce monde, il est évident qu'en descendant au milieu de nous pour se faire notre Docteur, il ne nous a point apporté les ténèbres. Il n'a pu se mettre en contradiction avec lui-même et, loin de vouloir anéantir la raison en nous donnant son Evangile, Il n'a fait que suppléer à son insuffisance.

Voilà pourquoi le Bienheureux voulait que tout, dans ses écoles, rappelât les leçons du divin Maître ; tout, et le Crucifix attaché à la muraille, et la prière qui commençait les exercices, et les livres que l'on mettait entre les mains des enfants, et les conseils, les encouragements qui leur étaient donnés, et les réprimandes qui leur étaient adressées.

Jésus-Christ apparaissait ainsi éclairant tout de sa lumière et c'était dans cette lumière que les enfants recevaient la révélation de toutes choses ; celles de Dieu et celles de l'homme ; celles du temps et celles de l'éternité. Les vérités les plus hautes ne les étonnaient point, parce que, grâce à ces clartés, ils ne voyaient partout qu'ordre, harmonie, beauté parfaite.

Ah ! sous prétexte de progrès, vous répudiez l'Evangile. Que faites-vous ? à quoi aboutissez-vous ?

Vous analysez les choses, vous en montrez à l'enfant les éléments divers ; vous fouillez devant lui les annales, vous remontez avec lui le cours des siècles, vous faites revivre à ses yeux les âges passés. Mais, de même que dans la nuit, les objets ont perdu leur beauté, il n'y a plus que désordre et confusion, on ne marche qu'en tâtonnant ; éloignés de Jésus-Christ, vous avez perdu la clef des mystères qui environnent l'homme ici-bas, vous ne comprenez plus rien aux choses que vous croyez savoir, vous demeurez dans les ténèbres, et la société, avec cette science, séparée de Dieu, ne peut que se heurter, s'égarer et arriver aux abîmes.

Et voilà pourquoi les expériences que l'on fait aujourd'hui sont désastreuses non-seulement pour les individus, mais pour la nation tout entière. Les nations vivent de la foi aussi bien que les individus. Regardez ces deux peuples opprimés depuis si longtemps, l'un par le schisme, l'autre par l'hérésie, toujours prêts de mourir et toujours vivants, toujours écrasés et toujours indomptables, portant sur leur front un diadème plus glorieux que celui que donnent les plus éclatantes victoires. Si vous leur demandez le secret de cette force qui fait le désespoir de leurs oppresseurs, ils vous répondront comme l'apôtre : *Et hæc est victoria quæ vincit mundum, fides nostra* (1). Ce qui fait que nous ne sommes pas abattus, c'est notre foi. Otez la foi, il n'y aura plus de Pologne, il n'y aura plus d'Irlande. Et si vous nous enlevez la foi — ô Dieu, éloignez de nous un tel malheur, — non, mes frères, on a

____
(1) 1 Joan. v. 1.

beau parler de sciences et de progrès, il n'y aura plus de France. C'est qu'on ne fait les sociétés qu'avec des hommes, et l'homme ayant été créé à l'image et à la ressemblance de Dieu, on ne fait des hommes que si on ramène l'enfant à Dieu en le faisant chrétien.

Voilà le solennel avertissement qui nous est donné aujourd'hui. Voilà la protestation divine. Telle est la signification des honneurs rendus à J.-B. de La Salle, et c'est là ce qui donne à sa béatification toute la portée d'un immense événement.

DEUXIÈME PARTIE

L'organisation de l'enseignement populaire est la grande œuvre pour laquelle Dieu avait suscité le Bienheureux de La Salle. Afin de conduire cette œuvre à sa perfection, il appela en même temps le Bienheureux à devenir le fondateur d'un grand ordre religieux. Fonder, c'est presque créer ; il faut donc que celui à qui Dieu confie cette grande mission entre en participation de sa toute puissance et, comme Dieu ne peut laisser à l'instrument dont il se sert, la gloire qui ne revient qu'à lui seul, la première condition du succès, c'est que cet instrument s'efface devant lui. Être appelé à fonder un ordre religieux c'est donc être appelé à s'anéantir soi-même. Aussi, à mesure que les desseins de Dieu se manifestaient plus clairement au Bienheureux de La Salle, l'Esprit divin le poussait vers le sacrifice par des élans merveilleux. Dès le premier moment il entre dans la retraite pour s'y livrer à la prière et à la pénitence, ses oraisons se prolongent, il châtie sa chair par des disciplines sanglantes, la mortification qu'il pratique à ses repas est si parfaite que le sens du goût paraît chez lui complètement émoussé.

Cependant ses compagnons sont en proie à une tentation terrible. Ils sont pauvres, rien n'assure leur existence. Que deviendront-ils ? Il a beau leur parler des bontés de la Providence qui n'abandonne jamais ceux qui se confient en elle. Il ne parvient pas à les convaincre. « Il avait bonne grâce, se disaient-ils, à leur tenir ce langage, avec sa riche prébende qui lui ôtait toute appréhension pour l'avenir ; s'il était pauvre comme eux, il ne se montrerait point si rassuré. »

Le Bienheureux n'hésite pas ; sa prébende est un obstacle, il la sacrifie et donne sa démission. On s'étonne, on le blâme, on fait tout pour le faire revenir sur sa détermination ; non-seulement il n'est pas ébranlé, mais encore il distribue tous ses biens aux pauvres. Il va plus loin. Pour savourer tout ce que la pauvreté a de plus amer, il va tendre la main et il mange à genoux le morceau de pain qu'on lui donne, pour honorer la sainte pauvreté. Mais au moins il prendra toutes les mesures que prescrit la sagesse humaine quand il s'agira d'établir les maisons de ordre ? Non, quelque insuffisantes que soient les offres qu'on lui fait, il s'en contente. Il donne entrée au noviciat à tous ceux qui se présentent, bien qu'ils ne lui apportent que leur bonne volonté. « Dieu, dit-il, peut bien en nourrir cinquante aussi bien qu'un seul. » Ses disciples s'effraient d'un si grand désintéressement. « Ah ! leur dit-il, Dieu ferait plutôt des miracles que de vous laisser manquer du nécessaire. Les miracles de la Providence sont journaliers, et ils ne cessent qu'à l'égard de ceux qui se laissent aller à la défiance. » La détresse la plus profonde ne lui fait rien perdre de son assurance. En 1709, la famine désole la France, les Frères en souffrent cruellement. « O mes frères, leur dit-il, il n'arrive au monde que ce que Dieu permet. Dussions-nous mourir de faim, si Dieu nous trouve soumis à sa volonté, il couronnera au moins dans le ciel notre vertu et nous rangera parmi les martyrs de la patience. » Je me trompe, mes frères, il lui arrive d'être gagné par l'inquiétude, mais c'est lorsqu'il se croit dans l'abondance. « Que ferons-nous de tout cela, dit-il, vous voyez bien que nous ne sommes pas de véritables pauvres. »

Son unique appui, c'est donc la divine Providence, il n'a d'autre souci que de se conformer à son bon plaisir ; si une entreprise peut procurer la gloire de Dieu, il la commence ; si Dieu semble ne plus l'avoir pour agréable, il l'abandonne. Il ne veut avancer qu'autant que Dieu le conduit par la main, mais pour répondre à son appel il affronte des fatigues inouïes. Regardez-le, il vient de quitter Reims pour se rendre à Paris ; c'est de là que son ordre doit s'étendre et rayonner dans le monde entier. Il veut faire de Paris sa capitale. Quel étrange conquérant ! Il voyage à pied, le bâton à la main. Il n'est point accoutumé à la marche, il est obligé de s'arrêter souvent sur le bord du chemin, il se repose en récitant son chapelet. Cependant sa chaussure s'est déchirée ; il continue sa route les pieds nus. Enfin, brûlé par la fièvre, il tombe évanoui. Quand il a repris ses sens, « conduisez-moi à l'hôpital, dit-il à son compagnon, je suis pauvre, je dois mourir avec les pauvres. »

N'est-ce pas assez de sacrifices, mes frères ? Non, Dieu ne se tient pas pour satisfait. N. S. disait à ses apôtres : « Tout rameau qui porte des fruits, mon Père l'émondera afin qu'il en porte de plus abondants (1). » Comme le Bienheureux de La Salle devait être sur ce tronc divin qui s'appelle Jésus-Christ une branche maîtresse, Dieu veut le tailler sans merci. Il n'a pas besoin pour cela d'agir par lui-même, il n'a qu'à abandonner à elles-mêmes les passions des hommes. Rien d'étrange, en effet comme la faveur populaire. L'apôtre Saint-Paul en racontait les caprices, il y 1,800 ans, avec une ironie pleine de tristesse. « Si quelqu'un dépouille le peuple, *si quis accipit ;* s'il se nourrit de sa substance, *si quis dévorat ;* s'il s'en fait un escabeau afin de satisfaire son ambition, *si quis extollitur ;* s'il l'asservit tout en prononçant le mot

____

(1) Joan. xv., 2.

de liberté, *si qui in servitutem redigit ;* non-seulement le peuple supporte, *libenter suffertis* (1) ; pour peu que le succès ait couronné tant
d'audace, il applaudit avec enthousiasme, son oppresseur est devenu
son idole. Mais qu'un homme se dépouille, qu'il s'abaisse, qu'il s'immole
pour lui, le plus souvent il ne rencontrera qu'obstacles, ingratitudes et
souffrances de toutes sortes. Tel fut le sort du Bienheureux.

Les enfants qui fréquentaient les écoles n'étaient point encore rompus
à la discipline. Chaque jour on avait à réprimer leurs écarts. Les parents
irrités des corrections qui leur avaient été infligées, en faisaient un crime
aux Frères et c'était le Bienheureux qui, le plus souvent, portait tout
le poids de leur colère.

Lorsque les Frères parurent en public avec le costume qu'il leur avait
donné, on ne les accueillit que par des huées, on leur jeta des pierres,
on les couvrit de boue. Lui-même ne fut pas épargné. Quoi ! un homme
de son rang descendre jusqu'à se faire maître d'école. Le dirai-je : un
jour on s'oublia jusqu'à le frapper.

Le Bienheureux avait été appelé à Paris. Là, sur ce vaste champ, il
va pouvoir déployer son zèle. Ses écoles se multiplient, des offres avan-
tageuses lui sont faites, des personnes généreuses lui viennent en aide
par leurs aumônes. Mais les maîtres écrivains, qui d'abord l'avaient
accueilli avec sympathie, effrayés de la comparaison qui allait être faite
entre ses écoles et les leurs, envahissent sa maison et la mettent au
pillage. Et l'on vit bientôt, affichée sur les murs de la capitale cette
sentence : Défense aux Frères des Ecoles Chrétiennes de demeurer
ensemble et de former aucune société jusqu'à ce qu'ils aient obtenu des
lettres patentes du Roi. Sur son appel, le Parlement intervient et voici
l'arrêt qui est rendu : « Défense à maître de La Salle, prêtre, docteur
en théologie, ci-devant chanoine de la cathédrale de Reims, soi-disant
supérieur des prétendus Frères des Ecoles Chrétiennes, d'établir
aucune communauté enseignant dans la ville, faubourgs et banlieue de
Paris. »

Ceux qui l'avaient soutenu jusque-là l'abandonnent. Ils lui retirent
leur appui et leurs aumônes, ils vont jusqu'à manquer aux engagements
qu'ils avaient contractés vis-à-vis de lui. Bien plus, on parvient à le
discréditer auprès de l'archevêque. C'est un exagéré, un incapable qui
ne peut que compromettre l'existence de son institut naissant, il faut
nécessairement lui substituer un supérieur moins exigeant et plus
habile.

Pour mettre le comble à tant d'épreuves, on lui suscite un procès
injuste, il est accusé de manœuvres indélicates, traîné devant les tribu-
naux et condamné.

(1) 2 Cor. xi, 19, 20.

Il ne crut pas devoir tenir tête à l'orage. Ce que ses ennemis se proposaient, c'était de l'obliger à quitter Paris. Il s'en éloigne et part pour Marseille. Là, tout semble lui réussir, on l'accueille avec empressement, on l'entoure, on lui demande de fonder des écoles. Hélas ! ceux qui lui faisaient des avances si flatteuses étaient des Jansénistes désireux de l'accaparer pour se couvrir de son prestige et faire triompher plus facilement leurs erreurs. Il ne tarda pas à s'apercevoir du piège. Il fit sentir sa réprobation. Alors la faveur se change en colère. Ce n'est plus qu'un homme d'un zèle outré, un homme dur, un entêté. On lance contre lui des libelles diffamatoires, on sème la révolte parmi ses religieux, il est obligé de fermer le noviciat qu'il venait de fonder, et de quitter Marseille comme il avait quitté Paris.

Et cependant ce n'étaient point là les coups les plus rudes qu'il eût à soutenir. Cette œuvre à laquelle il consacrait sa vie et pour laquelle il était capable d'endurer toutes les souffrances, il la voyait sans cesse près de périr. Ceux qui en avaient été les instigateurs l'avaient quitté. D'autres étaient venus qui l'avaient consolé par leur ferveur, mais un grand nombre, accablés par un travail excessif, avaient succombé. Les autres étaient tombés dans le relâchement et avaient fini par l'abandonner à leur tour. A cette vue, son cœur se trouble. « Ses enfants ne se décourageront-ils pas ? Son Institut ne sera-t-il pas condamné à disparaître ? » Il veut assurer au moins la persévérance de deux Frères capables d'en maintenir l'existence, si Dieu le rappelait à Lui. Il les fallait courageux, zélés, d'une constance inébranlable. Ces deux Frères, il les a trouvés, et afin qu'ils ne puissent plus être tentés de regarder en arrière, il les invite à faire avec lui le vœu de ne point quitter la Société, lors même qu'ils seraient seuls, lors même qu'ils en seraient réduits à demander l'aumône et à ne vivre que de pain. Et maintenant qu'il a trouvé les deux fermes colonnes sur lesquelles va s'appuyer son Institut, il peut regarder tranquillement l'avenir ? Quelques années s'écoulent. Un des curés de Paris veut lui laisser son patrimoine en vue de subvenir aux besoins d'une école qu'il a fondée sur sa paroisse. Il fait du directeur de l'école son légataire. C'était un des deux Frères que le Bienheureux s'était associé. Quand le Bienheureux vint pour s'entendre avec lui, ô douloureuse surprise ! cet homme de sa confiance lui répond qu'il ne le connait plus.

A Mende, où il se réfugie après avoir quitté Marseille, un de ses enfants qu'il avait reçu dans l'Institut par charité lui fait sentir brutalement qu'il est à charge à la maison et que s'il veut y rester, il doit au moins la dédommager de ses dépenses, comme un étranger. — Ainsi, c'est un déchaînement général ; tout conspire à l'abreuver d'amertume.

Et cependant, mes frères, ne le plaignez pas ; plus les épreuves sont accablantes, plus il devient digne d'être l'instrument de Dieu, car elles le façonnent à l'image de Celui qui n'a voulu sauver le monde qu'en donnant son sang pour lui. Dites-moi en effet, si, en entendant le récit des souffrances du Bienheureux, votre pensée n'évoquait pas instinctivement le souvenir des souffrances de Jésus-Christ ? Comme Jésus-Christ, il est accusé, calomnié, méconnu des siens, abandonné ; comme Jésus-Christ, il voit les puissances se lever pour le combattre et son œuvre vouée à la ruine. Mais c'est là aussi ce qui assure son triomphe. Quand Dieu veut fonder une œuvre, il n'écarte les appuis humains qu'afin de mieux faire éclater sa puissance, et c'est quand tout paraît anéanti qu'il se plait à se montrer.

Mes frères, ce moment est venu pour le Bienheureux. Il vient de rendre le dernier soupir et aussitôt le triomphe commence. La foule se précipite vers la maison des Frères pour le contempler une dernière fois. Le Saint est mort, s'écrie-t-on, le Saint est mort. Pour satisfaire la pieuse avidité des fidèles, on est obligé de mettre en pièce ses pauvres vêtements. Quelque temps après, le Saint-Siège approuve l'Institut qui, depuis, n'a cessé de s'accroître. En vain, la Révolution exerce sur lui ses fureurs, elle ne peut réussir à l'abattre. A peine la tourmente fut-elle apaisée qu'on se hâta de rappeler les Frères. Et aujourd'hui ils sont partout, en France, en Europe, en Amérique, dans les contrées les plus lointaines, ils ne sont pas moins de dix mille et ils enseignent quatre cent mille enfants.

L'intervention divine n'est-elle pas manifeste ? N'y a-t-il pas quelque chose de divin dans ces épreuves inouïes envoyées au saint Fondateur, dans la constance inébranlable avec laquelle il les a supportées, dans la merveilleuse fécondité de son Institut ? N'en doutez pas. C'est Dieu qui a tout fait, le Bienheureux n'a été encore ici que son instrument. *Vocavit*, il l'a appelé.

Pourquoi ?

Ah ! Chers Frères, écoutez, c'est là votre honneur. Dans la lutte à outrance à laquelle Dieu envoyait le Bienheureux de La Salle, il fallait qu'il eût derrière lui une armée, mais une armée capable de soutenir les assauts les plus violents et de remporter la victoire, une armée par conséquent composée de soldats vaillants, prêts à marcher aux ordres de leurs chefs, disposés à tous les sacrifices ; donc des soldats rompus à la discipline par l'observance exacte d'une règle austère, morts au monde, morts à eux-mêmes, mais cherchant dans le silence et la prière la force nécessaire pour mener une vie si contraire aux inclinations de la nature. Dans la langue chrétienne, une armée de cette sorte s'appelle un ordre religieux. Voilà pourquoi il l'a appelé.

Il l'a appelé, et aujourd'hui il glorifie en lui non-seulement l'organisateur de l'enseignement populaire, mais encore le fondateur de l'Institut des Frères des Ecoles Chrétiennes. *Glorificavit.*

Or, Dieu avait ses raisons pour que cette glorification fut retardée jusqu'aux jours troublés que nous traversons.

Je ne crains pas de le dire, chers fils du Bienheureux, Dieu vous réservait cette consolation. Dieu est Père, il a des tendresses d'une délicatesse infinie, et en ce moment où vous souffrez pour sa cause, il veut vous montrer qu'il est avec vous, en exaltant votre saint fondateur.

Mais en même temps que la consolation, il a voulu vous donner un grand enseignement. A l'heure actuelle, vous êtes entourés d'obstacles, les faveurs des puissants vous sont retirées, on voudrait, si on le pouvait, vous ôter tout moyen d'accomplir votre œuvre, on voudrait même ébranler votre fidélité. Quelle joie, si l'on pouvait anéantir votre cher Institut ! Dieu vient vous dire d'avoir confiance. Oh ! savez-vous quand vous auriez eu lieu de craindre ? c'est lorsque les faveurs du monde vous environnaient. C'est alors, dans cette prospérité qui excite l'admiration du vulgaire, que les œuvres de Dieu sont compromises ; peu à peu les courages s'y amollissent, les volontés s'y énervent, l'on y perd peu à peu l'esprit de Jésus-Christ. Il y a là un immense péril. Dieu vous en a préservés. C'est au sein de l'épreuve que vous avez pris naissance, c'est dans l'épreuve qu'il vous fortifie. Placés au milieu des éléments humains comme autrefois les Juifs dans la terre d'Égypte, il a envoyé son ange, et l'ange a passé, il a marqué son signe sur les portes de vos maisons ; ce signe, c'est la croix. Ah ! réjouissez-vous, car les temps sont à Dieu. L'ange reviendra et, au milieu des ruines amoncelées, grâce au signe qu'elles portent, vos maisons resteront debout avec les premiers nés du peuple, ces enfants que Dieu vous confie, éléments bénis de la société nouvelle que Dieu nous réserve. Et afin que vous n'oubliiez pas à quelle condition l'épreuve est salutaire, il vous présente aujourd'hui votre Bienheureux Père. Ah ! autrefois, lorsque ses ennemis voulaient se débarrasser de lui, un envoyé de l'archevêque vint à la maison des Frères et, en sa présence, il leur déclara qu'il était déposé de sa charge et qu'on allait leur donner un autre supérieur. Alors, ils s'écrièrent : « Non, non, nous n'aurons jamais d'autre supérieur que M. de La Salle. » Aujourd'hui, Dieu le ramène pour ainsi dire au milieu de vous. Oh ! que les choses ont changé ! Ce n'est plus un accusé, il est tout rayonnant de gloire, et il vous contemple avec une sainte fierté. Et vous, le cœur frissonnant d'allégresse et d'amour, vous vous prosternez à ses pieds et vous lui répétez la parole de vos aînés : Père, Père, nous n'aurons jamais d'autre supérieur que vous. Chers Frères, prenez donc la règle qu'il vous a donnée et qu'il vous présente signée maintenant de la main même de Dieu, qu'elle devienne pour vous comme une armure. Revêtez-vous en pour ainsi dire tout entiers. Elle vous défendra au dedans contre vous-mêmes, elle vous rendra invulnérables au dehors. Grâce à elle, comme votre saint Fondateur, vous serez humbles, pauvres, désintéressés. Comme lui, au milieu de vos peines, vous attendrez tout de la prière et de la mortification, vous ne répondrez à la persécution que par la patience et par l'amour ; comme lui, si vous êtes délaissés des hommes, vous mettrez toute votre confiance en Dieu et si Dieu lui-même semblait vous abandonner, vous espéreriez encore contre l'espérance même.

C'est ainsi que vous défendrez vaillamment la sainte cause dont vous êtes les soldats et que vous préparerez pour votre large part la victoire de l'Eglise.

La victoire ! pouvons-nous en prononcer le nom, lorsque la France chrétienne est dans l'angoisse, lorsque le Père de nos âmes, le vicaire de Jésus-Christ est prisonnier dans son palais, et n'est-ce pas nous bercer d'une vaine espérance ?

Ah ! Chrétiens, n'avez-vous pas vu, il y a trois mois, le nuage se déchirer et des clartés inattendues illuminer le monde ? Les peuples se sont levés, ils sont accourus de toutes parts pour se prosterner aux pieds du Pontife. Les souverains lui ont envoyé leurs ambassadeurs. Les schismatiques, les hérétiques, les infidèles eux-mêmes ont voulu honorer en lui, non pas le diplomate habile, le génie supérieur, mais le plus haut représentant de l'autorité divine qui soit ici-bas. Ils ont joint leurs présents à ceux des simples fidèles, richesses immenses, témoignage magnifique du plus filial amour. Et c'est du sein de ces clartés que le pape a promené son regard sur le monde, revendiquant pour l'Eglise la gloire des grandes œuvres et des sublimes vertus qui se pratiquent dans l'humanité, et de cette parole qui commande au ciel et à la terre, il a dressé de nouveaux autels. Quel long et magnifique cortège, que celui des Saints qu'il y a placés ! Saints qui ont vécu dans les solitudes du cloître, ou qui se sont livrés à tous les labeurs de la vie active, apôtres de la jeunesse, apôtres des classes populaires, apôtres des infidèles, et cet évangélique jeune homme, l'émule de Louis de Gonzague et de Stanislas Kostka. Voilà ceux que le Souverain Pontife montre à la terre. Ah ! ces beaux modèles n'apparaissent jamais sans faire surgir des imitateurs. Jean-Baptiste de La Salle suscitera des maîtres qui distribueront à l'enfance l'enseignement chrétien ; Jean Berchmans suscitera des disciples avides de recevoir cet aliment divin ; dans cette jeunesse régénérée, l'Eglise trouvera des Grignon de Montfort qui renouvelleront nos cités et nos campagnes, des Pierre Claver qui iront évangéliser les contrées les plus lointaines. Chrétiens, ne sera-ce pas la victoire ?

Chers Frères, voilà le but que Dieu vous propose, le saint combat auquel Dieu vous invite ; jetez-vous vaillamment dans la mêlée ; si les obstacles se dressent, surmontez les obstacles ; si l'esprit du mal est ingénieux pour inventer les moyens de perdre la jeunesse, soyez ingénieux à votre tour pour trouver les moyens de la sauver. Vous n'avez qu'à suivre l'exemple de votre Bienheureux Père. Son zèle a pris toutes les formes, il n'a reculé devant aucun des sacrifices que demandait de lui l'éducation de l'enfance pauvre. Si les temps ont marché, si les périls sont aujourd'hui plus grands, si les œuvres anciennes ne suffisent plus, fondez des œuvres nouvelles.

Et en m'adressant à vous, je m'adresse à tous ceux qui, comme vous, se sont consacrés à cette grande Œuvre de l'éducation, qu'ils s'occupent du jeune homme ou de la vierge chrétienne, à quelque ordre qu'ils appartiennent, de quelque livrée qu'ils soient revêtus, et à ceux aussi qui, restés dans le monde, n'ont pas oublié que l'enseignement des sciences humaines doit être vivifié par l'esprit chrétien. Pieux instituteurs de la jeunesse, l'exemple du Bienheureux de La Salle a ranimé ses devanciers, qu'il vous excite, qu'il vous encourage, vous aussi, dans l'accomplissement de votre sainte mission.

Et vous, pères et mères, en voyant ce que le Bienheureux a fait pour des enfants qu'il ne connaissait pas, comprenez quel dévouement vous devez avoir pour ceux que Dieu vous a donnés. Connaissez le prix de ces trésors que Dieu a placé entre vos mains, n'en laissez rien dissiper par votre faute, conservez en eux la ressemblance de Dieu par votre vigilance, rendez-la plus parfaite par l'esprit chrétien qui animera vos conseils.

Chrétiens généreux, de la charité desquels dépend l'avenir de nos écoles, à la vue de tant de difficultés à combattre, le découragement pourrait vous gagner et votre ardeur s'éteindre. Ne vous laissez point abattre, non, vous ne travaillez pas en vain ; Dieu n'a pas rejeté notre malheureux pays, puisqu'il daigne intervenir d'une manière si éclatante.

Enfin, mes très chers frères, prions ; les saints ne sont pas seulement nos modèles, ils sont aussi nos protecteurs. Ô Bienheureux de La Salle, vous êtes entré dans la gloire, mais vous n'avez pas droit au repos. Si Dieu vous placé sur les autels, c'est pour que vous deveniez le dispensateur de ses dons. Vous ne pouvez les retenir, tandis que ceux que vous avez tant aimés sont exposés à de si grands périls. Regardez ces fils de votre cœur, animez-les de votre esprit, faites passer votre âme dans leur âme, qu'ils soient d'autres vous-même par l'imitation de toutes vos vertus.

Regardez aussi leurs émules, ou plutôt leurs coopérateurs. Votre exemple les a suscités ou vivifiés, ils sont comme les fils de votre adoption. Soutenez leur efforts et donnez le succès à leur zèle.

Comment votre cœur ne serait-il pas ému à la vue des périls qui menacent ces enfants ? Conservez-leur la foi et l'amour de Jésus-

Christ ; qu'ils soient purs, qu'ils soient pieux, qu'ils ignorent les maux qui nous travaillent, qu'ils pansent un jour les plaies dont nous souffrons.

Regardez enfin la France si malheureuse, si profondément divisée, parce qu'elle ne veut pas se soumettre aux saints enseignements de l'Evangile ; qu'elle reconnaisse ses erreurs et qu'elle retrouve la paix dans la foi et dans la charité.

L'orateur finissait à peine, que Mgr l'Evêque se levait sur son trône. En quelques mots, il résume les fêtes qui viennent de se succéder ; puis, dans un chaleureux appel, Sa Grandeur expose la situation des Ecoles chrétiennes. Situation prospère par le nombre des élèves qui les fréquentent, mais situation qui demande, de la part des fidèles, de nouveaux sacrifices. L'Evêque n'a pas voulu faire de quêtes, mais le succès du *Triduum* est la garantie de la générosité qui ne laissera jamais souffrir ces institutions dont la nécessité s'impose chaque jour davantage.

Un Salut solennel en musique a clôturé les splendeurs du Triduum : l'*O Salutaris*, avec solo et chœur (de H. Valiquet) ; l'*Ave Maria* (de Leprévost), ont produit tout leur effet.

Chanté par les élèves, le *Te Deum* nous a transportés ; l'âme entière vibrait dans ce cantique d'actions de grâces et s'élevait à Dieu pour le remercier d'un si beau triomphe. Le *Tantum Ergo*, avec solo et chœur et l'*Adoremus* de l'abbé Capart, termina cette dernière solennité.

La reconnaissance dira dans les Annales du Pensionnat le nom des artistes dont le talent a rehaussé nos belles cérémonies.

La fête de l'Eglise a eu son écho dans la fête de famille. Le Pensionnat s'était transformé ; la statue du *Bienheureux* qui domine dans la cour d'honneur avait été artistement décorée.

Un magnifique baldaquin à quatre faces, surmonté de clochetons et supporté par des colonnes, encadrait la grande statue du Bienheureux.

Sur la mousse, un semis de roses rouges et blanches respirait la fraîcheur. Des mâts richement décorés auxquels étaient suspendues des oriflammes aux couleurs de La Salle, portaient des inscriptions que l'amour, la reconnaissance, la piété filiale avaient inspirées, elles rappelaient les phases les plus importantes de la vie de Jean-Baptiste de la Salle ; de nombreux et riches écussons représentant les armes de l'Institut, de Léon XIII et de Mgr l'Evêque, donnaient à la cour d'entrée un air de fête. Parmi ces écussons, l'un, placé au-dessus de la porte principale, se faisait remarquer par sa forme gracieuse et la fraîcheur du coloris, c'étaient les armes du Bienheureux : *un écu écartelé, premier et quatrième de gueules à la tour d'argent — deuxième et troisième d'azur, trois chevrons brisés.*

Armes du Bienheureux J.-B. de La Salle.

Mentionnons également les centaines de lampions disposés avec art et symétrie pour les illuminations favorisées, chaque soir, par un temps magnifique. De superbes transparents décoraient les fenêtres de la façade et ajoutaient au coup d'œil féérique dont on jouissait lorsque les dernières lueurs du crépuscule faisaient place aux ténèbres de la nuit. Mais c'est surtout le dimanche, dernier jour du Triduum, que le spectacle fut des plus ravissants. Tout Clermont accourut pour en être témoin : aux guirlandes de fleurs s'ajoutaient des guirlandes de feu ; toutes les façades de l'Etablissement scintillaient de mille étoiles lumineuses.

C'étaient les dernières splendeurs d'une fête d'impérissable souvenir.

Les fêtes du *Triduum* ont eu un double objet : honorer par un témoignage religieux, public et solennel le Bienheureux de la Salle, et attirer, par son intercession, les bénédictions de Dieu sur les Ecoles chrétiennes, l'œuvre de sa vie, continuée par ses fils, et attaquée aujourd'hui comme elle le fut autrefois, par une persécution violente et impie.

Ce double but est atteint : Dieu a été glorifié dans son serviteur par les solennités du *Triduum*.

En arrêtant son regard sur l'image si belle du Bienheureux, toute âme catholique lui a jeté ce cri de foi avec l'accent du cœur : « O Bienheureux de la Salle, veillez sur l'enfance et la jeunesse, gardez nos écoles chrétiennes ! »

Il l'a entendu ce cri inspiré par notre confiance ; il a porté nos ferventes supplications aux pieds de Dieu. N'en doutons pas, son pouvoir est accrédité au ciel. Nous l'invoquons aujourd'hui comme un protecteur, après l'avoir acclamé avec reconnaissance comme l'ami de l'enfant du pauvre, et salué avec l'amour de notre piété filiale comme notre père.

A ces résultats viennent se joindre des bienfaits que doivent recueillir les maitres, les élèves, les généreux bienfaiteurs des Ecoles et tout cœur catholique.

Ces manifestations grandissent dans l'âme des enfants l'amour de la Religion, de l'Eglise, de l'Institut qui les élève, en rivant leurs cœurs à ces grandes choses.

Ils comprennent qu'ils doivent en leur jeunesse marcher dans la voie du travail, de la discipline, pour continuer leur route dans l'honneur, l'esprit chrétien, dont les anciens en ces solennités, leur ont donné de si touchants exemples.

Ceux-ci ont senti les liens qui les rattachent à leurs vénérés Maitres, resserrer dans leurs cœurs, une fibre de légitime orgueil s'est agitée, car ils appartiennent à la grande famille du *Bienheureux de la Salle*.

Les pieux fidèles ont recueilli les grâces de la prière ; les bienfaiteurs, de puissants encouragements à soutenir les Ecoles chrétiennes, les princes de l'Eglise, les joies dues à leur zèle, et tout cœur catholique soucieux des intérêts de la Patrie, une invincible espérance.

Mais les riches bénéficiaires de la Béatification et des grandioses solennités qui l'ont accompagnée sont les heureux fils de la famille. Avec un nouvel effort, il vont s'élancer dans les voies de la perfection religieuse sur les traces de leur Bienheureux Père, ils ont retrempé leur courage dans les méditations de ses vertus de pauvreté, d'humilité, de patience, de zèle persévérant qui ont caractérisé leur Fondateur, et dont la pratique dans chacun de ses enfants doit assurer, malgré les obstacles des impies et la rage de Satan, le triomphe de la cause de Dieu.

Cette cause est la leur. Ils se souviendront qu'ils sont les fils d'un *Saint !*

SAINT-ÉLOY-LES-MINES.

Le premier écho des belles fêtes de Clermont a retenti
à Saint-Eloy.

On nous écrit :

Les 28, 29 et 30 mai dernier ont été des jours de solennité à Saint-Eloy-les-Mines. Les Frères des Ecoles Chrétiennes célébraient la béatification de leur vénérable Père,
Jean-Baptiste de La Salle.

Cette fête, toute religieuse, avait attiré bon nombre de
familles de notre localité, heureuses de donner à nos
humbles instituteurs un témoignage de leur estime, de
leur sympathie.

L'établissement offrait un ravissant coup-d'œil : des
écussons aux armes du Bienheureux et du souverain Pontife s'encadraient aux fenêtres ornementées, des oriflammes aux couleurs variées flottaient ici et là.

A l'intérieur, la chapelle présentait un gracieux aspect ;
l'autel se distinguait par une décoration simple et élé-
gante ; un goût délicat avait mélangé les fleurs et les
lumières.

Rien de ces magnificences qu'étalent le luxe, la richesse,
et auxquelles se refuse la pauvreté du Frère des Ecoles
Chrétiennes, mais en revanche la piété filiale avait su
inspirer son talent : des panneaux artistement décorés
retraçaient les vertus du vénéré Fondateur, attestant l'habileté des maîtres et leur persévérance à un travail assidu.

Chacun des trois jours vit une foule compacte à la sainte
Messe célébrée dans la chapelle, et à la bénédiction du
Très Saint-Sacrement, le soir.

Le mercredi, jour de la clôture, maîtres, élèves, confondaient dans une même prière leurs vœux pour la sainte Église, la France et leurs familles.

Dans une allocution brillante, M. le curé de Saint-Eloy fit resplendir les vertus et les mérites du Bienheureux de La Salle.... Il parla de sa gloire, de ses œuvres, debout toujours, par le dévouement, le zèle de ses fils... — Le langage concis, énergique du pieux pasteur fut apprécié de l'auditoire ému, heureux d'une aussi belle fête !

Elle a révélé mieux encore, et grandi dans l'estime et la reconnaissance nos excellents Frères.

Du reste, notre population active, industrielle, qui garde encore sa foi et ses principes, aime par instinct l'Instituteur du peuple.

A ce titre, les Frères des Ecoles Chrétiennes ont *droit de cité*. Essentiellement populaires, ils se consacrent à l'éducation de l'enfant du peuple. L'élever, l'ennoblir, le rendre heureux, suivant l'inspiration de leur Bienheureux Fondateur, par la foi en Dieu, l'activité au travail, la vaillance de la vertu, telle est leur mission. Initiateurs de l'instruction gratuite, nos bons Frères en gardent l'honneur : pour eux, point de subsides de l'Etat. Réduits aux ressources de la charité chrétienne, ils vivent pauvrement. Que leur importe ! Leur trésor n'est-il pas dans le cœur de leurs enfants et des parents chrétiens ?

La manifestation généreuse et sympathique de notre localité aux fêtes du *Triduum* leur en a donné la preuve. Qu'elle leur soit aussi un encouragement.

Un Témoin.

EGLISE D'AMBERT

AMBERT.

L'antique cité d'Ambert, capitale du Livradois, centre des montagnes où la simplicité des mœurs et la frugalité de la vie ont conservé la foi et les pratiques religieuses, ne devait pas être la dernière à rendre de magnifiques hommages au Bienheureux Jean-Baptiste de La Salle. Depuis bientôt un demi siècle, elle bénéficie d'une florissante école de Frères. Le vénéré frère Respice, premier directeur et fondateur de cette école, a su inspirer à ses élèves un attrait et un attachement tels qu'ils sont devenus héréditaires dans les familles d'Ambert ; aussi lorsque les continuateurs de l'œuvre du Frère Respice ont dû quitter la maison élevée par le fruit des quêtes et des sacrifices de leur frère et modèle, les portes se sont ouvertes pour leur offrir l'hospitalité, et leurs élèves sont venus avec une touchante unanimité partager les incommodités de locaux gracieusement mis à leur. disposition, mais peu propres aux œuvres des Frères, jusqu'au moment où, grâce à l'active et persévérante initiative de M. l'abbé Vernhet, zélé pasteur de la paroisse, cette chrétienne population a élevé un véritable palais scolaire où l'élégance le dispute à la commodité : classes bien aérées, immenses cours, vastes dortoirs, etc.

Ce religieux pays fait mieux encore : il fournit de nombreux sujets à la pieuse milice du Bienheureux Jean-Baptiste de La Salle.

Ambert devait donner de nouvelles preuves de sa sympathie et de son dévouement pour nos Frères, durant les journées des 15, 16 et 17 juin.

L'église paroissiale, dédiée à Saint-Jean-Baptiste, avait été splendidement ornée : ce n'étaient partout que devises, inscriptions, armoiries, etc. Les piliers disparaissaient sous les banderolles rouges et bleues ; au sommet de la voûte étaient suspendues des oriflammes blanches et roses sur le fond desquelles se détachaient des cœurs, des chiffres, des symboles entourés d'étoiles d'or. Derrière le maître-autel, et dominant une superbe draperie rouge parsemée d'étoiles brillantes, apparaissait un grand tableau représentant l'apothéose du Bienheureux, porté au Ciel par les anges.

Ces décors, d'un effet saisissant, disposaient admirablement l'âme aux douces émotions, aux fortes pensées et aux élans de reconnaissance envers l'Église qui nous donne, au Ciel, un protecteur à invoquer, et sur la terre un nouveau modèle à imiter.

Pendant les journées du 15 et du 16, la messe à laquelle assistaient tous les élèves de l'école chrétienne et un grand nombre de fidèles, s'est dite à 7 heures ; pendant ce temps, nos jeunes chanteurs faisaient retentir les voûtes de l'église de leurs échos les plus harmonieux.

Le soir, à 6 heures, nouvelle réunion et panégyrique du Bienheureux, le 15, par M. l'abbé Allirot, premier vicaire de la paroisse. L'orateur nous a peint Jean-Baptiste de La Salle menant une vie de pénitence, de sacrifices et d'humiliations. Il y a dans la vie de tous les saints, s'est-il écrié, des moments où le monde rend une justice éclatante à leur vertu et semble l'exalter jusqu'au ciel. Le Bienheureux n'a pas connu ces approbations du siècle ; jusqu'à la tombe il n'y a eu pour lui que déboires, contrariétés et persécutions, non-seulement de la part de ses ennemis, mais ce qui est autrement pénible pour un homme de Dieu, de la part de personnes pieuses et bien intentionnées, de ses supérieurs ecclésiastiques, de ses enfants même.

Dans une courte péroraison, s'adressant aux Frères, il les a conjurés de marcher sur les traces de leur Fondateur en faisant revivre ses vertus ; aux élèves à qui il a dit toute la reconnaissance qu'ils devaient à cet instituteur de l'enfance ; et enfin aux fidèles qu'il a exhortés à profiter des exemples du Bienheureux pour mériter d'avoir part à sa couronne.

Le 16, M. l'abbé André, aumônier du petit noviciat de Montferrand, a bien voulu se charger du panégyrique pour le second jour.

Qui pouvait mieux parler du Bienheureux que celui qui l'imite si bien dans la fonction de prédilection de M. de La Salle : former et diriger les petits novices. Aussi sa parole pleine de distinction et d'élévation a-t-elle charmé son auditoire nombreux et recueilli.

Il nous fait remarquer fort à propos que chaque saint a reçu du Ciel une vocation particulière ; celle de Jean-Baptiste de La Salle a été l'enseignement de la jeunesse pauvre et déshéritée des biens de ce monde, et spécialement des enfants des laboureurs, des ouvriers et des commerçants, dont personne ne s'occupait guère à cette époque, et qui, cependant sont la portion chérie du troupeau de Jésus-Christ qui a dit : « *Laissez venir à moi les petits enfants, car le royaume des cieux est pour ceux qui leur ressemblent.* » Et renvoyant toute la gloire de la réussite d'une si grande œuvre à Notre Seigneur, il a terminé son discours par ces remarquables paroles adressées aux maitres et aux élèves : « Le Crucifix est appendu aux murs de vos classes afin que dans vos peines et vos besoins vous jetiez un regard d'amour sur ce divin modèle. »

La bénédiction solennelle du Très Saint Sacrement a clos les cérémonies de ces deux premières journées.

Ces saints exercices allaient être clôturés le 17, et cette journée était destinée à en bien caractériser l'importance et à laisser à la multitude une de ces impressions qui s'affaiblit avec le temps, il est vrai, mais qui ne s'efface jamais entièrement.

Le cher Frère visiteur des Frères du district, et une députation des Frères des communautés environnantes étaient dans le sanctuaire et donnaient par leur présence un nouvel éclat à la fête de ce jour.

A 7 heures s'est dite la messe de communion pendant laquelle a été chantée la Cantate au Bienheureux. Au moment de la communion, maitres et élèves sont venus dans le recueillement le plus parfait, s'asseoir à la table des anges ; à leur suite, un grand nombre d'âmes pieuses ont aussi voulu s'unir de cœur en participant au Banquet divin, à la joie et à l'allégresse générales. Le spectacle ne pouvait être plus édifiant.

A 10 heures et demie, grand'messe exécutée en musique par les élèves et rendue avec ensemble et harmonie. L'église était remplie de pieux fidèles qui se tenaient dans le recueillement le plus profond ; tous les cœurs étaient saisis et toutes les âmes étaient au ciel.

A la suite des Vêpres qui ont été chantées avec une solennité inaccoutumée, M. l'abbé Chardon, vicaire général, dont la réputation de vertu n'a d'égale que le talent avec lequel il porte la parole, est monté en chaire et, pendant une heure, il a tenu son nombreux auditoire sous l'impression d'une parole chaude, d'un cœur débordant d'émotion.

Nous avons la bonne fortune de pouvoir offrir *in extenso* cette œuvre magistrale où l'orateur a eu l'art

d'être neuf, dans un sujet que tant d'autres ont déjà
traité :

> *Beatificavit illum in gloria.*
> Dieu l'a béatifié dans la gloire.
> (*Ecclésiastique, c. 45, v. 8.*)

MES FRÈRES,

Nous voici réunis, une fois encore, pour célébrer la Béatification du
serviteur de Dieu J.-B. de La Salle, fondateur de l'Institut des Frères
des Ecoles Chrétiennes.

A la suite des belles fêtes du *Triduum* ordonné par Monseigneur
l'Evêque, dans son insigne cathédrale de Clermont, nous nous sommes
tous réjouis de voir un honneur semblable conféré à l'église d'Ambert,
et, comme enfant du pays, je m'estime heureux d'avoir été délégué pour
présider la clôture des exercices.

Nous avons cependant un regret à exprimer : Nous aurions tant
aimé à entendre ici la voix du pasteur de la paroisse ! En cette circonstance, et dans cette chaire, elle eut été doublement à sa place.

Mais, parmi les faveurs dont le Bienheureux devra récompenser ce
que nous faisons en son honneur, espérons qu'il placera le rétablissement prompt, complet, définitif de celui qui fut toujours cordialement
dévoué à son Institut.

Après une longue et minutieuse enquête sur la vie et les œuvres de
J.-B. de La Salle, reconnaissant qu'il pratiqua chaque vertu à un degré
héroïque et que Dieu lui a rendu le témoignage éclatant des miracles,
le Souverain Pontife, Léon XIII, l'a proclamé Bienheureux.

Ce titre de Bienheureux emporte l'autorisation pour des églises par-
ticulières, des instituts ou ordres religieux, de célébrer publiquement le
culte de celui qui en est revêtu.

Par le titre plus élevé de Saint qu'obtiendra un jour, nous n'en doutons point, le Bienheureux de La Salle, le culte est étendu à l'Eglise
universelle et devient obligatoire.

Mais la Béatification émanant du Chef de la Sainte Eglise n'est que
le reflet et l'image d'une Béatification plus haute, faite par Dieu lui-
même et que nous ne saurions perdre de vue : l'introduction dans la
béatitude du ciel.

La béatitude céleste, comme nous l'entendons ici, renferme l'idée
d'un degré supérieur dans la récompense. Les petits enfants arrivés au
ciel avec la seule innocence de leur baptême et les autres élus d'une
perfection commune ne jouissent point de ce degré supérieur.

Cela posé, disons que la théologie catholique distingue, dans les élus
et les anges, deux sortes de béatitudes : La béatitude essentielle qui
consiste dans la claire vision de Dieu et dans le bonheur qui en résulte ;
la béatitude accidentelle qui consiste dans la joie d'un ange ou d'un
élu, en voyant s'accomplir, sur la terre et dans le temps, des événements
qui l'intéressent.

Nous allons considérer successivement ces deux béatitudes dans le
serviteur de Dieu J.-B. de La Salle.

Ce qu'on vous a si bien exposé, dans les excellents discours d'hier et
d'avant-hier, sera une belle préparation à ce que vous allez entendre.
Le discours d'aujourd'hui en sera la conclusion naturelle.

I. — Béatitude essentielle

J.-B. de La Salle était né le 30 avril 1651. Il mourut le 7 avril 1719.
Il a donc vécu soixante-huit ans. Transportons-nous à l'instant où il
quitte la terre ; suivons-le du regard de la foi jusqu'au seuil du paradis.
Assistons par la pensée à sa béatification dans la gloire et voyons quels
caractères aura sa récompense.

Dieu, pour l'accomplissement immédiat de ses œuvres, ne prend point
des instruments souillés. Pour sa grande œuvre de l'Institut des Frères
des Ecoles Chrétiennes, il lui fallait un cœur d'une pureté parfaite. Il
le trouva dans J.-B. de La Salle.

Vous avez présent, MM. FF., le souvenir de cette innocence angé-
lique qui orna son enfance et embauma sa jeunesse ; qui l'éloignait
d'une fête de famille et le conduisait à l'écart, pour lire avec sa mère la
vie des Saints ; qui contracta un engagement sacré et revêtit toutes les
beautés de la chasteté sacerdotale ; qu'il protégea sous la haire et le
cilice, comme un lys immaculé au sein des épines ; qui demeura l'objet
de sa préoccupation constante à travers ses incessantes sollicitudes ; qui
s'épura chaque jour dans les ardeurs de la prière et de l'oraison ; qui
enfin devint admirable de délicatesse et d'éclat dans les larmes de la
pénitence.

Par quelle parole put être saluée l'arrivée au ciel d'un tel cœur ? N'en
doutons point, par celle qu'il avait lui-même mille fois redite durant sa
vie : *Beati mundo corde : quoniam ipsi videbunt.* Bienheureux les cœurs
purs, parce qu'ils verront Dieu !

La pureté du cœur lui a déjà montré Dieu, autant que Dieu peut être visible sur la terre, en lui faisant constamment démêler, au milieu des incertitudes et des contradictions des volontés humaines, la volonté divine.

C'est elle, c'est la pureté du cœur qui maintenant va lui faire voir Dieu, non plus seulement de loin, non plus à travers des voiles, mais de près, mais immédiatement et face à face.

Elle lui donne le privilège d'avancer, d'aller profondément dans la lumière de l'essence divine, de recevoir, avec surabondance et sans mesure, les ardeurs de l'amour béatifique.

Elle met à son front un signe d'honneur qui sera son éternel ornement, le signe de la parfaite victoire sur le corps et les sens, l'auréole de la virginité.

A ce signe, les cœurs vierges, âmes et anges, le reconnaissent pour un des leurs : ils ouvrent devant lui leurs rangs, l'invitent à y prendre place et reforment leur cortège à la suite du divin Agneau.

De son cœur et de ses lèvres jaillit aussitôt le beau cantique qu'il ne cessera de chanter dans cette marche triomphale où chaque pas conduit à de nouvelles délices.

Et à tous les points du ciel éclatent ces mots : Bienheureux ! Bienheureux les cœurs purs ! Bienheureux J.-B. de La Salle !

Pour l'accomplissement d'une œuvre toute céleste, il fallait à Dieu un cœur sans attache à la terre, un cœur qu'il pût mouvoir avec une complète liberté et une entière aisance : Il le trouva dans son serviteur.

On vous a parlé, MM. FF., de ce dépouillement absolu que s'imposa J.-B. de La Salle, Il sacrifie les douceurs de la famille, les gloires de son nom, ses titres, ses droits, ses relations, ses espérances. Il vend ses meubles, sa maison, tous ses biens. Craignant de paraître conserver pour lui-même une partie du prix, s'il le consacrait à son Institut, il le distribue entièrement aux pauvres et ne se réserve ni un pouce de terrain, ni une obole. Il a le vêtement, la demeure, la couche, la nourriture, la compagnie des pauvres, et il ressent tous les effets de la pauvreté.

Mais le voici, à l'instant où il vient de laisser son corps inanimé dans des haillons qu'il n'osait regarder comme étant à lui, le voici arrivant au ciel. Explosion de voix redisant une même parole : *Beati pauperes spiritu ; quoniam ipsorum est regnum cælorum !* Bienheureux les pauvres volontaires, car ils posséderont le royaume des cieux !

Quel tressaillement, ô Bienheureux pauvre, à ce premier coup d'œil jeté sur votre royaume ! Royaume immense, sans limites, infini comme le sein de Dieu ! Les voici ces incorruptibles trésors que vous avez, suivant le conseil de l'Evangile, envoyés au-devant de vous, au ciel.

Vous avez voulu avoir la pauvreté des anges dont aucun ne peut dire : A moi seul cet épi, à moi seul cette fleur, à moi seul ce grain de sable ! A vous maintenant leur richesse ; à vous de dire comme eux : A moi, éminemment, dans la possession de celui qui les a créés, et les épis, et les fleurs, et les espaces, et les étoiles et tous les mondes.

Entendez de la bouche de Dieu une parole plus suave encore et plus magnifique : Parce que tu as été fidèle dans l'administration du peu que je t'avais confié, je veux te donner l'administration de biens plus grands. Dans la distribution des biens de ma grâce, tu seras un de mes intendants. De tous les points de la terre, on se retournera vers toi et tu satisferas par de divines largesses les affections de ton cœur. Pour honorer Joseph, Pharaon l'avait fait le distributeur de ses provisions, en un jour de famine. Durant la perpétuelle famine des âmes sur la terre, on s'adressera à toi. Tu auras une main perpétuellement plongée dans mes trésors, et l'autre tendue pour les distribuer. Et tous diront : Ainsi sera honoré celui que Dieu voudra honorer. *Super multa te constituam. Beati pauperes spiritu.*

Enfin, pour accomplir son œuvre, il fallait à Dieu un cœur parfaitement docile et soumis, qui se laissât conduire par les voies les plus abruptes et les plus difficiles, sans se révolter ni se rebuter jamais. Il le trouva dans J.-B. de La Salle.

Vous avez admiré, MM. FF., cette abnégation absolue de sa volonté propre, sa constante et héroïque obéissance : Obéissance filiale à ses parents, dès la première enfance ; obéissance cordiale à ses maitres, dans la jeunesse ; obéissance pleine de déférence pour ses supérieurs dans le sacerdoce ; obéissance toujours surnaturelle aux saints prêtres, directeurs de sa conscience ; obéissance à ceux-mêmes qu'il avait formés et élevés, à ses frères devenus ses supérieurs dans le sacerdoce ; obéissance exemplaire à la règle qu'il a préparée et rédigée pour les membres de son Institut ; obéissance à la volonté de Dieu dès qu'elle se révèle à lui, quelques sacrifices qu'elle lui demande ; obéissance qui est la continuelle mortification de ses goûts naturels ; obéissance forte, inébranlable, qui va toujours jusqu'au bout de ce qui lui a été prescrit. Au sujet de la règle de son Institut, des vœux que feront ses religieux, du costume qu'ils porteront, de la vie qu'ils mèneront, il verra se retourner contre lui des personnages puissants ; il verra, ce qui lui sera bien autrement pénible, sa maison entière se vider des sujets qu'il était en train de former et sur lesquels il fondait les plus belles espérances. Il acceptera sacrifices, humiliations, déboires de tous genre, mais il ne reculera pas d'une ligne. Il attendra, s'il le faut, puis de nouveau il avancera. Il ne commande pas ; il obéit : Voilà le secret de sa force.

C'est ici que devient claire jusqu'à l'évidence la parole de l'Ecriture : L'homme obéissant célébrera des victoires : *Vir obediens loquetur victorias.* Il célébrera les victoires remportées non par lui, mais en lui et sur lui par la grâce.

Ces victoires, c'est ici-bas qu'elles sont remportées, mais c'est au ciel qu'elles sont célébrées. Approche, approche maintenant, valeureux combattant ; viens dans la patrie panser ces nobles blessures que tu reçus sur le sol ennemi. Comme le premier triomphateur, Jésus, tu les verras se changer en cicatrices lumineuses. Le voici celui dont tu défendais la cause, celui à qui seul tu obéissais, celui pour qui tu as tant combattu et tant souffert. Viens dans cette retraite des braves, toi qui n'a pas voulu de repos sur le champ de bataille. Allons, mes Anges, à l'œuvre. Apportez la palme ; tressez la couronne ; élevez un trône ; portez-le plus haut, plus haut encore. Que tout le ciel soit en fête, pour célébrer le grand cœur qui remporta autant de victoires qu'il livra de combats, qui fut toujours victorieux, parce qu'il fut toujours obéissant.

Gloire et béatitude aux fils de l'obéissance ! Gloire et béatitude à J.-B. de La Salle !

La parfaite pureté du cœur, le complet détachement du monde, la constante obéissance : Voilà, MM. FF., ce qui permit à Dieu d'employer J.-B. de La Salle à une œuvre qui devait être réalisée sur la terre, mais qui avait été conçue et préparée dans le ciel. Il fallait que ces trois admirables vertus brillassent d'un éclat particulier dans le saint fondateur, car elles devaient distinguer ses disciples. L'âme d'un fondateur sera toujours le moule façonné de la main de Dieu, dans lequel seront jetés successivement les religieux d'un même ordre. Oh ! le magnifique moule ouvert à l'âme de chaque Frère des Ecoles Chrétiennes !

Les trois vœux de chasteté, de pauvreté et d'obéissance qu'il leur a légués sont trois liens d'honneur dont il les a décorés. Il leur a dit : Soyez purs, soyez pauvres, soyez obéissants, conservez votre habit, observez votre règle et ne craignez ni difficultés ni contradictions. Vous n'en aurez pas de plus graves ni de plus amères que celles que j'ai eues le premier. Vous êtes les enfants de ma douleur : N'oubliez pas cette origine et vous serez les associés de ma gloire.

Tel est le fondement de la béatitude essentielle du serviteur de Dieu. Tel est le mérite que Dieu récompense en prononçant sa béatification au sein de la gloire.

II. — Béatitude accidentelle.

Elle consiste, avons-nous dit, dans la joie qu'éprouve un ange ou un élu, en voyant s'accomplir sur la terre des événements qui l'intéressent.

Nous savons qu'au ciel les élus et les anges connaissent ce qui se passe sur la terre. Ils connaissent, comme le Sauveur nous l'apprend, et la conversion des pécheurs et la persévérance des justes, puisqu'ils s'en réjouissent et les célèbrent.

S'il est un spectacle qui doive particulièrement appeler vers la terre les regards du Bienheureux de La Salle et intéresser son cœur, vous avouerez que c'est celui de son Institut.

Sa joie et son mérite, en partant pour le ciel, ont été de l'avoir fondé. Il a fait des vœux ardents pour sa prospérité. Il a pu avoir de belles espérances ; mais très certainement il n'a pas pu prévoir tout ce qu'il allait devenir. Il lui eut fallu, pour cela, une révélation expresse de Dieu, et rien ne nous donne à penser que cette révélation lui ait été faite.

Or, que le Bienheureux abaisse maintenant ses regards vers la terre : Qu'y verra-t-il ? En mourant, il avait laissé deux cent soixante-quatorze religieux, instruisant neuf mille enfants. C'était sa famille. Quel accroissement a reçu depuis, cette famille spirituelle ?

Réunissons par la pensée les Frères qui, en ce moment, poursuivent son œuvre des Écoles Chrétiennes. Remplissons-en cette vaste église. Qu'ils sortent et que d'autres viennent. Que ceux-ci sortent encore et que d'autres encore viennent les remplacer. Quand nous aurons vu défiler ainsi dix mille frères, nous pourrons dire : Nous avons vu la famille du Bienheureux de La Salle.

Mais non, nous ne l'aurons point vue : nous n'en aurons vu qu'une faible partie ; nous n'aurons vu que la génération présente. Ne devons-nous pas y joindre ceux qui se sont succédé dans les Écoles Chrétiennes, durant les cent soixante-neuf ans qui nous séparent du jour de sa mort ? Ce ne sera plus par mille, mais par centaines de mille que nous aurons à compter.

Et dans ces centaines de milliers de Frères, le Bienheureux retrouve constamment son nom et son image. Il reconnaît cette règle à laquelle il n'a pas été changé un iota, ce vêtement auquel il n'a pas été enlevé un pli. Il reconnaît ces exercices de chaque jour, ces études, ces méthodes d'enseignement, ces méditations, ces prières, tout cela scrupuleusement conservé. Quel tressaillement à un pareil spectacle !

Mais quel tressaillement plus vif et plus délicieux encore, en voyant arriver au ciel tant de bons Frères qui ont quitté ce monde ! Jeunes Frères dont le zèle et l'ardeur au travail ont trahi les forces, et qui, épuisés avant le temps, ont été trouvés mûrs pour la récompense ; Frères plus âgés qui ont blanchi dans les labeurs de l'enseignement et qui ont fourni une longue carrière, en demeurant fidèles à leur règle. Concevrons-nous avec quelle allégresse le Bienheureux leur ouvre à chacun les bras et les proclame les siens devant la Cour céleste !

Quelle famille ! et ce n'est point encore là sa famille entière. Ne sont-ils point aussi ses enfants, tous ces jeunes cœurs auxquels il a préparé des maîtres chrétiens, qui ont reçu son enseignement et appris, dans ses écoles, à connaître Dieu, à l'aimer, à le servir ; qui ont, par la suite, conservé leur innocence et leur vertu, ou qui ont du moins posé le premier fondement de foi et de religion qui demeurera leur plus précieux trésor. On affecte parfois de dire que l'éducation chrétienne ne sert de rien à ceux qui s'y rendent infidèles et qu'ils peuvent être assimilés aux malheureux qui reçurent l'éducation sans Dieu. Rien de plus faux. Totale, au contraire, est la différence. Au jour des sérieuses réflexions, on n'aura qu'à creuser en ces âmes : Dans les unes, on retrouvera les fondements de l'édifice momentanément renversé et on pourra le relever. Dans les autres, on ne retrouvera aucun fondement et on ne pourra relever aucun édifice. Les enfants des Écoles Chrétiennes sont aujourd'hui quatre cent mille. Depuis qu'elles sont ouvertes, elles en ont reçu des millions. N'ont-ils pas eu, ceux-là aussi, un sourire de bénédiction et d'action de grâces pour le Bienheureux, en arrivant au ciel ?

Ah Seigneur, vous nous avez dit, dans vos Écritures, que ceux qui auront enseigné la justice à un grand nombre, brilleront comme des étoiles dans l'éternité ? *Qui ad justitiam erudiunt multos fulgebunt quasi stellæ in perpetuas æternitates.* Quelle magnifique étoile dans l'âme de votre Bienheureux de La Salle ! Quel éclat dans cette étoile, si humble d'abord, qui illumina de ses rayons tant de jeunes cœurs et qui en illuminera tant d'autres encore jusqu'à la fin des temps ! Oh ! qu'elle brille, qu'elle brille, au firmament de votre éternité, et qu'autour d'elle vienne s'en grouper des millions d'autres.

Voilà donc, ô Bienheureux, votre famille se perpétuant sur la terre, dans sa pureté et son éclat, et s'augmentant chaque jour au ciel, dans un éclat plus grand encore et d'un ordre infiniment plus élevé. Quand, pour fonder cette famille, vous sacrifiâtes tout, le monde vous trouva insensé. Qu'ils viennent donc, ces sages, qu'ils viennent, ces intelligents et ces prudents qui vous regardaient de si haut et vous prenaient en pitié. Quel est celui dont le nom ne pâlit devant le vôtre ?

On vous reprochait d'humilier votre famille de la terre, de rompre avec ses belles traditions, de ternir l'éclat de son nom.

Eh ! bien, aujonrd'hui d'où vient au nom de La Salle son admirable lustre ? D'où lui viennent ces respects universels et ces universelles sympathies ? Qui le fait briller et bénir, à tous les points de la France et dans les cinq parties du monde ? Sans vous, le verrions-nous salué par ce concert de louanges s'élevant de l'Europe, de l'Asie, de l'Afrique, de l'Amérique et de l'Océanie elle-même ? Sans vous, en un mot, serait-il un des plus beaux noms prononcés dans les langues humaines ?

Que le Bienheureux regarde sur la terre : qu'y verra-t-il encore ? Il y verra Dieu dérogeant en son honneur aux lois fixes de la nature et le glorifiant par des miracles. Dans la capitale du monde chrétien, à Rome, il verra un spectacle imposant. Un grand Pape est assis sur son trône ; autour de lui sont rangés les éminents dignitaires de la sainte Eglise ; un humble religieux, supérieur général d'un Institut connu de tous, s'avance portant deux trésors : un volume richement orné et un splendide reliquaire. Le Pape reçoit avec respect ces deux trésors, les dépose devant une brillante image, se prosterne avec l'assistance et prie. Chacun contemple les traits du Bienheureux de La Salle, médite sur son admirable vie et vénère ses reliques : Le Pape se relève et au milieu d'un profond silence, prononce solennellement le décret de Béatification. Le *Te Deum* jaillit de tous les cœurs, redit bientôt par l'amour et la reconnaissance jusqu'aux extrémités du monde Catholique.

On entonne l'hymne *Iste Confessor ;* on chante la messe *Justus ut palma florebit ;* on célèbre la fête d'un habitant du ciel. Ainsi sera honoré celui que le Seigneur aura voulu honorer. *Sic honorabitur quemcumque voluerit Rex honorare.*

Telle est la gloire de nos grands hommes. Ils sont connus des petits et des grands, d'un bout à l'autre de l'univers. Ils sont aimés, invoqués, bénis. Ici se présente un cas trop frappant et trop instructif pour que nous n'y insistions pas. Prenons hors du catalogue de nos Bienheureux et de nos Saints, les plus grands hommes qu'ait exalté l'histoire et voyons quel est le caractère de leur gloire. Ce sont, dans la poésie, Homère et Virgile ; dans l'éloquence, Démosthène et Cicéron ; dans la philosophie, Socrate et Platon ; dans les lois, Solon et Lycurgue ; dans la guerre, Alexandre et César.

Voilà bien les plus grands hommes de l'antiquité profane. Or, de qui sont-ils connus ? Des esprits cultivés, des lettrés, des savants. Mais le peuple, c'est-à-dire l'immense majorité, ou plutôt la presque totalité du genre humain, les ignore. Comment sont-ils honorés ? Par l'admiration du génie qui brille en leurs œuvres. Mais eux-mêmes, sont-ils aimés ? A-t-on avec eux quelque relation vivante ? A-t-on pour eux de la reconnaissance et fait-on des actes pour la leur témoigner ? Rien de tout cela. On agit à leur égard absolument comme s'ils n'existaient plus. On sait qu'ils ont existé : Voilà tout.

Prenons un exemple moins ancien qui résumera parfaitement notre pensée et la mettra en relief. Il y a trois ans, on faisait à Paris des funérailles magnifiques à un poëte de génie. L'univers y avait été invité, car on l'appelait le poëte universel. Il vint des divers points de la France de nombreuses délégations. Il y eut je ne sais combien de centaines de mille de spectateurs. On y vit défiler des bannières de toutes les formes et de toutes les couleurs. On y entendit toutes les musiques, depuis les plus harmonieuses et les plus parfaites jusqu'aux plus criardes et aux plus insupportables. Il y eut des discours à profusion et une multitude d'hymnes dithyrambiques. Il y eut, en l'honneur de ce poëte, tout ce que le monde est capable de réaliser.

Or, MM. FF., au milieu de ce bruit et de cet éclat dont on entourait un corps inanimé, croyez-vous que, dans cette foule immense, beaucoup de spectateurs se soient préoccupés de l'âme vivante entrée dans l'éter-nité ? Croyez-vous que beaucoup aient songé à joindre les mains, à porter en haut leurs regards et à dire : « O grand poëte, nous nous recommandons à vous ; pensez à nous ; usez de votre crédit en notre faveur ; tendez-nous la main, signalez votre triomphe par quelque bienfait. » Croyez-vous qu'un seul ait honoré le poëte d'une semblable prière ?

Hélas ! hélas ! mille fois hélas ! En voyant les impiétés et les blasphèmes dont il a souillé ses livres et en contemplant son cadavre dans une église profanée, le seul sentiment qui reste et qui serre le cœur est celui-ci : Les grands hommes qui furent si loin d'être des saints doivent avoir trop à faire pour eux-mêmes dans l'éternité pour que nous leur demandions de s'occuper de nous ! Cérémonie éclatante, bruyante, mais sans confiance et sans amour. Tout cela se borne à ce côté-ci de la tombe ; et dès lors ne serions-nous point en droit de répéter ce mot d'un Turc assistant à l'enterrement d'un matérialiste fait par des matérialistes : Quel bruit et quel éclat pour un homme qui ne voit ni n'entend !

A nos grands hommes chrétiens, à nos Bienheureux et à nos Saints. la confiance, l'amour, la prière, les vivantes et affectueuses relations, parce qu'à eux le crédit auprès du Dieu rémunérateur et vengeur qu'ils ont servi avec dévouement et auquel ils ont tout sacrifié. Par delà ce monde, notre foi nous montre le Bienheureux de La Salle, le visage souriant, les mains pleines de trésors, le cœur attentif à nos besoins et à nos demandes. Il regarde et il voit d'innombrables petites mains s'élever vers lui ; il prête l'oreille, et il entend des milliers de petites voix lui dire en toutes les langues de l'univers : « Nous savons que vous nous aimez et nous vous aimons aussi. C'est vous qui nous avez donné nos bons Frères et qui nous les conservez. Obtenez-nous de correspondre à leurs soins et de devenir instruits, en demeurant sages. Aidez-nous à remplir notre devoir de reconnaissance, en obtenant de Dieu beaucoup de grâces pour nos frères, pour nos parents, pour tous nos bienfaiteurs. » Nommez, nommez le grand homme, selon les idées profanes, qui se vit adresser une semblable prière. Et à cette naïve et sublime prière des enfants des Ecoles Chrétiennes, viennent s'unir celle des parents et de tous les fidèles, celle des prêtres et des évêques, celle des patriarches et des cardinaux, celle aussi du Souverain Pontife. Prières pleines de foi, pleines de confiance, pleines d'intelligence, de vie, de cœur.

Que d'utiles enseignements et que de féconds encouragements dans ces belles fêtes du *Triduum* en l'honneur du Bienheureux de La Salle. Voulons-nous participer à la récompense du Bienheureux, tenons à compter ici-bas parmi ses innombrables amis et participons à son œuvre. Viennent les épreuves, viennent les persécutions : C'est au sein des persécutions et des épreuves qu'est née son œuvre ; c'est là qu'elle a été baptisée ; c'est là qu'elle a vécu cent soixante-neuf ans ; c'est là qu'elle vivra encore. Paroisse d'Ambert, ton dévouement à tes Ecoles Chrétiennes est ton honneur : Que cet honneur demeure immaculé. Région si chrétienne du Livradois, à toi toujours les écoles qu'honore le Catéchisme. Si tes enfants sont appelés dans des écoles où l'on donne un enseignement opposé à celui qu'ils reçoivent à l'église, retiens-les. N'abdique point des droits qui sont sacrés. Nulle puissance au monde ne peut te contraindre à laisser pervertir tes enfants. Que tu voies déraciner jusqu'au dernier sapin de tes montagnes plutôt que ne soit déracinée la foi dans le cœur de tes enfants. En ce point comme en tant d'autres, demeure fidèle à ta fière devise : *Fais ce que dois ; advienne que pourra !*

Nous devons une mention spéciale à notre jeune fanfare qui, samedi et dimanche, a joué à l'église ses plus beaux morceaux, et dont l'exécution, au dire des connaisseurs, n'a rien laissé à désirer.

Un seul bonheur nous a manqué : M. le curé d'Ambert, si bon et si dévoué pour l'œuvre des Frères, a pu à peine, par suite d'une cruelle maladie, apparaître à l'église, pendant ce *Triduum*. En revanche, que de prières sont tombées de la bouche des Frères, de leurs élèves et des fidèles, pour l'entière guérison de leur pasteur vénéré.

En arrivant de vêpres, les élèves ont donné une séance récréative de jeux aux nombreux amis qui se pressaient dans la cour de l'établissement, et c'est avec plaisir qu'on a constaté l'intérêt soutenu qui ne leur a pas fait défaut pendant les deux heures qu'ont duré ces intéressants exercices.

A 8 heures et demie, l'illumination a commencé. Toutes les croisées étaient garnies d'emblèmes, d'inscriptions qui faisaient transparent, et de lanternes vénitiennes. Les trois croisées du pavillon sud étaient ornées : celle du milieu, de l'image du Bienheureux et celles d'à côté, des armoiries de l'Institut et de sa famille. La musique a joué de nombreux morceaux, et pendant près de deux heures, une foule nombreuse et amie circulait dans la cour devenue trop petite pour contenir tant de monde.

De leur côté, les élèves faisaient partir des fusées et des pétards dont le bruit et l'éclat ajoutaient à la note déjà si gaie de la fête.

Vers 10 heures et demie, la foule s'est retirée lentement, emportant de ces solennités si glorieuses du Bienheureux de La Salle, le meilleur des souvenirs, celui du cœur.

COURNON.

La petite, très petite communauté de Cournon, puisque les difficultés des temps l'ont réduite à deux Frères, a fait voir ce que peut l'amour filial joint à un zèle pieux et actif.

Sans prendre une heure sur le temps de classe, sans pouvoir donner une heure de congé, leur école étant communale, ils ont abrégé les nuits pour suffire à tout : leurs efforts ont eu un plein succès, et durant ces fêtes qu'on peut, à juste titre, appeler fêtes du cœur et de la reconnaissance, la population de Cournon a dit bien haut son attachement pour ses Frères, en venant soir et matin assister nombreuse aux exercices du *Triduum*.

M. l'abbé Brun, curé de *Cournon,* si dévoué à notre Institut, avait bien voulu prendre lui-même la direction des travaux de décoration. On l'a vu travailler comme un simple ouvrier, à la tête de plusieurs personnes pieuses de la paroisse, voulant ainsi suppléer au peu de temps que nos Frères pouvaient consacrer à cette œuvre si chère ! Aussi l'église offrait-elle un aspect féérique : draperies pourpre et or, oriflammes aux couleurs variées, divers écussons, l'apothéose de notre Bienheureux, due à l'habile pinceau de M. le vicaire, qui a si dignement secondé M. le curé ; tout était d'un goût parfait.

Par une attention aussi pieuse que délicate, le *Triduum* avait été fixé aux trois derniers jours de l'Octave du Très Saint-Sacrement : c'est donc Jésus-Hostie que le B. de La Salle aimait tant à honorer, qui a présidé solennellement aux fêtes de son serviteur.

Si à la Messe et au Salut des deux premiers jours l'assistance a été considérable, que dire de l'affluence extraordinaire que les cérémonies du dimanche ont attirée dans le saint lieu.

Dès six heures du matin, l'antique église de Saint-Martin se remplissait pour la messe de communion ; qu'il était touchant de contempler la majeure partie de la pieuse population s'approcher de la Table Sainte, à la suite des élèves !

A 9 heures et demie, grand'messe, trois cents lumières font resplendir l'image du Bienheureux ; le clergé, précédé de plus de quarante enfants de chœur, fait son entrée dans le sanctuaire aux sons des harmonies les plus suaves. Les chantres, avec bon nombre d'amis des Frères, exécutent la messe de Bordeaux ; nous devons à ces Messieurs et nos félicitations et nos meilleurs remerciements, aussi bien qu'au chœur des chanteuses qui, durant le *Triduum,* ont prêté un si bienveillant concours.

Le soir, à l'issue des Vêpres, chantées en faux-bourdon avec un entrain admirable, M. le curé est monté en chaire et a fait un éloquent panégyrique du Bienheureux : « *Il a été élevé en gloire et ses fils l'ont béatifié.* » Tel fut le texte qu'a développé l'orateur après avoir félicité son nombreux auditoire et avoir donné un souvenir à la douce et vénérée mémoire de son premier maître, le cher Frère Hellouin, mort directeur à Brioude en 1885.

Puis, dans un style d'une onction pénétrante, M. le Curé a montré comment, par une vie de foi et de sacrifices, le Bienheureux a mérité pour son œuvre une prospérité durable, et pour lui la gloire des saints. Ce beau discours, appuyé par des citations bien choisies de la vie de l'illustre Fondateur des Frères, a vivement ému l'assemblée.

Le Salut solennel du Très Saint-Sacrement, précédé du chant du *Te Deum,* a clos ces splendides fêtes dont Cournon conservera longtemps le précieux souvenir !

TULLE.

Triduum *célébré en l'honneur du Bienheureux J.-B. de La Salle, dans la Cathédrale de Tulle, sous la présidence de Monseigneur Denéchau.*

—

Quel triomphe est décerné aujourd'hui, deux siècles après sa mort, au vénérable J.-B. de La Salle ! L'Eglise, de sa lèvre infaillible, le proclame Bienheureux ! Bienheureux, non point pour avoir possédé ici-bas joies, honneurs, richesses ; mais pour s'être donné lui-même après avoir tout donné ; pour s'être dévoué, tout entier et jusqu'à la fin, aux agneaux de l'immense bergerie du divin Pasteur. Il avait vu et médité dans son âme l'admirable scène de l'Evangile : *Jésus, prenant un enfant, le place devant lui, et l'ayant embrassé, il s'écrie : celui qui reçoit un de ces petits, me reçoit moi-même, et plus encore, il reçoit Celui qui m'a envoyé.* (Marc, IX, 35.) Et c'est pour avoir réalisé cette parole, que l'Eglise l'élève aux célestes honneurs.

Parmi les hauts dignitaires qu'on a placés à la tête de l'instruction populaire en France, qui l'a surpassé ? qui même l'a égalé. Quel grand maitre peut se comparer à cet humble instituteur ? Qui donc lui a inspiré cette sagesse capable de produire ce code admirable d'instruction et d'éducation des enfants du peuple ? Tandis que nous avons vu cent fois naitre et tomber ces méthodes, d'abord tant vantées, les Règles de l'Institut de La Salle ont conquis le monde, et, sans changer au fond, elles ont suffi largement et suffiront longtemps encore, se prétant aux exigences nouvelles, aux découvertes récentes, à tous les progrès raisonnables.

Le Pape a prononcé le nom du généreux bienfaiteur des ignorants et des pauvres, et tous les échos de l'univers l'ont recueilli et répété pour le glorifier et le bénir. En son honneur, dans les plus grandes cités, à Rome, à Paris, à Reims, à Rouen, à Bordeaux et en cent autres villes, on a célébré avec enthousiasme de ravissantes solennités. Et puisque ses vaillants disciples propagent leur enseignement sur tous les rivages, c'est sur tous les rivages que la mémoire du grand éducateur est acclamée et que son nom est exalté. Soyons fiers de ce héros français qui a partout rendu glorieux le nom de la patrie.

Notre ville de Tulle a voulu, elle aussi, payer son tribut d'hommage et de gratitude à cet homme illustre dont les fils lui ont rendu depuis plus d'un demi-siècle tant de services signalés. Dans notre cité et dans la contrée ils ne se comptent plus les élèves des Frères, tous toujours reconnaissants, toujours heureux de saluer leurs anciens maîtres. Aussi, le projet d'une manifestation en l'honneur du Bienheureux Fondateur des Écoles Chrétiennes a-t-il été, de près et de loin. accueilli avec le plus vif empressement. Les vœux et les offrandes sont venus de toutes parts, et il a été facile de préparer les belles fêtes dont nous venons d'être les témoins. Un comité s'était formé, composé d'anciens élèves des Frères. La présidence avait été offerte à Sa Grandeur Mgr Denéchau, qui, en l'acceptant gracieusement, avait voulu que le *Triduum* se fît à la Cathédrale.

L'ornementation de l'abbatiale a paru à tous d'un goût exquis. L'arc de triomphe sur lequel trônait le Bienheureux, s'harmonisait parfaitement avec le style ogival du monument. Sous les arceaux élevés, le regard volait sans peine, pouvait aisément contempler l'autel, splendidement paré, et embrasser le spectacle des brillantes cérémonies.

Le clocher de la cathédrale était illuminé, comme aux plus grandes solennités, et cette couronne de flammes qui ceignait la vieille tour, annonçait au loin la joie publique. Plusieurs fois chaque jour, le bourdon de Notre-Dame s'ébranlait et sa voix puissante disait aux échos de la cité la gloire du Bienheureux.

J.-B. de La Salle habita quelque temps le Séminaire Saint-Sulpice et le souvenir de ses vertus s'est perpétué dans cette sainte maison. Aussi pour donner au Bienheureux un témoignage particulier, M. le Supérieur, MM. les Directeurs et les élèves du Grand-Séminaire ont-ils assisté à tous les offices des deux derniers jours du *Triduum*.

Nous devons une mention spéciale à MM. Guéniffey. C'est au zèle, au dévouement, au talent de ces artistes, aussi distingués que sympathiques, que nos solennités sont redevables d'une large part de leur éclat. Une fort belle messe en musique a été exécutée par les élèves du Grand-Séminaire et les enfants des Frères. Les diverses parties étaient empruntées à des compositeurs de marque. Le *Kyrie* et le *Sanctus* étaient de M. Germain Guéniffey, et nous sommes heureux de constater que son œuvre n'a point pâli auprès de ces auteurs éminents.

Les cérémonies du samedi, premier jour du *Triduum*, ont été fort édifiantes. Malgré les occupations plus nombreuses et plus pressantes de la fin de la semaine, l'assistance n'a pas fait défaut aux offices du matin et de l'après-midi. M. le chanoine Fortunade a célébré la première messe du Bienheureux et présidé les vêpres. Le soir, grande foule, la vaste enceinte était remplie. Donnons en passant un éloge bien mérité aux enfants de l'École chrétienne pour leur maintien irréprochable pendant toute la durée des solennités. Ils se sentaient les rois de la fête, ils savaient que la plus grande part leur revenait de la joie publique. Un empressement recueilli les ranimait, une douce sérénité rayonnait sur leurs jeunes fronts : on les surprenait heureux et fiers.

M. Graffeuil, vicaire général, a porté la parole :

Factus obediens usque ad mortem... propter quod Deus exaltavit illum. (Phil. II, 8.) Il a été obéissant jusqu'à la mort... c'est pourquoi Dieu l'a exalté. Ces paroles sont le résumé complet de la vie de Jésus-Christ. Il a obéi en venant dans ce monde, il a obéi à Bethléem, à Nazareth, durant sa vie privée, à sa mort ; aussi a-t-il été glorifié. Jésus obéissant, c'est le modèle que s'est efforcé de reproduire le Bienheureux J.-B. de La Salle. Il fut le fils de l'obéissance : enfant, adolescent, jeune homme. Il obéit en allant au Séminaire de Saint-Sulpice et en le quittant bientôt pour retourner parmi ses frères devenus orphelins ; il obéit en se dévouant à l'instruction et à l'éducation de la jeunesse, livrée à l'ignorance, à l'abandon, au vice ; il obéit en renonçant aux dignités, à la fortune ; en luttant contre les nombreux obstacles accumulés devant lui par les ennemis du bien, par le démon, par l'opinion , par sa famille même et ses amis et ses supérieurs. Il obéit en fondant des écoles et en établissant, même à son insu (mais la main de Dieu le conduisait), son grand œuvre, son Institut des Frères des Ecoles Chrétiennes, qui a fait et fait encore tant de bien dans notre patrie, dans notre France, qui lui assigne le titre de bienfaiteur de l'humanité entière, puisque ses généreux disciples, partout répandus, partout dévoués, perpétuent l'héroïsme de leur saint Fondateur. Animés par ce grand exemple, soyons nous-mêmes obéissants, et surtout les enfants et les adolescents, c'est le moyen de remplir la mission que Dieu a confiée à chacun de nous, et d'être associés à cette gloire dont le Bienheureux de La Salle jouit là-haut et qu'avec l'Eglise universelle, aujourd'hui, nous célébrons ici-bas.

Le dimanche, deuxième jour du *Triduum*, a vu aux diverses cérémonies la foule grandir, l'élan s'accroître, l'enthousiasme redoubler. Le matin, à une première messe dite par M. l'abbé Mary, archiprêtre, et à laquelle assistaient beaucoup d'hommes, les enfants des Frères s'étaient en grand nombre approchés de la Sainte-Table. M. l'abbé Graffeuil, vicaire général, a célébré la messe solennelle et présidé les vêpres. A l'issue de l'office, M. l'abbé Paré, grand vicaire, a parlé. Ceux qui ont eu l'avantage d'entendre cette parole élevée et transparente, en garderont un précieux souvenir. Voici les lignes de ce beau discours :

Mirabilis Deus in sanctis suis. (Ps. XVI, 36.) *Dieu est admirable dans ses saints.* Toujours combattre et toujours de ses luttes sortir victorieuse : telle est la destinée que Jésus-Christ a faite à son Eglise. Combien souvent l'ennemi a-t-il cru le jour arrivé de l'anéantissement de l'œuvre divine. Combien souvent a-t-il cru la sceller dans le tombeau de Joseph d'Arimathie. Et c'est l'heure même où Dieu, maître du temps, suscitait l'homme de son choix, un homme qui, fort de la force d'en-haut, ranimait les courages défaillants, les énergies chancelantes et rendait aux timides l'assurance du triomphe. Tel est J.-B. de La Salle, que nous célébrons aujourd'hui avec l'Eglise entière. Je vous parlerai d'abord de ses vertus et puis de ses œuvres. Voyons premièrement le chrétien et ensuite l'apôtre.

Dieu arme ses héros de toutes les vertus qui leur sont nécessaires. Mais il en est trois principales que dans toutes nous voyons éclater : la piété, la pauvreté, la pénitence.

La piété, comme un bien de famille, germa dès l'enfance chez J.-B. de La Salle. La prière faisait ses délices. Elle fut toute sa vie sa joie et son recours. Cette relation intime avec Dieu le fortifiait dans ses défaillances, l'illuminait dans ses doutes, le rendait invincible dans la lutte.

Pieux, il fut aussi humble et pauvre. Il abdiqua dignités, honneurs, fortune. Au festin de la vie il pouvait s'asseoir des premiers ; il ambitionna la dernière place. Il ne voulut pas même de place, heureux de manquer du nécessaire.

Pieux et pauvre, il fut mortifié. Comme l'apôtre, il châtia sa chair et la réduisit en servitude. Il égala les plus grands saints en austérité. Voilà le chrétien.

Voyons l'apôtre. Quand notre héros apparut, donné au monde par Dieu, deux siècles de luttes civiles et religieuses avaient abimé et comme anéanti la France : des provinces ravagées, des cités détruites, des églises pillées, des populations asservies et terrifiées : tel est le spectacle qui navrait partout les regards...

Après tant d'horreurs, le monde enfin respirait et s'efforçait de renaître. La compagnie de Saint-Sulpice, dont je salue ici les membres vénérés, et qui honore J.-B. de La Salle comme un des siens, travaillait déjà au relèvement du clergé ; des écoles étaient fondées pour la restauration de la noblesse... Mais le peuple, le pauvre peuple, plus que les autres, écrasé de travaux, accablé de misères, qui descendra dans son abîme pour l'aimer, le consoler, l'éclairer et le sauver ?... Venez, de La Salle, accourez, héros sublime, à vous Dieu réserve cette mission spéciale : le salut des enfants du peuple.

Voilà l'école chrétienne, catholique : Dieu dans l'école, l'école avec Dieu. Dieu est nécessaire au prince pour gouverner, au magistrat pour juger, au soldat pour mourir. L'école sans Dieu est tout autant insensée qu'impie.

L'œuvre de de La Salle est une œuvre de régénération sociale. Pour réformer la société, commencez par la jeunesse, et surtout par les enfants du peuple, plus nombreux, plus abandonnés et par là peut-être plus pervertis. Les relever, c'est tout régénérer.

C'est une œuvre de patriotisme, On dit aux enfants : aimer, servir sa famille et sa patrie, c'est aimer et servir Dieu... Naguère, aux jours de nos malheurs, on les vit avec admiration, ces paisibles maîtres, quitter leurs livres et leurs enfants et courir aux champs d'honneur, disputer les victimes aux balles ennemies, et baigner aussi de leur sang le sol de la patrie.

O bienheureux de La Salle, protégez du ciel vos écoles où se forme cette jeunesse chrétienne et française, espoir de la famille, de la société et de l'Église !

Le lundi, troisième jour du *Triduum*, fut le magnifique couronnement de ces splendides cérémonies. Grande a été la foule accourue à tous les offices. M. l'abbé Paré, vicaire général, a célébré la messe. Mgr Denéchau assistait au trône. A trois heures ont été chantées les vêpres solennelles. Mais forcés de nous restreindre, nous nous hâtons d'arriver à la cérémonie du soir, à 7 heures et demie.

Nous devons renoncer à en décrire la magnificence. L'église étincelait, le Bienheureux resplendissait comme dans la gloire. La vaste enceinte était entièrement envahie et les trois nefs regorgeaient de fidèles. Une ravissante *cantate*, vivement enlevée, a été le prélude. Mgr Denéchau a paru dans la chaire. Sans doute le spectacle de l'immense auditoire a saisi l'âme du prélat, car nous n'avions plus entendu sa voix aussi pénétrée d'émotion, aussi vibrante d'enthousiasme. Un frisson a couru dans la foule, quand vers la fin il s'est écrié : Je vous ai parlé longtemps peut-être, mais pardonnez-moi, car il n'est point de cause qui, autant que celle-ci, m'entraîne et me passionne.

Sa Grandeur a envisagé l'œuvre du Bienheureux de La Salle sous ses aspects les plus sublimes, mais, cette doctrine quoique fort élevée était mise à la portée de tous. Voici quelques pensées de ce remarquable discours. Nous sentant impuissants à le rendre comme il conviendrait, nous réclamons indulgence :

Ego vobiscum sum omnibus diebus usque ad consummationem seculi. (Matth. XXVIII. 20.) Je suis avec vous jusqu'à la consommation des siècles. Cette promesse, un Dieu seul avait le pouvoir de la faire et le pouvoir de la réaliser. En partant pour le ciel, J.-C. est demeuré sur la terre, et il a vécu tous les jours efficacement avec son Église, l'éclairant, la dirigeant, et par l'effet de sa présence, la rendant toujours et partout triomphante.

Mais ce privilège de survivance n'appartenait essentiellement qu'à Dieu. L'homme ne l'a pas, d'où il vient que souvent ses œuvres périssent avec lui, ou ne tardent pas à s'éteindre... Eh ! bien, ce don de survivance, qui n'est propre qu'à Jésus-Christ, il l'a accordé à quelques hommes : aux apôtres, propagateurs de son Évangile ; aux fondateurs d'Ordres religieux, ministres de ses infinies miséricordes ; et en particulier, pour ne nommer que lui, au Bienheureux J.-B. de La Salle, qui a fondé l'Institut des Ecoles Chrétiennes.

Et chose digne de remarque, l'œuvre des fondateurs d'Ordres, loin de périr à la mort du fondateur, ne prenait qu'alors son véritable accroissement. Les difficultés tombaient, les obstacles disparaissaient comme d'eux-mêmes. Les ennemis de la veille devenaient les protecteurs du lendemain. Plus la famille religieuse paraissait abandonnée, plus Dieu se montrait visible et rendait palpable son action,

Reconnaissons encore que ces envoyés du ciel avaient été d'une prévoyance admirable. Leurs Règles qui suffisaient aux besoins du présent, pourvoyaient également aux nécessités de l'avenir. Comme l'Évangile, elles s'adaptaient naturellement à tous les temps, à tous les lieux, à toutes les circonstances.

L'esprit du Bienheureux de La Salle demeura manifestement avec son Institut au milieu des calamités sans nombre qui, peu après sa mort, fondirent sur la France et même sur l'Europe. C'est parce que l'Ordre demeura fidèle à cet esprit qu'il ne fut pas enseveli sous ces ruines immenses. Faut-il rappeler les jours de la Terreur ? En ces temps néfastes, l'Institut des Frères fut frappé comme les autres, mais si, le premier, il se trouva prêt à reprendre sa tâche bienfaisante, c'est qu'il avait conservé purs les sentiments des premiers jours.

Dans les temps mauvais que nous subissons, mes chers Frères, si vous redoutez les périls, les menaces, les persécutions de l'heure présente, retrempez-vous dans l'esprit de votre Fondateur, et réconfortés par cette salutaire influence, vous vous sentirez calmes, confiants et rassurés.

Je vous ai montré que de même que Jésus-Christ est resté avec son Eglise, ainsi, par un privilège spécial, le Bienheureux de La Salle est demeuré avec son Institut. L'esprit de votre Fondateur, mes chers Frères, est resté avec vous, et c'est parce que son esprit est avec vous tous les jours, que vous avez pu être les dignes continuateurs de son œuvre.

Voyons à présent en quelques mots ce que votre fondateur a voulu faire. Le voici clairement : il a voulu d'abord de vous, faire des religieux et ensuite par vous, former des chrétiens. Selon la volonté formelle de votre Fondateur, vous êtes avant tout des religieux. Sans doute vous n'êtes pas des clercs, mais vous n'êtes pas non plus des laïques. Vous êtes liés par des vœux, vous êtes détachés des biens du monde, vous êtes consacrés à Dieu. Vous devez premièrement travailler à votre perfection personnelle, et vous appliquer avant tout à votre propre sanctification. Ce n'est qu'à cette condition que vous serez les dignes enfants du Bienheureux de La Salle. Etre un saint : telle fut sa préoccupation principale, telle doit être la vôtre.

Oh ! sans doute, je vous admire dans vos travaux, parmi vos livres, au milieu des enfants, consumant de nombreuses et pénibles heures à les instruire, à les initier aux sciences humaines et aux arts terrestres ; mais où je vous admire bien plus encore, c'est quand je vous vois vacant chaque matin à l'oraison, et souvent durant le jour à la prière, tenant en main votre rosaire, allant aux sacrements et souvent à la communion. Oui, c'est là pour vous l'essentiel. Et c'est encore ce que regardent les familles qui vous donnent leurs enfants. C'est parce que vous êtes des religieux, des hommes de piété et de vertu, que vous avez l'entière confiance des parents. Et les enfants eux-mêmes s'attachent d'autant plus à vous qu'ils vous voient plus attachés à Dieu. Je me réjouis donc et je vous félicite d'être des religieux. Soyez fiers de votre condition : si elle est humble aux yeux des hommes, elle est noble aux regards des anges.

De même que nous avons des séminaires pour former des prêtres, vous avez des noviciats pour former des religieux. Alors vous êtes aptes aux desseins de Dieu. Vous devez former des chrétiens ; ah ! c'est ce qui manque surtout aujourd'hui, ce qui manque surtout à notre France. Formez des enfants chrétiens et nous aurons des ouvriers chrétiens, des pères chrétiens, des familles chrétiennes, et la société sera régénérée et la patrie sera prospère et grande. Vous ne devez pas dédaigner les sciences humaines, l'étude des arts terrestres, et vous ne les négligez pas, comme le prouvent les succès constants de vos élèves. Mais encore une fois, avant tout, préparez des chrétiens.

Oh ! qu'ils sont aveugles ceux qui vous méconnaissent, ceux qui vous persécutent, vous, les amis des petits et des pauvres, les bienfaiteurs des enfants du peuple ; vous qui, sans ambition et sans intérêt, n'aspirez qu'à répandre la lumière dans les intelligences et la vertu dans les cœurs.

O Bienheureux de La Salle, en retour des honneurs que nous sommes si joyeux de vous décerner, obtenez-nous des grâces plus abondantes, des bénédictions toutes spéciales, ainsi que le réclament nos besoins présents, afin que vos écoles puissent parmi nous continuer longtemps encore... et toujours ! pour la consolation de l'Eglise et pour la prospérité de la patrie, à former de dignes chrétiens et de vrais français.

Ensuite Monseigneur a béni une magnifique statue du Bienheureux, acquise avec les offrandes des anciens élèves et devant être placée dans l'école des Frères.

Ce n'est pas une simple statue, mais un groupe comprenant trois personnages. Le Bienheureux est debout. Sa face rayonnante traduit la joie d'une âme, heureuse de remplir la mission dont Dieu l'a honorée, d'instruire la jeunesse. Sa main gauche s'appuie sur l'épaule d'un adolescent, dont les yeux, levés vers le maître, recueillent avidement ses leçons. Mais le charme du groupe, c'est un tout jeune enfant assis à droite sur un escabeau. Candide, confiant, recueilli, dans une pose d'abandon qui lui va si bien, il se penche vers un syllabaire que ses mains retiennent délicatement. Nous savons que plus d'une mère a souri en contemplant ce délicieux visage, où elle croyait découvrir une chère ressemblance.

Un Salut très solennel a terminé ces brillantes solennités et le peuple de Tulle est retourné à ses labeurs, emportant vives émotions, précieux souvenirs et douces espérances.

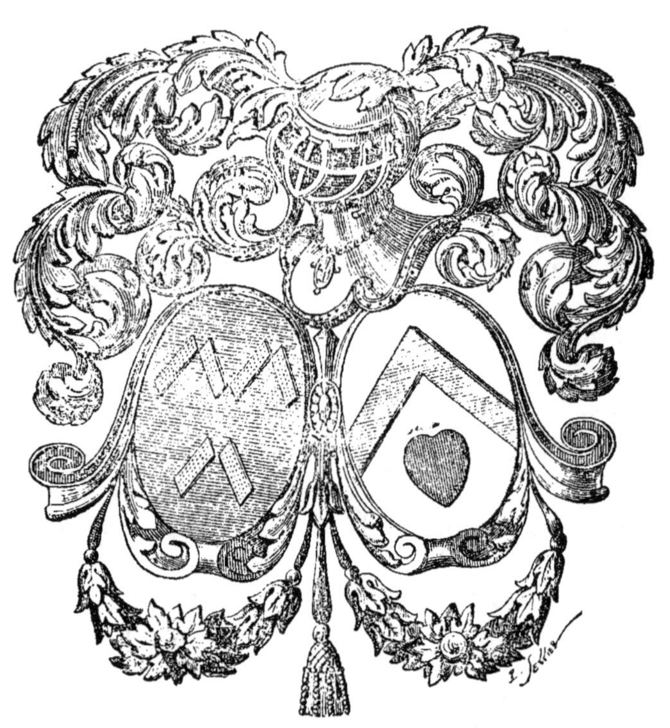

PORTRAIT DU FRÈRE PHILIPPE

LIMOGES.

Les Frères des Ecoles Chrétiennes ont voulu, à Limoges, rendre au Bienheureux J.-B. de La Salle des hommages dignes de sa mémoire.

Les fêtes du *Triduum* solennel eurent lieu dans la belle cathédrale : le vieux mur qui la coupait en deux avait disparu pour la circonstance, et laissait voir la partie neuve à peine achevée.

Le maître-autel est entouré de massifs de verdure d'où émergent de hautes plantes exotiques; parmi les feuillages et les fleurs se dresse un immense tableau, représentant le Bienheureux les bras ouverts, la tête entourée d'un nimbe, à genoux sur de gros nuages que soutiennent des anges ; au-dessous, une perspective de Rouen ; comme légende : « *Laissez venir à moi les petits enfants.* »

Le soir, à la clarté des lustres byzantins, l'effet du tableau, éclairé en transparent, est superbe ; le jour, il y a, entre les frondaisons où l'autel s'appuie, des montées de vagues brisées. Le spectacle est plein de charme.

A chaque pilier flottent des oriflammes jaunes et blanches, ou blanches et vertes ; des cartouches enguirlandés rappellent les grandes dates de la vie du Bienheureux ; les armes de l'Institut et celles du Bienheureux J.-B. de La Salle alternent sur les colonnes avec les cartouches. Cette décoration sobre et pleine de goût est saisissante et ravit tous les yeux.

Le *Triduum* a été ouvert le 21 juin, à huit heures du soir. Les cloches avaient par leurs volées annoncé la fête : en un clin d'œil la cathédrale, étincelant de mille feux, est envahie par la foule.

Qui donc eût pu prévoir que le monument agrandi serait insuffisant à contenir dans ses trois vastes nefs cette multitude de fidèles, avides d'honorer la mémoire du Bienheureux J.-B. de La Salle?

Et pourtant beaucoup, n'ayant pu trouver place dans l'enceinte, remplissent la cour de l'Evêcaud et refluent par toutes les portes.

Le premier soir, le vénérable vicaire capitulaire, M. Dissandes de Bogenet, accompagné des diacre et sous-diacre et des quatre chapiers, entonne le *Veni Creator*, et la foule dont la voix est soutenue par les orgues lui répond avec enthousiasme.

M. l'archiprêtre, curé de la Cathédrale, est en chaire; il annonce qu'il va lire le Bref de Béatification du Bienheureux.

C'est la parole du Pape, dit-il, et elle seule doit se faire entendre ce soir.

Il n'ajoutera donc pas de commentaires à la lecture qu'il va faire; il se borne à dire avec quel empressement et quelle joie le clergé et l'autorité diocésaine ont livré aux bons frères la Cathédrale qu'ils ont si bien ornée pour fêter leur bienheureux fondateur, et il fait remarquer avec beaucoup d'à-propos, que cette belle solennité est la première qui se célèbre dans la basilique complètement achevée.

Au moment où le vénérable abbé Leclerc va commencer la lecture du Bref de Léon XIII, les accents vibrants d'une fanfare se font entendre au dehors, c'est la musique des élèves des frères; elle pénètre dans la Cathédrale dont elle réveille les échos sonores, et va se placer dans le chœur. Les enfants du pensionnat et des écoles prennent place autour d'elle et la bannière des « ménestrels Limousins » est déposée contre un pilier, en face de celle des cercles catholiques d'ouvriers, qui figure déjà près du reposoir sur lequel vont être offertes à la vénération les reliques du Bienheureux.

Le Bref de Léon XIII résume la vie de Jean-Baptiste de la Salle, rappelle ses vertus, déclare qu'elles se sont élevées jusqu'à l'héroïsme et permet, après les précautions minutieuses qui sont le propre de l'Église catholique, de rendre au fondateur de l'Institut des Frères des Écoles Chrétiennes, les hommages et le culte réservés au Bienheureux.

Au moment où M. le curé termine la lecture du Bref, cette énorme foule se lève et de toutes les poitrines s'échappe le chant du *Te Deum*.

Le *Te Deum* est à peine achevé que l'hymne *Iste confessor* retentit, chantée en musique par la maîtrise et tous les enfants des écoles.

C'est à ce moment que la relique du Bienheureux est solennellement apportée dans la Cathédrale.

Tous les frères des écoles de Limoges, un cierge d'une main, de gros bouquets de l'autre, marchent sur deux rangs ; quatre d'entre eux portent sur un brancard, orné de fleurs, le reliquaire tout étincelant, d'autres ferment la marche.

M. le secrétaire général de l'Évêché prend la relique et la dépose sur un petit autel dressé hors du chœur, contre le premier pilier de droite qui disparaît sous les tentures et les plantes vertes.

On expose alors le Très Saint-Sacrement, et le salut commence.

Pendant ce temps les frères distribuent à leurs enfants, en souvenir de la fête, toutes les fleurs qu'ils portaient en accompagnant la relique du Bienheureux.

M. Gardien chante un *O salutaris*, puis aux prières liturgiques d'usage, succède un *Tantum ergo* magnifique.

Après la bénédiction du Saint-Sacrement, cantate en l'honneur du Bienheureux, et musique de l'école des Frères.

Il est neuf heures et demie lorsque la cérémonie prend fin, la foule sort de la cathédrale par toutes les issues ; on s'arrête devant l'école de l'Evécaud brillamment illuminée, aux fenêtres sont des transparents sur lesquels nous lisons :

— Ayez toujours une entière docilité aux lois de l'Eglise.

— J'adore en toutes choses la conduite de Dieu à mon égard.

— Vive Jésus, dans nos cœurs à jamais.

— Laissez venir à moi les petits enfants.

— Vive Notre Saint-Père le Pape, Léon XIII !

— Gloire à l'ami de l'enfance.

— Vive le Bienheureux Jean-Baptiste de La Salle.

— Celui qui fera et instruira sera grand dans le royaume des cieux.

Un cordon de lanternes vénitiennes et de verres de couleurs ornent la façade.

Le lendemain vendredi, premier jour du *Triduum*, dès six heures, des messes furent célébrées de demi-heure en demi-heure au maître-autel ; à 7 h. 1/2 eut lieu la messe de communion pour les dames patronnesses des œuvres catholiques. Plus tard, à neuf heures, les nombreux enfants des écoles libres des frères prirent place dans le chœur et dans la grande nef. Une messe en musique à deux voix fut exécutée par les élèves des premières classes, et ce ne fut pas un des moindres charmes de ces jours de fêtes, que d'entendre les voix pures et enfantines célébrer par des accords harmonieux la gloire du Bienheureux de La Salle.

Après l'Evangile, M. l'abbé Labetoulle, aumônier du Lycée de Limoges, prend la parole :

Sinite parvulos venire ad me.
(St-Mathieu, 19-11.)

I.

Il y a seulement une dizaine d'années, MM. FF., l'humble héros des solennités que nous inaugurons obtenait enfin sa statue sur une des places de Rouen, son tombeau, et comme le second berceau de son œuvre. Dans cette capitale de la Normandie, il a pris rang, ce bronze tardif, parmi ceux érigés, à diverses époques, en l'honneur de Boïeldieu, le grand compositeur, de Pierre Corneille, le grand poète, de Jeanne d'Arc, la grande libératrice, et de Napoléon Ier, le grand capitaine. Or, à cette occasion, voici le dialogue qu'un académicien bien inspiré suppose entre les quatre personnages précités et le nouveau venu. Chacune de ses devancières interroge tour à tour la dernière statue sur ses droits et ses titres à la gloire d'être coulée en bronze. Ecoutez :

— « Est-ce, dit Boïeldieu, quelque roi de notre art ?
Un Beethoven français ? Est-ce un autre Mozart ? »
Non.

— « Est-ce un frère nouveau que la gloire m'envoie ?
Dit Corneille ; mon âme espérait cette joie... »
Non encore.

Jeanne, à son tour ?

— « As-tu chassé l'Anglais et couronné ton roi :
Dans les flammes au ciel allas-tu, comme moi ? »
Ni l'un, ni l'autre.

Enfin, Napoléon :

— « ....Pourquoi t'a-t-on mis là ?
As-tu pris Berlin, Vienne, Alexandrie ou Rome ?
Conte-nous tes exploits et comment l'on te nomme.
Réponds.

— » J'appris à lire à de petits enfants ;
J'étais un simple prêtre et mon nom est La Salle.

(DE BORNIER).

Cértes, mes frères, il a raison, l'auteur de ces beaux vers. Ce modeste instituteur volontaire qui, par lui-même et par les siens, « éleva » la jeunesse, au vrai sens du mot, comme l'a fait notre Bienheureux, celui-là, dis-je, se place d'emblée, devant Dieu et devant les hommes, au-dessus de tous les artistes de génie ; il mérite, de la part de sa nation, autant de reconnaissance que l'ange-martyr de la Patrie, et son front resplendit d'une auréole bien autrement pure que celle des plus illustres conquérants. Ah ! c'est qu'il a eu, ce noble cœur de prêtre, l'intelligence comme pas un, toute l'intelligence pratique de cette haute maxime des anciens ? *Maxima debetur puero reverentia.*

Le respect dû à l'enfance ! lettre morte, cela, pure phrase sentimentale, avant le Christ ; mais depuis, doctrine vivante, morale en action, grâce, notamment, à des maitres tels que de La Salle. Car, pour lui, l'enfant c'est déjà l'homme, et le vrai homme c'est le chrétien et le chrétien complet, un saint. Voilà pourquoi la devise de Jean-Baptiste et l'objectif principal de sa vie, ce sera désormais : *Sinite parvulos venire ad me.* Oui, sous ces jolies petites têtes brunes et blondes, au fond de ces yeux candides grands ouverts, l'homme de Dieu percevait le rayonnement des âmes ; et, dans ces âmes rachetées, il s'éprenait d'amour pour tant d'heureuse innocence à convertir en innocence vertueuse. De là un tel respect chez le Bienheureux à l'égard du jeune âge, respect poussé jusqu'à la tendresse, jusqu'au dévouement total, jusqu'au sacrifice de soi, jusqu'à la survivance, dans ses disciples, d'une pareille immolation. « Coopérateurs de J.-C., enseignait-il aux siens, vous participez à l'auguste fonction des anges gardiens dans la culture des âmes. »

Quels instituteurs devaient sortir de là !

II.

L'Eglise, par le fait, mes Frères, qu'on le veuille ou non, l'Eglise catholique se trouve instituée d'office, et de droit divin, la grande maîtresse d'école du monde. Et voici le texte même de son investiture dans cette sublime mission universelle : *Ite, docete, omnes gentes.* Interprète d'un tel mandat au sens le plus large, le clergé ne cessa jamais de répandre les lumières de la foi et des sciences humaines, de combattre l'ignorance, mère de la corruption, d'éclairer les esprits et les cœurs : en un mot, de travailler de son mieux à l'instruction et à l'éducation publiques. Aussi bien, dans notre chère France en particulier, son rôle, de Charlemagne à Louis XIV, devint-il sans rival en ce point, comme en tant d'autres. Déjà créateur, chez nous, des Universités, de la Sorbonne et de la plupart des grands colléges, le clergé d'alors fut loin de se désintéresser de l'enseignement primaire des masses, n'en déplaise aux falsificateurs de l'histoire.

Ecoutez là-dessus un adversaire : « Le catholicisme, dit Auguste

Comte a toujours été le promoteur le plus efficace du développement populaire de l'intelligence humaine. » « Avant 1789, poursuit un pasteur protestant (Schmidt), partout où s'élève un clocher, on peut être à peu près certain de rencontrer une école. » A toutes les époques, notamment au XVIe et XVIIe siècles, les ecclésiastiques avaient multiplié autour d'eux les classes rurales ; et quand ils ne suffisaient pas à les tenir en personne, ils y suppléaient par des maîtres laïques de leur choix et à leurs gages. D'où conclut un auteur compétent, M. Alfred Babeau : « Le clergé conserva (en France) jusqu'en 1791, sur l'instruction primaire une influence prépondérante, justifiée d'ailleurs par l'action salutaire qu'il n'avait cessé d'avoir sur l'enseignement du peuple, depuis les temps les plus reculés du moyen-âge. »

Voilà, mes Frères, l'exacte vérité.

Ce qui n'empêchera point, soit dit en passant, de clabauder à outrance : que l'instruction populaire date seulement de 89 ; alors que l'Eglise, de sa propre initiative, pratiquait depuis des siècles le monopole de l'enseignement à tous les degrés, et vraiment gratuit, celui-ci, et moralement obligatoire, c'est-à-dire dans une mesure raisonnable. Ce qui ne nous empêche pas, non plus, nous, d'être appelés « cléricaux » avec le sens « d'obscurantistes » ; alors qu'en droit, ce mot *clericus* signifie « homme d'élite ou porte-lumière » ; alors qu'en réalité, l'Europe s'effondrerait vite dans la barbarie antique, si notre mère l'Eglise, son infatigable éducatrice, lui retirait tout ce qui est sien en fait de progrès intellectuel et d'éléments de civilisation. Donc, ô vénérés fils du Bienheureux Jean-Baptiste, nous, le clergé, nous nous consolons aisément de telles épithètes, qui se retournent contre leurs auteurs ; nous nous en consolons, dis-je, comme vous d'être salués « Ignorantins, » alors que, sans votre admirable Institut, quatre cent mille enfants du peuple en seraient peut-être réduits à ce que leur souhaitait l'odieux philanthrope de Fernay, savoir : « un aiguillon et du foin, » ou, ce qui est pire encore, à la monstrueuse instruction « sans Dieu »... Mais passons, mes Frères, passons, laissant aux fanatiques du mensonge la honte « de mentir en diables, » suivant leur joli mot d'ordre, tandis que l'Eglise, elle, comme l'astre du jour, « poursuivant sa noble carrière, verse des torrents de lumière sur ses obscurs blasphémateurs. »

III.

Eh bien ! oui, mes Frères, cette gardienne de la Vérité, cette mère des âmes, cette initiatrice du réel progrès, l'Eglise catholique, non contente de ses efforts et de ses précédents succès en éducation, elle va susciter du sol français, en plein dix-septième siècle, un prêtre vulgarisateur sans pareil, un maître d'école parfait et qui sera légion, un fondateur d'ordre voué exclusivement à l'enseignement populaire. Quoi ! au plus beau temps de notre histoire nationale, sous le règne de Louis XIV, est-ce que les illustrations en tout genre ont manqué autour de cette date rayonnante ? Non point ! Roi, ministres, guerriers, philosophes, magistrats, artistes, orateurs, poètes, voire l'empire de la foi et le nombre des saints personnages : tout y était assez à l'avenant pour justifier le nom de « grand » donné à ce siècle là. Et néanmoins, mes Frères, bien que les hauteurs sociales d'alors « fussent baignées dans la lumière », les bas-fonds, pour qui regarde aux âmes, étaient encore trop ténébreux. Par suite de longues guerres, et de la misère, et de la famine, et d'intrigues hérétiques, et d'entraves au zèle sacerdotal, l'ignorance, hélas ! avait envahi beaucoup de foyers besogneux et une multitude d'enfants pauvres. Là surtout gît le mal, c'est donc là, dans ces couches profondes, qu'il y a urgence de « refaire par en bas, une société chrétienne ; » là, parmi la foule des petits et des humbles, entre tant de faméliques jeunes et vieux, qu'il faut se hâter de rompre avec abondance le pain substantiel de la vérité : *Parvuli petierunt panem...* Or, mes Frères, selon un mot de la sainte « Pucelle, » comme Dieu a toujours eu « une grande pitié au royaume de France, » admirons-y sans réserve, et à point nommé, l'éclosion si opportune, si traversée, si providentielle de l'œuvre de Jean-Baptiste de La Salle : oui, son Institut de génie, à force de cœur, de foi et de patriotisme ; Institut modèle, resté le type de tant d'imitations depuis ; Institut exprès pour la régénération sociale, par la popularité de l'enseignement élémentaire et religieux au sein des masses ; Institut qui paraissait mort-né avec son fondateur, et qui a fleuri sur sa tombe comme le grain de sénevé de l'Evangile ; car, semblable à l'arbre à baume, plus les orages le secouent, plus loin il dissémine la suavité pénétrante de ses parfums ; Cet institut appelé d'abord « des Maîtres d'école du peuple ; » puis, définitivement, « des Frères des Ecoles Chrétiennes et gratuites, » pour bien marquer que la charité en demeurera l'âme et la vie ; cet Institut qui, à lui seul, avec son unique fond de pauvreté, a mieux réussi, a contribué davantage au vrai progrès de l'instruction publique que tous les budgets officiels ensemble ; cet Institut, enfin, qui, par ses quatorze mille membres actuels, apprend à connaître, en tout pays, la patrie éternelle, et à bénir, en toute langue, la patrie française.

IV.

Donc, mes Frères, saluons en la personne du Bienheureux de La Salle mieux qu'un simple grand homme : saluons à genoux un des plus grands hommes de bien. L'éclat de cette suave figure ne dépare nullement la fin de notre beau siècle historique, même après Bossuet dont le sillon ne fut pas si pur, même à côté de Louis XIV dont les conquêtes ne seront pas si durables. Donc, honneur au Bienheureux qui a donné à son temps le spectacle de sa propre sainteté, c'est-à-dire la leçon la plus éloquente des plus hautes vertus ! Honneur au Bienheureux qui a doté son pays et le monde entier d'un ordre de civilisateurs par excel-

lence, « ces apôtres obscurs qui, en mêlant Dieu à l'enseignement élémentaire, créent sans bruit des générations fidéles à l'Evangile, c'est-à-
dire au meilleur code d'ordre, de paix et de fraternité ! » Lacordaire .
Honneur, trois fois honneur à l'Eglise catholique, laquelle, après avoir
enfanté un tel prêtre et de tels religieux, place le premier sur les autels
et met en relief ses continuateurs, précisément à l'heure où le monde
dit « moderne » a le plus besoin de revenir à la source de la vraie
grandeur, l'humilité qui fait les saints inoubliables, et à la source de
l'enseignement qui, seul, fait les chrétiens robustes comme il les faut
aujourd'hui ! Enfin, chers élèves du nouveau Bienheureux et de ses fils,
honneur à vous si, restés dignes d'un pareil patronage, la rectitude
constante de votre vie atteste bien haut que vous estimez l'éducation
chrétienne une noblesse, et une noblesse qui « oblige » plus qu'aucune !
Ainsi-soit-il !

Durant la journée, on voyait des bandes de pélerins venir
honorer pieusement les reliques du Bienheureux.

Le soir, à 4 h. 1/2, nouvelle réunion pour les enfants des
écoles auxquels viennent se joindre de nombreuses députa-
tions des pensionnats et des orphelinats de plusieurs paroisses. Le vénérable M. Delor, curé de St-Pierre, veut bien
leur adresser une allocution pleine d'autorité et de cœur.
Un salut solennel clôture cette cérémonie.

Cependant, à huit heures, dans toutes les rues qui vont
à la Cathédrale, se pressent les flots du peuple, jaloux d'entendre le panégyrique du Bienheureux qui aima tant le
peuple et ses enfants. L'honneur de le prononcer avait été
réservé au R. P. At, des missionnaires du Sacré-Cœur de
Toulouse. Pendant plus d'une heure il domine l'immense
auditoire par la beauté du sujet et l'ampleur magistrale des
développements :

> *Sacerdos magnus, qui in vita suâ suffulsit domum.*
>
> Prêtre admirable, il travailla à affermir l'Eglise pendant sa vie.
>
> (Eccli. L., L.)
>
> *Hic est fratrum amator et populi.*
>
> Il fut l'ami de ses freres et le soutien du peuple.
>
> (1. Mac. xv. 11.)

Mes Frères,

Déja j'ai eu l'honneur de célébrer les vertus et de raconter les œuvres
du Bienheureux J.-B. de la Salle. C'était dans l'antique capitale des

Arvernes, la cité des Croisades ; sous les voûtes d'une basilique qui est la sœur de celle qui nous réunit aujourd'hui, par les caractères de son architecture et la beauté de ses proportions harmonieuses. La vôtre a craint d'être trop étroite pour contenir l'allégresse des âmes ; aussi, à la veille de ces fêtes, elle s'est dilatée, en renversant le mur de séparation, pour laisser passer le triomphe du Bienheureux et l'immense cortège qui l'accompagne (1).

J'ai gardé du *Triduum* clermontois un double souvenir, qui correspond aux émotions que j'ai éprouvées. A la vue de tout un peuple, qui avait fait trêve avec les préoccupations vulgaires de la vie, et qui était accouru, à l'appel de l'Eglise, pour chanter et prier autour des reliques d'un héros chrétien, je me disais qu'un saint est encore une grande chose, puisque son apparition est un événement qui efface tous les autres, et fixe l'attention d'un siècle au moins distrait, quand il n'est pas hostile. A ce spectacle, je sentais renaître en moi l'espérance, au milieu des ruines morales qui nous entourent et qui menacent de s'accroître. Quand on souffre, on interroge les signes, on y cherche un lendemain. Je fus ensuite frappé de la popularité du nom du Bienheureux J.-B. de La Salle. Tous les saints n'en obtiennent pas une pareille, même quand ils ont laissé dans l'histoire une trace profonde ; plusieurs dorment dans leur gloire, ensevelis au fond des sacrés dyptyques, qui ne les sauveraient pas de l'oubli, si les fastes liturgiques n'assuraient leur immortalité. Le Bienheureux J.-B. de la Salle a remué les foules ; il est sur toutes les lèvres et dans tous les cœurs. Malgré les cent soixante-neuf ans écoulés depuis sa mort, il est jeune parce qu'il naît à la vie de la gloire : c'est le Saint du jour. Mais l'attrait de la nouveauté n'explique pas tout ; la raison de sa popularité est ailleurs. Il est le Saint de l'école : en appliquant son génie à cette œuvre fondamentale, il a saisi l'âme des générations ; il a pénétré jusqu'aux couches les plus humbles de la société ; ainsi il a gagné leur reconnaissance. Quand même l'école ne serait pas la question de l'heure présente, l'homme qui l'a organisée devait rester populaire ; en montant sur l'autel, par la permission de Dieu et l'autorité de l'Eglise, il a produit une immense sensation.

Vous êtes, mes très chers Freres, une nouvelle preuve de ce que j'avance. En vous regardant pressés dans cette enceinte, en entendant le murmure pieux qui s'élève de vos rangs, en respirant la chaude haleine de vos âmes, je me dis une fois de plus : Un saint est une merveille qui ne laisse pas l'humanité indifférente ; le Bienheureux J.-B. de La Salle est un saint populaire parce qu'il a travaillé pour les petits de ce monde.

Appelé par un choix immérité à consacrer ma faible parole à la louange

---

(1) Les trois nouvelles travées de la nef de la Cathédrale et son magnifique narthex ont été ouverts au public dans cette mémorable circonstance.

du grand serviteur de Dieu, j'ai emprunté aux Saints Livres les deux pensées qui résumeront toutes les miennes : elles placeront dans son vrai cadre la belle figure que vous êtes venus honorer, et que vous contemplez rayonnante au sommet de ce temple. J.-B. de la Salle fut prêtre d'abord ; à ce titre, il fut le soldat de l'Église ; il contribua aux victoires qu'elle a remportées dans son siècle et aux services qu'elle a rendus au monde. Il fut ensuite l'instituteur de l'enfance ; en puisant dans ce rôle son originalité historique, il est devenu un des plus insignes bienfaiteurs des classes déshéritées.

Prêtre sublime et père du peuple, J.-B. de la Salle est là tout entier.

I°

J.-B. de La Salle orna d'abord l'Église de ses vertus. Il avait reçu de Dieu le baptême et le sacerdoce : ces deux grâces ne restèrent pas stériles en lui. Il les développa avec une ardeur sainte, par un effort soutenu qui mesura sa vie, en s'accélérant toujours, tandis que obéissant au souffle d'en Haut, il s'éloigne des choses de la terre, pour s'unir plus étroitement à l'amour suprême qui le sollicite et l'emporte. Il fit fleurir son baptême dès ses plus jeunes années, trahissant par une gravité précoce, par la délicatesse de ses instincts et son goût décidé pour les pratiques religieuses, les richesses surnaturelles dont il portait les germes. Un œil exercé aurait pu deviner aisément l'avenir de cette âme prédestinée. Au foyer paternel où la piété était héréditaire, sous la garde austère d'un père qui exerçait sur ses enfants la magistrature de l'amour, cultivé par une mère qui joignait à la distinction de la naissance toutes les qualités que la religion donne à la femme, Jean-Baptiste se dessina bientôt parmi ses frères et ne tarda pas à devenir l'objet de l'admiration de sa famille et de ses maîtres. Peu enclin aux jeux et aux amusements de son âge, il s'éloignait du bruit, cherchant déjà l'ombre et le silence pour y trouver Dieu. Assidu à la lecture de la Vie des saints, il ne prenait d'autre distraction que le chant des cantiques sacrés ; il partageait son temps entre le travail et la prière où il goûtait les plus pures délices. C'est ainsi que Dieu trace dans les âmes qu'il s'est choisies les premiers linéaments d'un dessein d'abord vague, — presque obscur, — en attendant que les traits s'accusent davantage en lignes de feu, qui éblouissent tous les yeux et illuminent les horizons d'un siècle.

Arrivé aux premières années de l'adolescence, Jean-Baptiste, qui aimait déjà à construire de petits autels où il disait la messe, contracta dans le commerce de l'Eucharistie la sublime vocation du sacerdoce. L'appel de Dieu, un attrait irrésistible, qui tourmente le cœur en l'inondant de consolation, et qui ne permet ni de vivre ni de mourir jusqu'à ce qu'on ait cédé à son despotisme, arracha Jean-Baptiste aux douceurs du foyer paternel pour le transporter dans la maison de Dieu, à Saint-Sulpicc de Paris, et le courber sous son austère discipline. Il fut un vrai plant d'olivier, qui s'épanouit par degrés sous les ailes du Seigneur, baigné des rosées de ses bénédictions, réchauffé aux rayons de son soleil d'amour : il étonnait ses maîtres, il édifiait ses condisciples, il réjouissait les anges et consolait l'Église, qui attendait de lui des services exception-nels. Quand l'heure vint de monter à l'autel pour la première fois, il parut comme un séraphin : le lendemain il réalisait toutes les espérances.

Il ne resta pas longtemps obscur dans l'Église. Ses supérieurs discer-nèrent ses mérites, et les couronnèrent par des dignités ordinairement réservées à un autre âge. Dès lors ennemi des honneurs, qu'il fuyait autant que d'autres les recherchent, il les accepta par obéissance ; il les porta avec humilité, il les honora en les ornant des plus belles vertus. Le chanoine de Reims devint bientôt célèbre. Il brilla dans une illustre compagnie, qui possédait de glorieuses annales, qui avait produit tant d'hommes fameux par le génie et la sainteté, élevés aux plus hautes positions dans l'Église et dans l'Etat, et qui comptait encore au XVIIe siècle des personnalités aussi marquantes par la science et la vertu que par la naissance. Il se distingua par l'assiduité aux offices du chœur, par la modestie de sa tenue, par sa ferveur dans les fonctions de son ordre et par une sorte de majesté où le gentilhomme et le saint se mêlaient pour réaliser l'idéal du dignitaire ecclésiastique.

Mais bientôt Jean-Baptiste se sentit mal à l'aise sous l'hermine du chanoine : il aspirait à quitter la position qu'il occupait pour la condition de simple prêtre. Dieu le poussait à descendre pour le faire monter. Il était, en effet, destiné à être l'instrument d'un grand dessein pour s'élever un jour sur les sommets lumineux de la sainteté. Seulement, tandis qu'il monte il croit descendre, par une sorte d'illusion d'optique, sublime erreur que Dieu permet chez ceux qu'il aime. Il s'enivra des délices de l'abaisse-ment ; il renonça à son canonicat, laissant ses brillants insignes et ses nobles prérogatives, pour revêtir la bure de la pauvreté et se livrer aux modestes et rudes occupations de fondateur. Maintenant il va où le pousse le souffle de l'Esprit-Saint, qui enfle la voile de son âme, semblable à un vaisseau chargé de richesses. Derrière lui, il laisse dans la stalle de la métropole de Reims le souvenir de ses vertus, d'où s'exhale un parfum qui se répand dans la cité et prépare sa réputation.

Ce n'était qu'un prélude de la grâce et comme la préface de l'œuvre. Après avoir orné l'Église de ses vertus de chrétien et de prêtre, Jean-Baptiste va la fortifier par son apostolat. C'est, un apôtre, en effet, que ce gentilhomme dégoûté du monde, ce déserteur des dignités ecclésias-tiques, qui entre en scène avec son idée arrêtée, bien résolu à la poursuivre à fond, quoiqu'il doive lui en coûter. Il est dévoré par la double passion de la gloire de Dieu et du salut de l'humanité ; et parce que l'Église est une création divine, instituée pour obtenir ces fins suprêmes, c'est dans l'Église qu'il va travailler pour sa part à les réaliser.

Pour bien saisir le rôle historique de J.-B. de La Salle et mesurer l'influence qu'il a exercée avant et après sa mort, il faut le considérer dans la synthèse de son siècle, en tenant compte du moment où il apparaît dans le drame social, de la situation de son pays, et des grands hommes dont il va devenir le coopérateur. Il appartient à la seconde moitié du XVIIe siècle ; quand il naquit, le siècle méritait le nom qu'il n'a plus perdu ; malgré les lacunes de sa gloire et les fautes qui se mêlent comme des ombres à ses splendeurs, il s'appellera le grand siècle, jusque dans la postérité la plus reculée. C'est la mode dans une certaine école de lui faire le procès et de l'abaisser dans des parallèles sans loyauté et sans justice. Ces outrages ne sont qu'une légère poussière, qui obscurcit un instant la pyramide ; mais le vent emporte la poussière et ceux qui la soulèvent dans de mesquines querelles : la pyramide reste dans toute sa majesté. Ce siècle, qui a toutes les gloires, a surtout celle d'être un siècle réformateur. La Réforme protestante avait dévasté l'Europe sous prétexte d'en guérir les abus religieux et politiques. La Réforme catholique, seule, lava les souillures de l'Épouse du Christ, pansa ses blessures, et ouvrit de nouvelles sources de vie où allèrent s'abreuver des générations plus heureuses que leurs ancêtres. La France, qui chicana le Concile de Trente et ne consentit jamais à le promulguer officiellement, fut la première à l'appliquer. C'est elle qui réalisa le mieux ses vœux, et obtint les résultats les plus complets. Cette œuvre merveilleuse, commencée sous Henri IV, continuée sous Louis XIII, se termina sous Louis XIV. Pendant ces trois règnes, Alain de Solminihac et l'abbé de Rancé ramenèrent à l'esprit primitif l'état monastique, relâché un peu partout ; de Bérulle fonde l'Oratoire, qui devait être une école fameuse de théologiens, d'historiens, de canonistes et d'orateurs ; Olier établit Saint-Sulpice où fleurit Fénelon, sa gloire la plus pure, non pas la seule ; Bourdoise organise le séminaire de Saint-Nicolas, pépinière féconde d'où sortira un clergé animé de l'esprit nouveau ; d'autres s'emploient à ramener l'aristocratie à des habitudes plus correctes et étendent jusqu'à la Cour les industries de leur zèle. Vincent de Paul, le plus remarquable parmi ces ouvriers de la vigne du Seigneur, embrasse à la fois toutes les œuvres que ses contemporains se partagent : le clergé, les pauvres des villes, les habitants de la campagne, les orphelins, les filles repenties, les forçats des bagnes, les esclaves de Barbarie, les peuplades sauvages, rien n'échappe à la compréhension de son esprit catholique. C'est un merveilleux spectacle que ce déploiement de forces, que ce concert d'hommes d'élite obéissant à une même consigne, conspirant pour remettre la France sur la ligne de ses traditions, altérées par les guerres religieuses et les révolutions politiques, pour lui faire retrouver, avec son génie véritable et sa mission providentielle, le chemin de ses magnifiques destinées.

Jean-Baptiste de La Salle appartient à ce groupe de prêtres illustres : c'est dans ce mouvement qu'il faut le rechercher. Parmi toutes les formes que revêtait le zèle à son époque, il sut se créer une spécialité et rester original en imitant ses contemporains. Il s'adressa à l'enfant : sa part était belle, quoique modeste en apparence. Quand un réformateur visité par la grâce, illuminé de clartés supérieures, et dont l'âme a été creusée par l'amour et trempée pour les grandes luttes, songe à sauver son temps, il prend l'enfant. Il y a des générations qui semblent incurables, tant l'erreur a obscurci leurs idées, tant la corruption a énervé chez elles la force morale, tant l'orgueil les a mises à un diapason voisin de la folie, tant elles sont rebelles aux avertissements des prophètes et aux châtiments divins, obstinées dans le mal, et prêtes à périr plutôt que de se rendre : elles autorisent le désespoir. Cependant « *Dieu a fait les nations guérissables* (1). » Cette parole consolante s'explique par la succession de générations meilleures que les précédentes, qui rompent avec les préjugés et les pratiques fausses, qui acceptent le joug royal de la vérité, et gravitent docilement dans l'orbite que le doigt de Dieu trace autour de la liberté. Alors on assiste à des restaurations qui apparaissent dans l'histoire comme des points lumineux, et forment entre des décadences plus ou moins profondes d'éblouissantes parenthèses, qui réconcilient avec l'humanité et font croire à la miséricorde de Dieu, C'est par l'enfant que ces restaurations ont commencé. L'enfant, c'est l'avenir ; nature vierge, vase sans souillure, il porte la vie divine ; cette vie, qui ne demande qu'à s'épanouir dans l'ordre et dans l'honneur, n'attend qu'une main qui la dirige et la préserve de ses propres excès. C'est la raison dernière de l'attention que tous les grands esprits ont accordée à l'enfant : les sacerdoces dans les temples, les pères au foyer domestique, les rois sur leur trône, les philosophes dans les académies ont écrit, parlé, légiféré, travaillé pour l'enfant. Jean-Baptiste de La Salle eut cette intuition.

L'enfant fut l'objet de son apostolat : l'école en fut le moyen. L'école est un théâtre bien étroit, bien obscur pour le zèle : d'autres théâtres vont mieux aux natures ardentes, même quand ils sont périlleux. Poursuivre le sauvage infidèle par delà les mers, dans les savanes immenses, dans les forêts sombres, sous des cieux incléments, sur des plages malsaines ; braver la contagion de l'hôpital, les dangers du champ de bataille ; aller briser les fers des esclaves au fond des geôles ; combattre pour la vérité et la justice avec la parole et la plume ; courir les chances de la persécution, de l'exil, de la mort même : il y a là des conditions qui tentent le courage, une sorte de poésie dramatique qui s'empare de l'imagination et du cœur, et devient la séduction des âmes ardentes. L'école semble la prison du zèle : ses horizons sont bas ; les détails sont vulgaires, en tout cas minutieux ; pas un éclair pour l'esprit, pas une vibration pour le cœur, pas un coup d'aile d'inspiration et d'élan ; tout ramène le maître à des réalités dépourvues de charme.

(1) Sagess. I, 11.

Cependant l'école décide de tout : là germent les races et l'avenir des nations. L'école ressemble au foyer domestique : c'est un berceau. Au foyer, les mères sont assises près des berceaux : penchées sur une frêle existence, un instant auparavant suspendues à leur sein comme le fruit à sa branche, elles sont industrieuses pour cultiver la vie et préparer des hommes. Dans ce passe-temps qui ne va pas sans douleur, elles sont heureuses et fières : oublieuses du monde, elles ne portent pas envie aux reines, parce qu'elles ont conscience de collaborer à l'œuvre divine et de rendre à l'Eglise et à la patrie des services qu'on ne saurait espérer ni des soldats vaillants ni des docteurs les plus sublimes. — A l'école, les maîtres imitent les mères : ils engendrent des esprits. Voyez avec quel art ils excitent la pensée endormie dans les plis du cerveau de l'enfant, comme l'étincelle dans le silex : ils essaient ses lèvres à dire les formules de la science et de la foi : ils encouragent ses facultés naissantes, les provoquent à prendre leur essor : ils gravent dans son âme les saintes vérités ; ils corrigent les vices que le péché d'origine a semés en lui ; ils façonnent son caractère, ils modèlent ses manières comme le potier pétrit son argile pour en faire une statue : la religion les soutient dans ce labeur monotone ; la charité leur en donne le goût ; les nations bénéficient de leurs fatigues. Dieu les regarde du haut du ciel et il bénit ces serviteurs obscurs qui s'immolent pour l'enfant.

N'est-ce pas que la part de Jean-Baptiste de La Salle, dans l'œuvre de régénération accomplie au XVIIe siècle, n'est pas la moindre ? C'est pourquoi, lorsque dans notre juste admiration nous contemplons le grand siècle fécond en illustrations de tout genre, n'oublions pas ses réformateurs qui ont posé les fondements de sa gloire, et sont restés ensevelis, comme ces pierres qui portent tout et qu'on ne voit pas. Ils on combattu les hérésies, restauré les mœurs, créé les vertus privées et publiques ; ils ont donné à la France son assiette et préparé tous ses triomphes. A la suite de ces génies bienfaisants, voyez Jean-Baptiste de La Salle debout sur le seuil de l'école chrétienne, qu'il a réorganisée ; d'une main il présente au monde le maître qu'il a inventé ; de l'autre, il tient l'enfant, qu'il caresse, qu'il protège de sa tendresse en jettant sur lui un pan de son manteau : c'est avec l'enfant qu'il donnera à la patrie des hommes et à l'Eglise des chrétiens.

Ce n'était pas assez de fortifier l'Eglise par son apostolat ; Jean-Baptiste de La Salle accomplissant jusqu'à la fin la loi de la sainteté, la féconda par son martyre. Il y a le martyre du sang ; il y a le martyre des larmes : le sang et les larmes ont une même efficacité. L'Eglise a commencé par là ; elle continuera à y puiser sa force.

Jean-Baptiste de La Salle fut d'abord martyr de lui-même. Il prit la nature par tous les bouts, et ne lui épargna aucune torture. Il combattit l'orgueil en renonçant aux dignités ecclésiastiques ; il brisa l'attache du

cœur aux biens terrestres en distribuant son patrimoine aux pauvres ;
il dompta sa volonté en se soumettant à la règle des Frères ; il échangea
les douceurs du foyer paternel contre toutes les incommodités de la vie
commune. Surtout il ne ménagea pas sa chair : son sommeil était court,
des jeûnes effrayants : de fréquentes disciplines déchirent son corps et
font que des pieds à la tête il n'est qu'une plaie. Il cherche la douleur
partout : il l'appelle si elle tarde à venir ; au besoin il la provoque ; il
l'accepte avec transport ; il s'enivre d'un amour qui le tue. Sa vie est
une des plus belles pages de l'histoire de la mortification chrétienne. Ce
qu'on raconte des anachorètes de la Thébaïde et des reclus du moyen
âge est égalé, sinon dépassé.

Jean-Baptiste de La Salle fut aidé dans cette guerre acharnée contre
lui-même. A Reims, il est martyr de l'opinion publique, qui ne comprend
pas l'action de Dieu sur son âme, et se moque de ses entreprises, quand
elle ne les blâme pas avec amertume : ses amis l'abandonnent, ses proches se récrient, ses collaborateurs s'épouvantent ; dans la rue on le
montre au doigt comme un insensé.

A Paris, il est en butte à la jalousie des maîtres-écrivains, qui crai-
gnent pour leurs écoles, et voient avec peine ses premières fondations.
L'intrigue sourde et déloyale se déroule comme un serpent autour de
ses desseins : l'autorité ecclésiastique le censure ; les magistrats pré-
venus le chagrinent ; les curés traversent une œuvre qu'ils ne comprent-
nent pas ; un conspirateur ne serait pas autrement traité ; il conspirait,
en effet, contre l'ignorance et le vice, au profit de la France et de
l'Eglise : pareil forfait méritait son supplice.

A Marseille, la secte janséniste l'a vu venir : avec sa sagacité ordinaire, elle a deviné une force dans l'apôtre de l'école. Inspirée par la
passion de faire triompher son système, toujours indomptable, jusque
sous les foudres répétées des Pontifes romains, — ces sentinelles vigilantes
qui épient tous ses mouvements et dénoncent tous ses mensonges, — la
perfide hérésie, qui renaît de ses cendres, songea à utiliser l'homme de
Dieu, afin de verser le poison de l'erreur dans l'âme des enfants, pour
mieux le transmettre aux générations futures. Elle employa d'abord la
séduction, offrant des subsides pour créer des écoles ; quand ses avances
sont repoussées, elle devient persécutrice, et elle sème les obstacles
avec un barbare plaisir. Mais Jean-Baptiste de La Salle est avant tout
un prêtre plein de foi : il s'oriente sur le Saint-Siège d'où procède la
vérité de la doctrine. Ici il n'est pas de son temps : les *Quatre-Articles*
n'ont pas déteint sur sa théologie : ce que Rome condamne il le condamne ; ainsi prémuni contre les surprises de l'ennemi, le soldat du
Christ passe entre des flatteries qu'il dédaigne et des menaces dont il
rit, et il continue son entreprise avec tranquillité.

Rouen devait être son Golgotha. A la fin de sa carrière si bien remplie, quand il eut couvert son pays d'écoles chrétiennes du Nord au Midi, brisé par l'âge et les infirmités, chargé de mérites et déjà mûr pour le ciel, Dieu vint achever l'œuvre de la grâce et donna à son serviteur la suprême beauté des saints. Il fut frappé par l'autorité diocésaine, — ce jour là égarée, — il reçut le coup de lance à travers son cœur, tandis que étendu sur son lit de douleur il travaillait à mourir. Ce fut un trait de ressemblance de plus avec le divin Maitre. O Seigneur, comme vous vous plaisez à glorifier vos amis ! De temps en temps, vos faveurs sont telles que vous les contraignez de s'écrier : C'est trop, ô Dieu, c'est trop ! Pour que rien ne manquât au parallèle, le sublime martyr, couronné d'épines, déchiré et sanglant, expirait le Vendredi-saint. Il avait épuisé la coupe des humiliations : il n'y avait plus un outrage à lui infliger, ni une tristesse à lui causer, ni une autre mort à lui faire goûter : la malice des hommes était à bout ; l'œuvre de Dieu était terminée : *consummatum est.*

Ce prêtre vraiment grand, dont l'histoire est un tissu de vertus merveilleuses, de services éminents qui durent encore, d'épreuves supportées héroïquement, et dont le seul souvenir provoque l'admiration et l'effroi, ce prêtre ne devait pas rester dans l'ombre. Dieu l'a glorifié par son Eglise, qui est la mère des saints, et qui s'entend elle aussi à les venger. L'autel, qui avait réjoui la jeunesse de Jean-Baptiste de La Salle, où ses facultés s'étaient déployées *comme les pampres de la vigne autour de la maison,* selon la parole du prophète (1), où il avait accompli les fonctions de son sacerdoce avec un respect si profond, s'offrant de ses mêmes mains qui portaient l'auguste victime, victime lui aussi de l'amour et de la mortification, cet autel devient aujourd'hui son piédestal ; il y monte à côté de Jésus, qui lui fait place, partageant son triomphe comme il avait partagé son immolation. Son apostolat de l'école, dont il reste l'organisateur, avait déjà reçu sa récompense par les bénédictions de Dieu, par les proportions qu'il a prises à travers les nations de la terre, par les siècles qui mesurent sa durée, malgré les épreuves qu'il a rencontrées au milieu des révolutions des temps modernes, et dont il est sorti victorieux : il l'avait surtout trouvée dans les services rendus à Dieu et aux hommes. Maintenant il reçoit sa consécration suprême. Disons-le en passant, et ne retenons pas le sentiment que nous éprouvons : les succès du fondateur rejaillissent sur l'œuvre : la gloire du père devient celle de sa famille religieuse : heureuse famille, qui a son rang parmi les plus fécondes et les plus prospères, qu'il faut féliciter de l'éclat dont elle brille en ce jour, comme il faut la remercier du bien qu'elle fait au monde entier, et dont on peut prédire avec confiance le magnifique avenir. Enfin, les humiliations dont le Bienheureux Jean-Baptiste de La Salle fut abreuvé pendant sa vie, ajoutées à celles qu'il

(1) **Ps.** cxxvii. 3.

s'imposa volontairement, deviennent le principe de son exaltation. Nous lui devions ces fêtes royales, ce concours des foules, ces ornements suspendus aux colonnes du temple, ces chants harmonieux qui retentissent sous ces voûtes, et cette acclamation, qui est dans tous les cœurs et que je traduis au nom de ce vaste auditoire : « *Qu'on l'élève, qu'on le loue, qu'on le béatifie devant l'assemblée des saints* 1). » — Mais les fêtes de la terre ne sont que l'écho des fêtes du ciel. C'est là que le Bienheureux Jean-Baptiste de La Salle exulte et tressaille, plongé dans la lumière, enivré de délices, entouré des anges, associé aux saints de tous les âges, partageant avec eux une inépuisable félicité. Il brille d'une splendeur particulière, réservée à ceux qui, en passant sur la terre, *répandirent autour d'eux la science de la vérité et qui, en illuminant les esprits, ont mérité de briller comme des astres dans les perpétuelles éternités* (2).

II.

Prêtre sublime dans l'Eglise, le Bienheureux Jean-Baptiste de La Salle fut le père du peuple dans l'humanité.

Le peuple est ici-bas le nombre : il est le travail ; il est la douleur. Il ne faut pas adorer le nombre — qui n'est pas toujours le droit ; mais on doit en tenir compte ; le travail est digne de respect, surtout quand il est cruel ; la douleur prend le cœur et le passionne. Jésus, rédempteur du monde, eut pour le peuple un regard particulier et une spéciale sympathie. Au désert, il a pitié de la foule qui l'entoure (3). Il venait de lui rompre le pain de la doctrine, qui est l'aliment de l'esprit ; maintenant il multiplie le pain matériel, de peur qu'il ne soit défaillant en chemin ; en attendant de lui donner, par une institution fameuse, le pain des anges, qui sera sa consolation pendant son pèlerinage et son viatique pendant l'éternité. — L'Eglise, héritière de Jésus, continue dans les siècles ce triple service dû au peuple, le grand orphelin de la vie, le paria du paganisme qui, désormais, a un père au ciel et une mère sur la terre. Elle pétrit le pain du peuple : à l'autel, le pain des âmes, supersubstantiel, plein de saveur et de suavité ; dans ses monastères, dans ses hôpitaux, le long des chemins, au fond de chaque foyer chrétien, elle ramasse les miettes qui tombent de la table des riches pour en composer le patrimoine de la charité : à l'école, c'est le pain de la science, dont elle ne veut pas que le peuple soit privé. Jamais les dévouements ne lui manquent pour remplir ces saintes fonctions : son sacerdoce est immortel : l'histoire a conservé dans sa reconnaissance le nom des héros qui vécurent pour le peuple et au besoin surent mourir pour lui. Dans

1. Ps. cvi. 32.
(2) Daniel xii. 3.
(3) Matt. xv. 32.

les temps modernes, en France spécialement, Vincent de Paul est demeuré le grand aumônier du peuple : Jean-Baptiste de La Salle est son imitateur : l'un lui a donné le pain, l'autre l'instruction : tous les deux sont fameux ; ils suffisent à la gloire de leur siècle.

Dans la pensée de Jean-Baptiste de La Salle, l'instruction primaire n'était que le préambule de la foi. Apôtre avant tout, il travailla pour Dieu et pour l'Église ; ami du peuple, il voulut procurer son bonheur sur la terre et lui faire atteindre sa destinée par delà la tombe. C'est à cette hauteur qu'il se place ; c'est sous cet angle qu'il faut le considérer, si l'on veut comprendre son œuvre et en mesurer l'envergure. Dans ses écoles, il se proposa de défricher l'esprit de l'enfant et d'en cultiver les facultés, comme une terre qui devait recevoir la semence de la doctrine sacrée. Il enseignera l'enfant à penser, pour qu'il puisse porter le poids de la révélation ; il l'accoutumera à formuler par la parole et par l'écriture, afin qu'il sache professer sa religion, qu'il la chante au temple, qu'il l'affirme dans le monde et la défende contre ses détracteurs ; il attaquera ses défauts, il rectifiera ses travers, il mortifiera ses instincts, il effacera les aspérités de son caractère, il abaissera en lui les montagnes et comblera les vallées, pour faire la voie triomphale de Jésus, roi des âmes, qui viendra prendre possession de son âme naïve, dans laquelle il se plaît à habiter. En décrivant ce rôle, je ne puis pas résister au rapprochement qui naît tout seul dans mon esprit : O Jean-Baptiste, que vous méritez bien le nom que vous portez ! Autrefois le fils de Zacharie marchait devant Jésus, l'annonçant aux foules qui venaient sur les bords du Jourdain entendre sa prédication et recueillir ses austères conseils. Maintenant je vous vois, ô Bienheureux Père, l'alphabet à la main, sur les bords de la Marne, de la Seine, de la Loire et du Rhône, au milieu des petits enfants qui vous écoutent et qui vous croient. Vous êtes devenu à votre tour le précurseur de votre maître : heureux de vous faire humble pour préparer son règne.

On voit assez que chez ce père du peuple la science pour la science ne fut jamais ni un programme, ni un but. Que vaut, en effet, la science isolée de la foi, surtout quand il s'agit de travailler au bonheur des masses déshéritées et courbées sous un labeur cruel ? quelle lumière, quelle consolation, quelle force peut-elle apporter à leur existence ? Au siècle du Bienheureux Jean-Baptiste de La Salle, cette théorie n'était pas encore éclose ; aucun éducateur ne l'avait préconisée, ni chez les Orientaux, ni chez les Romains. L'honneur de la découvrir et de l'appliquer nous était réservé. Avec quel mépris et quelle indignation, à cette époque de religion et de bon sens, n'aurait-elle pas été accueillie ?

Le Bienheureux Jean-Baptiste de La Salle pressentait-il l'avenir ? contemporain de Bossuet, qui était la moitié d'un prophète, entendait-il avec lui, dans un avenir prochain, un bruit d'incrédulité, et partageait-il sa tristesse ? S'il fut inconscient, — Dieu refuse souvent à ses saints la vision du lendemain, — du moins il fut l'instrument de la Providence, pour affermir la foi du peuple et l'aider à ne pas sombrer dans la tempête d'impiété prête à se déchaîner. Voltaire allait naître, traînant à sa suite l'armée des Encyclopédistes, hérissés d'algèbre et d'arithmétique, portant sous leurs bras le livre de la nature, qu'ils ne sauront pas interpréter, et le livre de l'humanité qu'ils excelleront à falsifier ; l'orgueil à la tête, la haine dans le cœur, l'épigramme au bout de la plume, le sarcasme sur les lèvres, ils déclareront la guerre en règle au christianisme, en possession depuis quinze cents ans de l'Europe et de ses institutions. Ils feront beaucoup de ruines dans les esprits d'abord, et plus tard dans la société. La Cour boira à cette coupe empoisonnée ; l'aristocratie y contractera le mal dont elle mourra : la bourgeoisie la suivra de près. Cependant, malgré de trop nombreuses défaillances, le clergé tiendra bon : après lui, c'est le peuple qui oppose aux ravages du mal la plus forte résistance. C'est lui qui proteste et qui pleure au fond des campagnes et dans les cités populeuses ; les bourreaux qui sortent de ses rangs, qui pillent, qui incendient, qui égorgent, ne sont qu'une exception. Après l'orage, c'est le peuple qui remplit les temples rendus au culte, qui baise les mains de ses prêtres revenus de l'exil, qui relève la croix abattue, et recommence la religion des anciens jours. D'où lui est venu tant de courage ? En Vendée, Grignon de Montfort avait préparé par son éloquence de feu la guerre de géants que de chrétiennes populations soutinrent pour leurs autels et leurs foyers. Sur le reste du territoire, c'est l'école, succursale du temple, qui a conservé ce bon peuple de France, fidèle à Dieu et à sa constitution politique et qui éclipse par son héroïsme les autres classes de la nation. Pourquoi faut-il qu'à l'heure présente il soit le plus atteint par la contagion à laquelle il avait échappé jusque-là ?

Subsidiairement, le Bienheureux Jean-Baptiste de La Salle a fourni au peuple l'outil du travail : ainsi il a acquis un nouveau titre à sa reconnaissance. L'outil est le gagne-pain de l'ouvrier : il n'était pas à inventer ; il pouvait être perfectionné. Le travail de la glèbe, qui nourrit l'humanité, — rois et pâtres, — fut toujours en honneur chez les races prospères ; il devait garder son prestige, qui s'appuie sur la nécessité. Mais le travail industriel, ou le métier proprement dit, qui s'était déjà développé en suivant le progrès naturel des choses, prenait alors une place plus large et attirait plus de bras. En même temps la civilisation devenait exigeante et demandait des produits plus distingués. Cependant il s'établissait une sorte de concurrence entre les corporations rivales ; les frontières des nations allaient bientôt s'ouvrir pour laisser passer le travail des voisins. Ainsi le travail devenait un champ de bataille, où il y aurait des vainqueurs et des vaincus ; l'ouvrier pouvait mourir de faim sur son œuvre trop inférieure, écrasé par des émules plus habiles ou plus heureux. L'école était destinée à armer le soldat du travail, pour le rendre capable de soutenir la lutte et de gagner sa vie. Elle lui apprit, avec la lecture et l'écriture, le calcul et le dessin, sciences nouvelles chez le peuple du XVIIe siècle, et qu'on ne rencontrait guère que chez les natures d'élite, recrutées dans les ateliers des capitales, quand elles ne sortaient pas des monastères ou étaient nées les cathédrales. La tenue des livres fit partie du programme; et si le commerce, créé par Colbert, favorisa l'échange des denrées et des articles manufacturés entre les deux mondes, l'enfant du peuple sera à la hauteur de la situation : en soutenant le bon renom de son pays, il trouvera dans ses aptitudes le pain de sa famille et la dignité de sa condition.

Depuis les jours déjà lointains où le Bienheureux Jean-Baptiste de La Salle fonda ses écoles, nous avons marché dans la voie des perfectionnements matériels. Des découvertes nouvelles, un outillage plus puissant, l'étude des méthodes, la persévérance dans des essais d'abord infructueux nous ont valu les progrès de l'agriculture, sur un sol mieux analysé et plus profondément remué : le commerce a centuplé ses exportations et ses importations; de son côté, l'industrie, prenant un essor religieux, nous a étonnés par les obstacles qu'elle a vaincus, par les produits qu'elle a mis à notre service. Nous les classons dans des vitrines de cristal, au sein de nos expositions internationales; on accourt payer tribut à notre supériorité; nous nous enivrons de nos succès; nous méprisons le passé et nous défions l'avenir. C'est trop sans doute; car la modestie va bien au mérite. Mais à qui faut-il attribuer ces conquêtes ? Si nous voulons nous souvenir de notre génie et de notre patience, nous en avons le droit : à la condition de ne pas oublier Dieu, qui a béni notre travail et qui le récompense. La justice demande qu'après Dieu nous évoquions la douce image de l'organisateur de l'école primaire au XVIIe siècle qui, non content d'apprendre les rudiments à l'enfant du peuple, institua l'enseignement professionnel, nous devançant ainsi sur un terrain où nous croyons n'avoir pas d'ancêtres : modèle immortel, que nous ne pouvons que copier en le développant.

Depuis, nous avons appris à faire sans lui : aujourd'hui nous essayons de travailler contre lui : c'est la manière dont la civilisation reconnaît les bienfaits ! Si nous avons porté plus haut l'œuvre de Jean-Baptiste de La Salle, ne l'a-t-il pas commencée ? n'est-il pas plus grand de commencer que de continuer ? Isolez-vous tant que vous voudrez dans votre superbe; vous ne referez pas l'histoire. Les chrétiens, mieux inspirés, verront dans notre Bienheureux un instituteur de génie et un bienfaiteur insigne, digne de porter le nom de Père du peuple.

L'outil du travail, simple gagne-pain, le Bienheureux Jean-Baptiste de La Salle l'a donné au peuple. Le travail c'est déjà de la gloire; mais il peut conduire plus loin. La gloire est pour tous, même pour le peuple, quand il est capable d'y arriver et qu'il sait la mériter. Comme le peuple est le fond d'où sort l'humanité, et sur lequel elle se déploie en harmonieuses hiérarchies, ainsi l'enseignement primaire est le porte-griffe des hautes cultures : les grands orateurs commencent par l'alphabet ; l'orthographe et la ponctuation préparent les écrivains illustres ; c'est à l'aide des quatre règles qu'on devient ingénieur, avec le dessin linéaire qu'on devient architecte, avec la ronde-bosse qu'on prend place parmi les sculpteurs et les peintres. Ici l'art succède au métier et le domine ; l'art, qui ne donne pas toujours du pain aux hommes de génie, leur assure souvent l'immortalité, dont ils sont jaloux, même quand ils en sont les victimes. L'enseignement primaire ouvre d'autres carrières devant la légitime ambition de l'enfant du peuple : avec cet instrument, il s'élève aux conditions les plus distinguées de la vie : sur les sommets il n'y a que des parvenus. Il montera sur les siéges de la magistrature ; il entrera dans les parlements pour y défendre les droits de son pays et plaider contre les abus, d'où qu'ils viennent ; il votera dans le conseil des rois, il remplira des missions difficiles. Pour cela que faut-il ? Le déclassement en masse n'est pas nécessaire ; ainsi pratiqué, le déclassement est fatal aux individus et aux nations ; il ne produit que des déserteurs et des pervers. Que faut-il donc à l'enfant du peuple pour atteindre sa destinée ? La sélection providentielle, qui s'exerce dans tous les temps. Au moyen-âge, dans les écoles cathédrales et monastiques, les maîtres devinaient parmi les petits serfs ceux qui, par leurs aptitudes, pouvaient être utiles à l'Église, à la science et aux arts. C'est cette sélection qui assurait le recrutement du clergé séculier et régulier. Affranchi par l'ordination, le jeune berger laissait le troupeau de son père, pour conduire avec une houlette d'or les brebis du Seigneur. Des évêques, qui ont illustré cette époque, des abbés restés légendaires, des papes fameux, qui ont gouverné avec sagesse la chrétienté dans des circonstances périlleuses, n'avaient pas souvent d'autre origine. La Providence a continué son œuvre : encore maintenant elle donne au monde des esprits supérieurs, qu'elle prend où elle veut, pour diriger sa course, comme elle a suspendu au firmament les étoiles qui éclairent le nautonier au sein des mers orageuses. On peut s'en reposer sur elle.

En voyant monter ces natures prédestinées, on ne peut pas s'empêcher de se tourner vers les maitres cachés au fond de l'école primaire, qui ont préparé par un labeur obscur ces magnifiques résultats. En ce moment, je me plais à évoquer tous les grands hommes sortis des rangs du peuple depuis deux cents ans, qui ont honoré dans l'univers entier, dans notre pays de France en particulier, par leurs vertus et leurs services, l'école primaire qui fut le berceau de leur gloire. Tous ensemble ils forment une immense procession : à mesure qu'ils défilent, j'écris leur nom sur leur front. Je salue les maitres de l'éloquence, les historiens, les artistes et les poètes, les perceurs d'isthmes, les constructeurs de nos voies ferrées, les inventeurs des télégraphes, les politiques habiles, les soldats héroïques, les voyageurs pionniers de la civilisation. Ils s'inclinent en passant devant le Bienheureux Jean-Baptiste de La Salle, à qui ils doivent leur fortune : aujourd'hui ils sont de la fête, ils s'associent aux pontifes de l'Eglise, aux foules enthousiastes et aux anges du ciel. C'est l'heure de payer à un grand bienfaiteur du peuple le tribut de la reconnaissance : vieille dette qui s'accroît tous les jours. Donc, louez le Seigneur qui a donné à la France et au monde, Jean-Baptiste de La Salle ; louez-le, petits enfants, accourus ici pour être la couronne de votre père ; louez-le, ouvriers de tout ordre, car avec l'école, il vous a donné la vertu, la science et le pain ; louez-le, pères de famille, qui voyez grandir en âge et en sagesse des fils destinés à être l'honneur et la consolation de votre vieillesse ; mères, louez-le, vous aussi, car c'est à l'école chrétienne que vos leçons se continuent et que votre œuvre s'achève ; louez-le, rois et nations, car c'est sur cette base que s'appuient vos institutions et votre prospérité (1). Louez encore et bénissez le Bienheureux Jean-Baptiste de La Salle, apôtre de Dieu par l'école. Que parmi toutes les voix qui s'élèvent pour célébrer sa mémoire, la voix du peuple soit la plus éloquente et couvre toutes les autres.

L'Eglise a donné au peuple des amis : la Révolution lui fournit des courtisans. Les courtisans du peuple ne sont pas sincères, ni désintéressés, ni dévoués. Ils débitent des théories creuses dont ils ne croient pas un mot ; ils font des promesses décevantes ; jaloux de leur succès, ils ne cherchent pas le bien de ceux qu'ils flattent : ils n'aiment pas, voilà pourquoi ils exploitent la clientèle au lieu de la servir. Ils ont couvert le territoire d'écoles destinées aux enfants du peuple ; mais ils en ont chassé Dieu et avec Dieu la consolation et l'espérance. A sa place, ils ont installé une fausse science, enseignée à des âmes naïves par des maîtres trompeurs. Quels résultats ont-ils obtenus ? A grands frais d'argent et de paroles, ils nous ont fabriqué un peuple orgueilleux, épris de ses droits qu'il exagère et dont il fait triste usage ; un peuple idéologue, se nourrissant de rêves enflés de vent et qui recèlent des tempêtes ; un peuple malheureux, parce qu'il a cessé d'aimer sa condition, et que, rivé au travail comme l'esclave à sa chaîne, il maudit un présent cruel, et poursuit un avenir qui s'éloigne toujours, ne sachant plus lever la tête au ciel pour prier et se résigner ; un peuple méchant, que l'erreur égare, que la douleur déprave, que tous les vices rongent ; un peuple qui a déjà fait ses preuves par des excès historiques, et qui nous réserve d'autres désolations. Petits enfants, fuyez les écoles de pestilence ; ouvriers chrétiens, soldats de la glèbe, du métier et de l'usine, ne vous laissez pas séduire par les sectaires ; ne les écoutez pas quand ils calomnient l'Eglise à votre oreille ; ne les croyez pas quand ils déroulent avec emphase leur plan philanthropique. L'Eglise a fait ses preuves depuis dix-neuf cents ans : la Révolution nous donne les siennes depuis un siècle « *Ne vous laissez pas séduire* (2).

(1 Ps. CXII.
(2) Cor. XV. 33.

En terminant, admirons la fécondité de l'Eglise catholique, dont le Bienheureux Jean-Baptiste de La Salle est la manifestation. Voilà déjà longtemps qu'elle produit des saints : son martyrologe n'est pas à la veille de se fermer. Notre Bienheureux est le fruit de sa vieillesse toujours jeune ; il entre dans le sacré sénat des élus en compagnie de bien d'autres : les sept fondateurs de l'Ordre des Servites, Berckmans, Rodriguez, Claver, ces fils glorieux de la Compagnie de Jésus, Inès de Benigamin, cette fleur de l'Espagne, Hofbauer de Vienne, Egide Marie d'Alcantara, Félix de Nicosie et Grignon de Montfort. Cependant l'Eglise moderne est aux prises avec d'ardents ennemis ; sur toute la ligne ses droits sont méconnus, son influence combattue, ses dogmes attaqués, sa morale conspuée, son culte dédaigné d'un grand nombre, ses écoles menacées. Les prophètes de malheur, jaloux de sa gloire, annoncent sa fin prochaine et sonnent le glas de ses funérailles. A ces outrages, à ces provocations, à ces sinistres pronostics, l'Eglise répond par ses saints : heureuse et fière, elle les présente au siècle en lui disant : « *Me voici, moi et les enfants que Dieu m'a donnés pour être un signe en Israël* (1). » Que les impies soient confondus ; que les timides se rassurent : il y a encore de beaux jours ici-bas pour l'Epouse du Christ.

Le Bienheureux Jean-Baptiste de La Salle est un saint français. Il monte sur l'autel en donnant la main à Grignon de Montfort, fils de la même patrie, son frère de gloire comme il le fut de ses vertus. Comment ne pas féliciter cette chère et malheureuse nation, qui a reçu une vocation si magnifique qu'elle compromet trop souvent par ses folies ? Mais Dieu qui l'aime encore, ne lui épargne pas les grâces : il semble vouloir la sauver une fois de plus. Les nouveaux Bienheureux s'unissent aux autres saints français, que notre siècle a vus se lever sur son horizon : tous ensemble ils deviennent les protecteurs de leur commune mère contre les ennemis du dehors et du dedans. Au midi, Germaine de Pibrac étend sa houlette sur les Pyrénées, Benoît Labre jette son manteau déchiré sur la ligne de nos forteresses, qui court au Nord, de la Manche aux sources de l'Escaut ; à l'ouest, Grignon de Montfort forme avec l'Océan une défense insurmontable ; la frontière de l'Est, — la plus menacée, — est confiée à la garde du Bienheureux Jean-Baptiste de La Salle. « *Voilà les sentinelles placées sur nos remparts : elles ne dormiront ni le jour ni la nuit ; elles ne manqueront pas de pousser le cri d'alarme à l'heure de l'épreuve* (2). »

Que ces Bienheureux protecteurs veillent sur nous au-dedans : c'est là qu'est le péril : il vient de nos erreurs, de nos divisions, de notre indifférence religieuse. Qu'ils veillent surtout sur l'école chrétienne. Pendant le déluge, on vit flotter sur les eaux un vaisseau miraculeux, qui

(1) Isaïe, VIII, 18.
(2) Isaïe, LXII, 6.

portait, avec une seule famille, la semence de l'humanité et l'espérance de l'avenir. L'école chrétienne est ballottée sur la lame écumeuse de la vague révolutionnaire : à chaque instant elle peut être engloutie. L'école chrétienne, vaisseau sacré, porte Dieu et sa gloire, la famille et ses vertus, la patrie et sa puissance, avec l'enfant qu'elle abrite. Que nos Saints la gardent. Que le Bienheureux Jean-Baptiste de La Salle, à qui nous la devons, la conserve à l'Eglise et à la France. Le salut est là.

Le discours terminé, la musique des Frères et l'orgue se font entendre. Nos artistes avaient offert leur gracieux concours, et ce fut durant la bénédiction solennelle un vrai concert religieux, plein de piété, de maëstria et de saint enthousiasme.

Le lendemain, 23, même affluence que la veille aux heures des messes. Ce ne sont pas seulement les élèves des Frères qui viennent se grouper autour de leurs maîtres si vénérés, ce sont encore toutes les familles chrétiennes qui se donnent rendez-vous à la basilique, attirées par les récits des fêtes de la veille, et heureuses de témoigner leur attachement à nos excellents instituteurs, de prendre part à leurs joies, de célébrer avec eux l'exaltation de leur Bienheureux Fondateur.

A 9 heures, la messe solennelle est chantée par les élèves du Grand Séminaire et les enfants de la Maitrise. A l'évangile, M. Labrousse, curé de Ste Valérie, prononce une belle homélie sur la correspondance du Bienheureux J.-B. de La Salle à sa mission d'éducateur :

> « La sagesse divine conduit le juste
> par les voies directes. »

MES FRÈRES,

Tous les jours nous demandons à Dieu que sa volonté soit faite sur la terre comme dans le ciel. La réalisation d'un tel vœu établirait ici-bas un ordre, une harmonie, une joie, une paix qui ferait de cette terre un vestibule du Paradis. Le concert que font les astres dans leurs mouvements à travers les espaces ne serait qu'un vain bruit aux oreilles divines en présence des accords magnifiques que l'union des volontés humaines avec la volonté éternelle produirait à travers les espaces de la liberté. Depuis le péché, un seul homme a pu réaliser ici-bas dans une perfection infinie les vouloirs divins, c'est Notre Seigneur Jésus-Christ, le Fils même de Dieu incarné pour le salut des hommes. Dès son entrée dans le monde, il a dit à son Père qu'il venait faire sa volonté : « *Ecce venio ut faciam Deum, voluntatem tuam.* Durant les trente-trois ans de son passage parmi nous, toutes ses pensées, toutes ses paroles, toutes ses actions ont été en conformité parfaite avec cette volonté, c'était l'aliment de sa vie : *Meus cibus est ut faciam voluntatem ejus qui misit me;* et le cri qu'il jetait aux échos du Calvaire du haut de sa croix était une parole affirmant aux siècles l'accord parfait de sa vie aux besoins du ciel : *Consummatum est.* C'est donc sur la correspondance de la volonté humaine à la grâce, c'est-à-dire aux desseins particuliers de Dieu sur chaque âme que repose ce sommet sublime qui s'appelle la Sainteté. Les plus grands saints ne sont pas ceux qui ont traversé le monde en l'inondant des clartés de la vérité surnaturelle, ou en l'étonnant par des prodiges extraordinaires et des pénitences inouïes, ce sont ceux qui ont le mieux correspondu à la grâce et qui peuvent redire les paroles de Saint Paul : *Gratia Dei sum id quod sum, et gratias qui in me vancas non fuit,* la grâce de Dieu m'a fait ce que je suis, et cette grâce n'a pas été stérile en moi. De même, les plus maudits d'entre les réprouvés sont ceux dont la résistance à Dieu a été la plus énergique, la plus persévérante, la plus opiniâtre.

Rien n'est utile aux âmes, rien n'est fortifiant comme l'étude de la vie des Saints, au point de vue de la Providence divine sur chacun d'eux. On y voit, d'un côté, avec quelle douceur, quelle tendresse, quelle force Dieu les prépare, les dirige, les conduit à ses fins, et d'un autre côté, avec quelle docilité, quel abandon, quelle énergie ils répondent à son appel. Tout ce qu'il y a de grand, dans le monde des âmes et dans les œuvres de l'Eglise, vient de ce double travail de Dieu et de l'homme. Pour faire une telle étude, il n'est pas nécessaire de planer comme l'aigle de Meaux au-dessus des temps et des peuples, de voir haut et loin dans les siècles de l'histoire; à ce travail suffit l'intelligence d'un enfant, d'une simple femme du peuple, pourvu qu'ils aient un cœur docile, attentif et désireux de plaire à Dieu. Etudions ensemble, à la lumière de ce principe, la vie du Bienheureux J.-B. de La Salle, nous verrons comment la Sagesse divine l'a préparé à sa mission en conduisant sa jeunesse par des sentiers droits : *Justum deduxit per vias rectas,* avec quelle force elle a su la lui imposer malgré ses répugnances, en lui montrant que le ciel est avec le devoir *et ostendit illi regnum Dei.* Et enfin de quelles bénédictions elle l'a enrichi au milieu des épreuves : *honertavit illum in laboribus.*

Ce n'est pas un panégyrique que je veux essayer, ce n'est qu'une modeste note dans le concert d'éloges dont ont retenti déjà et retentiront aujourd'hui et demain les échos agrandis de notre radieuse cathédrale.

O Bienheureux ! par les exemples de votre vie, obtenez-moi la grâce de faire comprendre à tous ceux qui m'écoutent et surtout aux jeunes hommes de cet auditoire qu'accomplir la volonté divine, réaliser les desseins de Dieu sur eux, ce n'est pas seulement le devoir, c'est aussi l'honneur de la vie, la paix de la conscience et l'assurance du salut.

I.

Quand le grand poète allemand Schiller vint au monde, son père le prit dans ses bras et l'élevant vers le ciel : « Dieu tout-puissant, s'écria-t-il, donne les lumières de l'esprit à cet enfant, supplée par ta grâce à l'éducation que je ne pourrai lui donner. » Tous ceux qui sont honorés du bienfait de la paternité devraient faire la même prière et comprendre que Dieu ne saurait être absent de la grande œuvre de l'éducation. Absorbée par la nécessité de la vie, obligée de gagner le pain de chaque jour, à la sueur du front, la grande multitude est incapable de suffire à l'éducation de l'enfance. On n'est en droit de lui demander que la direction et le bon exemple. Qui donnera cette éducation ? qui formera ces jeunes cœurs ? Qui sera chargé de conserver les germes divins reçus au baptême ? Cette mission appartient de droit à l'Eglise, à cette société des intelligences et des cœurs qui représentent ici-bas l'autorité même du Dieu qui a dit : « *Laissez venir à moi les petits enfants.* » Lorsqu'on lit les pages de son histoire, on s'assure qu'elle n'y a jamais manqué. Le catéchuménat ne préparait pas seulement au baptême les enfants et les adultes, il les élevait dans toute la force du mot. C'est là que se formaient ces tempéraments robustes, ces énergies admirables qui étonnaient le paganisme et résistaient aux menaces, aux supplices et aux séductions du plaisir ou de la fortune. De grands docteurs, comme Origène et St-Clément d'Alexandrie, ne dédaignaient pas de faire entendre leur éloquence et leur docte savoir dans ces écoles de catéchisme.

Le moyen âge n'avait pas seulement ses grandes universités où des milliers de jeunes gens venaient suivre les leçons de maîtres comme Albert-le-Grand, Saint Thomas d'Aquin, Saint Bonaventure, Gerson ; dans les presbytères des moindres villages comme dans les demeures canoniales, dans les humbles prieurés comme dans les riches abbayes, il y avait des écoles où, avec l'instruction religieuse, on donnait aux enfants du peuple, du paysan et de l'ouvrier les premiers éléments des lettres. Ne laissons jamais, mes Frères, outrager et amoindrir ce grand passé chrétien. Les ouvriers qui ont bâti notre cathédrale et qui ont su y mettre l'harmonie des couleurs et des tons, la pureté des lignes et la vérité des expressions n'étaient inférieurs ni pour l'intelligence ni pour le savoir à nos modestes travailleurs.

Le XVIIe siècle qui vit naître le B. de La Salle fut le dernier reflet de ce passé chrétien. Déjà, hélas ! l'invasion du paganisme dans les lettres et dans les arts, l'unité chrétienne rompue par le protestantisme, avaient répandu dans beaucoup d'âmes des semences d'impiété. L'influence chrétienne de la famille diminuant, les prêtres ne pouvaient plus suffire à l'enseignement du peuple. Dans les villes, des bandes d'enfants vivaient en dehors de toute instruction religieuse, livrés à eux-mêmes et par là voués au désordre et au crime. Le clergé avait besoin de trouver pour auxiliaires des maîtres chrétiens et soumis à l'Eglise. Où les trouver en dehors du sacerdoce ? Que de vertus sont exigées pour l'éducation de l'enfance ? Il y faut avant tout la chasteté. Le poëte l'a dit :

> Le cœur de l'enfant pur est un vase profond,
> Et quand la première eau qu'on y verse est impure,
> La mer y coulerait sans laver la souillure,
> Car l'abime est immense, et la tâche est au fond.

Un maître corrompu, vainement essayerait-il de cacher ses vices, un mot, un sourire, une ride le trahirait à l'œil perspicace de l'enfant. *Mundamini qui fertis versa Domini*, soyez purs, dit le Seigneur aux prêtres, vous qui portez les vases saints. Oui, l'enfant, par les grâces de son baptême, par son innocence, par le contact avec la chair et le sang de Notre Seigneur n'est-il pas un vase sanctifié que des mains pures peuvent seules toucher. A la chasteté il faut joindre un désintéressement absolu : désintéressement de l'intelligence ; le maître devra abaisser son esprit au niveau de celui de l'enfant, bégayer avec lui, supporter la monotonie des mêmes leçons, et cela durant sa vie entière ; désintéressement du cœur : il n'obtiendra de l'enfant qu'une affection passagère, et trop souvent l'ingratitude et l'oubli répondront aux soins et au souvenir ; désintéressement de toutes les choses de la vie : il devra être pauvre comme l'enfant qu'il instruira.... De tels maîtres, n'est-ce pas un idéal impossible à réaliser ? Humainement, oui.... l'œuvre n'existera jamais.... Mais rien n'est impossible à Dieu et il ne veut pas refuser ce secours à son Eglise. La Providence a déjà préparé l'instrument de cette œuvre dans la personne du Bienheureux.

Dieu le fait naître à Reims : il était juste que l'œuvre des Ecoles chrétiennes qui devait être d'un secours capital pour l'avenir de notre pays prit naissance dans la ville et à l'ombre de la cathédrale où les rois de nos différentes dynasties avaient fait l'unité et la grandeur de la France, venaient chercher la consécration de leur pouvoir. Dès sa plus tendre enfance on voit briller en Lui les vertus qui font les maîtres modèles. Et d'abord, rien n'égale sa pureté et le charme de son innocence... un simple mot équivoque amenait la rougeur sur son front, instinctivement il repousse les livres qui présenteraient à son imagination la moindre image immodeste... Tout plaisir dangereux pouvant ternir cette fleur si délicate l'attriste... Un jour qu'on dansait dans les salons de son père, il ressentit tout à coup un si vif chagrin qu'il fondit en larmes et alla se jeter dans les bras d'une personne pieuse de la compagnie. A seize ans, il était à Paris pour suivre les cours de l'Université. Dans cette ville où tant de dangers menaçaient son innocence, il sut échapper à toutes les séductions des plaisirs mauvais. Sans doute comme tout jeune homme qui sent bouillonner en lui les flots ardents et généreux d'une vie toute neuve, il dut entendre la grande et terrible voix des sens qui épouvantait l'apôtre St-Paul ; mais, pour vaincre, il eut comme refuge, la prière, comme confident et comme appui, le vénérable supérieur de la naissante compagnie de St-Sulpice, M. Tronson ; comme aliment, le pain qui fait les forts et le vin qui fait germer les vierges ; comme idéal, le sacerdoce auquel il aspirait. Avec de telles forces surnaturelles, ne l'oubliez pas, jeunes gens qui m'écoutez, il n'y a de vaincus que ceux qui le veulent. *Omnia possum in eo qui me confortat*, disait St-Paul ; tout chrétien peut en dire autant, lorsqu'il s'appuie sur la grâce de Dieu.

Ce n'est pas seulement un chaste, c'est aussi un désintéressé. Il discipline sa volonté en la soumettant à un règlement de vie qui ne laisse rien aux caprices et donne tout à Dieu ; il renonce à toutes les satisfactions que peut procurer la fortune : son vêtement est grossier, sa nourriture commune, son sommeil court... il discipline son cœur en n'aimant ses parents et ses amis qu'en Dieu et pour Dieu... son intelligence en la soumettant sans raisonner à toutes les vérités de la foi. Dans un siècle et un pays où l'autorité doctrinale du chef de l'Eglise est méconnue ou amoindrie, il professe la plus humble soumission à tous les décrets du Saint-Siège, il salue dans le successeur de Saint-Pierre la bouche même de J.-C. Homme de la chasteté et du sacrifice, il est prêt, vous le voyez, pour l'œuvre dans laquelle Dieu va l'engager avec autant de force que de suavité.

II.

L'œuvre de Dieu ne ressemble pas à l'œuvre de l'homme. L'homme, avant d'entreprendre, trace son plan, révèle son but, dispose ses moyens, légifère, en cela, il fait preuve de sagesse, car l'avenir ne lui appartient pas. Dieu, dans les voies ordinaires de sa providence ne fait pas connaître à ceux qu'il destine à cette grande mission tous ses desseins et surtout leurs résultats. Il craindrait ou d'effrayer ou d'enorgueillir. La plupart des fondateurs d'ordre n'avaient songé, en se retirant dans la solitude, en se vouant à la prédication et à la charité qu'à leur sanctification personnelle, au salut de leurs frères ou au soulagement des misères humaines. C'est le rayonnement de leur sainteté, de leur éloquence et de leur dévouement qui, en groupant des disciples autour d'eux, les contraignait à tracer des règles de vie et à perpétuer leur action. Dieu procéda de la sorte avec le B. de La Salle, ce n'est qu'insensiblement qu'il le fit entrer dans les desseins de miséricorde qu'il avait sur l'enfance.

Il y avait à Reims un vertueux chanoine, nommé Rolland. Éclairé par une lumière prophétique ou par ces visions surnaturelles qu'ont les mourants au seuil de l'éternité, il eut la pensée, sur son lit de mort, de recommander à notre Bienheureux une communauté de filles de l'Enfant Jésus qu'il avait fondée pour l'instruction des petites filles pauvres ou orphelines. J.-B. de La Salle ne pouvait se soustraire à ce désir de l'amitié et aux vœux d'un mourant, il accepte et commence dès lors à s'occuper des enfants auxquels sa vie appartiendra bientôt tout entière. Il est entré dans la voie, il n'en sortira plus. Bientôt après, en effet, diverses circonstances l'obligent à patronner une école gratuite pour les petits garçons, à s'occuper de trouver des maîtres, à les diriger, à leur procurer le nécessaire ; mais qu'il était loin de soupçonner que Dieu le destinait à faire de ces maîtres d'école ses auxiliaires et à être un fondateur d'ordre : « Si j'avais cru, dit-il, que le soin de pure charité que je prenais eût dû me faire un devoir de demeurer avec eux, je l'aurais abandonné, je mettais au-dessous de mon valet ceux que j'étais obligé d'employer aux écoles et la seule pensée qu'il m'aurait fallu vivre avec eux m'était insupportable. » Eh bien ! quelque temps après, ce même homme qui mettait les maîtres d'école au-dessous de son valet, qui frémissait à la seule pensée de vivre avec eux, les logeait auprès de lui, puis, dans sa maison, et, enfin allait partager leur existence et leurs travaux dans une maison étrangère. Les sacrifices succèdent aux sacrifices : il résigne son canonicat en faveur d'un étranger, se défait de son patrimoine et, sur les conseils d'un religieux minime, le P. Barré, au lieu de s'en servir pour son œuvre, il en donne le prix aux pauvres. « Pour les maîtres et les maîtresses d'école, dont la vocation est d'instruire les pauvres à l'exemple de Jésus-Christ, lui avait dit ce saint prêtre, point d'autre partage sur la terre que celui du Fils de l'homme. Tout autre appui que la Providence ne convient pas aux écoles chrétiennes. Cet appui est inébranlable et elles demeureront inébranlables, si elles n'ont point d'autre fondement. »

Ah ! chers Frères des Écoles chrétiennes, ne vous défiez jamais de la Providence. ne vous préoccupez ni de la nourriture, ni du vêtement. Dieu vous a-t-il jamais manqué dans l'épreuve ? La charité catholique n'a-t-elle pas relevé de nos jours nos écoles renversées par l'esprit de secte ? Ne regrettez ni la faveur du pouvoir, ni l'engrenage universitaire qui tendait à faire de vous de vulgaires pédagogues et à diminuer l'enseignement chrétien. La persécution a brisé ces entraves et vous a montré où était votre force et votre appui. N'oubliez jamais les paroles du P. Barré : « Vos écoles demeureront inébranlables tant qu'elles n'auront d'autre appui que la Providence. »

Le Bienheureux Jean-Baptiste de La Salle avait alors 33 ans ; c'est l'âge où, dans la plénitude de ses forces et de son intelligence, l'homme peut entreprendre et poursuivre une œuvre qui demande du temps et un grand effort. Il se livre tout entier à la formation de son Institut, il en trace les constitutions avec douze de ses principaux disciples. Et chose admirable ! Cette règle donnée à la fin du XVII° siècle dirige encore et gouverne les douze mille frères répandus dans le monde entier. Ils n'ont changé ni leur nom, ni leur vêtement, ni leurs vœux, ni leur manière de vivre.

Je ne redirai pas toutes les persécutions qui furent suscitées à notre Bienheureux dans l'établissement et la direction de ses écoles. A quoi bon, l'œuvre n'eut pas été divine si elle n'avait pas été éprouvée.

Il me resterait à montrer l'action de la Providence dans les merveilleux développements de l'Institut et dans la glorification accordée à son Fondateur au plus fort de la lutte et de la persécution, mais je ne veux pas dépasser les bornes d'une simple instruction. L'œuvre a vécu déjà deux siècles, elle vivra toujours parce qu'elle répond à un besoin aussi durable que l'humanité, et les Écoles chrétiennes qui conservèrent au XVIII° siècle la foi dans l'âme du peuple, alors que le philosophisme et l'impiété l'avaient étouffée dans les classes élevées, ces mêmes écoles feront de nos jours contrepoids aux écoles sans Dieu et formeront une réserve pour la Religion et la société. C'est un sujet d'espoir et de consolation pour les vrais chrétiens dans les tristesses de l'heure actuelle et qui explique leur générosité et leurs sacrifices.

Je finis. Puissions-nous, mes Frères, comme le Bienheureux J.-B. de La Salle, réaliser dans notre vie les desseins de Dieu sur nous et nous laisser conduire par sa Providence. Nous serons toujours bien, si nous sommes à la place et dans l'état où il nous veut, nous ferons toujours bien si nous correspondons à tous les mouvements de sa grâce. Nous ne comprendrons pas toujours le motif de ses actes ; ses desseins échapperont à notre courte vue, certaines épreuves resteront inexplicables, mais ce que nous ne comprenons pas ici-bas, nous le comprendrons au ciel et nous comprendrons sa bonté et sa miséricorde, nous reconnaîtrons qu'il a bien fait toutes choses, qu'il a toujours agi pour notre plus grand bien et notre sanctification.

Au reste, que chacun de nous jette un coup d'œil sur son passé et étudie les voies de la Providence à son égard ; il verra que tout ce qu'il y a eu de bien, de bon, d'élevé, d'utile dans sa vie vient de Dieu, que les épreuves, les croix, les souffrances, mieux que la prospérité, l'ont détaché des biens de ce monde et ont épuré sa vertu, qu'au contraire, que tout ce qui venait de l'homme, de ses passions, de la raison elle-même et de la nature a été sans fruit et rempli de déceptions.

Donc, mes Frères, prenons l'engagement d'être tous sans réserve entre les mains de cette bénie Providence, et alors, serviteurs de Dieu en ce monde, comme notre Bienheureux, comme lui nous entrerons un jour dans les joies éternelles du Seigneur. Amen.

Cependant, tout le jour, la foule ne cesse d'affluer autour de l'autel où reposent les reliques du Bienheureux de La Salle. Les ouvriers et ouvrières accourent, au repos de midi, pour admirer et prier ; et vraiment il était beau de voir les fils de la bourgeoisie et les fils du peuple unis dans une même pensée auprès du saint Instituteur.

Le soir, à 4 heures, nouvelle réunion pour les écoles, pensionnats et orphelinats, qui n'avaient pu, la veille, prendre part à la fête. Le R. P. Magnié, de la Compagnie de Jésus, leur adresse la parole et montre quels bienfaits le nouveau Bienheureux a multipliés pour les enfants du peuple.

A 8 heures, la foule emplit déjà tous les abords de l'église. Les enfants du pensionnat des Frères descendent musique en tête, attirent sur leur passage les curieux ou les retardataires, qui les suivent à la cérémonie ; ces braves enfants s'associent avec une ardeur vraiment touchante et un dévouement qui sacrifie tous les repos aux joies de leurs maîtres, et se montrent fiers de l'arrêt de l'Eglise élevant au rang des Bienheureux le père de la Congrégation.

M. le chanoine Dormagen monte en chaire. Sa parole est servie par un organe puissant et souple ; son discours n'est pas à proprement parler un panégyrique, car la personnalité du Bienheureux disparait bien souvent au cours du développement oratoire, c'est plutôt à l'occasion de J.-B. de La Salle, l'exposé de la grande thèse sociale et religieuse de la pauvreté.

M. le chanoine Dormagen avait pris comme texte de son discours ces paroles :

« *Beatus qui intelligit super egenum et pauperem.* » Bienheureux celui qui a pénétré le secret de l'indigence et de la pauvreté. La société, comme les individus, doit savoir ce secret sous peine de déchoir et de périr. Le problème de la pauvreté ! La question sociale est là tout entière. Un peuple qui en a perdu le secret est menacé de toutes les aventures et mûr pour toutes les servitudes. N'est-ce point là, hélas ! que nous en sommes ?

Dans un pays démocratique surtout, où les pauvres et les travailleurs constituent le nombre et où le nombre fait la loi, que pourra opposer un gouvernement sans croyances et sans principes à la foule réclamant impérieusement la satisfaction de ses appétits ? Il faut que ces appétits soient réfrénés par une loi morale positive, et que l'attrait des jouissances terrestres pâlisse devant la ferme espérance d'une plénitude infinie de bonheur. Il faut que le pauvre, comme le riche, ne borne pas son horizon à la terre et qu'il n'y renferme ni ses pensées ni ses ambitions.

Tant que le peuple n'aura pas levé les yeux au ciel, tant qu'il ne verra pas autre chose que la terre, la jouissance matérielle et immédiate lui paraîtra le seul bien à envier. Il n'y aura plus d'élévation morale, plus de patriotisme, plus de dévouement, et l'homme sera dépouillé de tout ce qui fait sa noblesse et son honneur.

Jean-Baptiste de La Salle a pénétré, lui, le mystère de la pauvreté. Il l'a compris et il a voulu être pauvre. Il a voulu que ses disciples le fussent aussi et qu'ils prêchassent· la pauvreté par leur exemple comme par leur parole. L'Institut des Frères des écoles chrétiennes a grandi, et il s'est répandu partout, et ses classes se sont remplies, et le peuple a adopté les Frères pour les maîtres préférés de ses enfants. A l'heure qu'il est, l'éducation chrétienne donnée par les Frères constitue une des défenses les plus fortes de la société moderne et explique cette anomalie de la sagesse et du calme de la foule en présence du triomphe officiel des doctrines insensées, qui, en niant Dieu, arrachent au peuple le seul frein capable de contenir ses révoltes et tuent dans le cœur des pauvres la seule pensée qui puisse les sauver du désespoir.

CATHÉDRALE DE LIMOGES

Voici le dimanche, 24 Juin, dernier jour du *Triduum*. C'est le grand jour.

A 7 h. 1/2, la messe de communion générale réunissait l'élite des chrétiens de Limoges. Toutes les œuvres catholiques sont là représentées, au moment de la communion, deux prêtres doivent, pendant trois quarts d'heure, distribuer aux fidèles et aux enfants le pain eucharistique. Et que seraient, en effet, ces belles fêtes avec leurs chants, leur éloquence, leurs décorations, leurs splendeurs diverses, si elles n'avaient pour résultat de pousser les multitudes à la Sainte-Table et de leur faire goûter en Dieu tous les ravissements de ces fêtes elles-mêmes?

A 9 heures, parmi les miroitements des chapelles et les chatoiements des chapes d'or, au milieu des pompes ordinaires de notre liturgie catholique, un orchestre fort nourri et des masses chorales splendides ont exécuté avec un magnifique ensemble la messe impériale à quatre voix d'Haydn. Pas une fausse note, pas une hésitation, mais un ensemble qui ferait honneur aux plus anciennes sociétés. C'est à M. Charreire que revient la belle part d'une exécution si soignée et si parfaite.

Le soir, aux vêpres, solennellement chantées en faux bourdon, l'affluence fut encore plus grande que les jours précédents. A l'heure du salut, la cour de l'Evécaud, nous l'avons dit, dut donner asile à près de trois cents personnes qui n'avaient pu trouver place dans l'église. Jamais, à aucune de nos grandes solennités, nous n'avions vu les chapelles, le pourtour du chœur et les nefs latérales envahies comme elles l'ont été dimanche soir. La parole éloquente du R. P. Matignon est venue cette dernière fois, célébrer les gloires, les vertus et les mérites du Bienheureux de La Salle.

L'homme et *l'œuvre*, telle est la division adoptée par le

Révérend Père : quel fut cet homme ? Un homme choisi de Dieu, que Dieu prépare à son insu, pour une grande œuvre, un homme qui répond à Dieu, qui se livre tout entier à cette œuvre, qui l'établit sur des bases solides et durables. Mais quelle est cette œuvre ?... L'œuvre des petits et des pauvres, l'œuvre de l'éducation chrétienne de l'enfance.

L'auditoire est resté une heure durant, sous le charme de cette parole, abondante et sobre à la fois, vive et pénétrante en ses accents, toujours contenue et admirablement maitresse d'elle-même. Le pieux et vénérable religieux possédait son sujet, mais le sujet aussi possédait son âme, et la bouche parlait, c'est vrai de le dire, et l'auditoire le sentait, de l'abondance du cœur :

Nolite timere, ego pascam parvulos vestros. Ne craignez point ; je serai le guide et le nourricier de vos petits enfants.

(GEN. I. 21).

MESSEIGNEURS [*]

Il y a toujours un tressaillement de joie dans l'Eglise lorsque le nom d'un de ses enfants vient à être inscrit au livre d'or des Bienheureux. C'est une gloire nouvelle pour la chrétienté, c'est un patronage de plus assuré aux fidèles ; c'est un signe de paix qui brille au ciel et c'est une source de grâces qui s'ouvre sur notre terre ; rien donc de mieux motivé que les fêtes et les démonstrations religieuses qu'on voit alors se produire et se multiplier. Partout où elle se révèle, la sainteté répand un vif éclat. De même qu'elle est l'ornement de la Cité d'en haut, de même aussi le pays qui l'a donnée au monde a bien droit de la regarder comme le plus beau fleuron de sa couronne.

Mais si le personnage qu'on célèbre se survit à lui-même dans une œuvre d'un intérêt universel ; s'il a laissé après lui une nombreuse famille s'inspirant de sa pensée, continuant à exercer son action, de telle sorte que les multitudes bénéficient de cette influence et lui doivent, en grande partie, la foi qu'elles ont conservée ; on conçoit combien le

[*] NN. SS. l'Archevêque de Bordeaux, les évêques d'Angoulême, d'Agen et de La Rochelle. — Ce discours a aussi été donné à Limoges.

sentiment éprouvé par elles doit être plus vif, plus profond ; ce ne sera plus seulement une manifestation d'allégresse, mais bien une expression de piété filiale et de commune reconnaissance.

En effet, certains saints, outre l'éclat des vertus qui forment leur parure, ont pour eux d'avoir été des hommes providentiels. Venus à leur heure, non sans un dessein particulier de la divine miséricorde, ils résument, pour ainsi dire, la réponse du ciel aux *desiderata* de leur époque ; il représente, en quelque sorte, une fonction de l'Église, puisque leur vie et leurs travaux expriment les sollicitudes qui remplissent le cœur de cette divine mère et les tendresses dont elle entoure ses enfants. Quand ces tendresses ont pour objet les plus petits ; quand le héros qu'on glorifie n'a su que répéter avec le Maître : *Sinite parvulos venire ad me*, laissez venir à moi les plus faibles et les plus délaissés de la grande famille, quels souvenirs touchants son nom seul n'éveillera-t-il pas dans nos esprits ? D'ailleurs ce n'est point l'homme du passé ; une intuition surnaturelle lui a fait deviner les nécessités de l'avenir ; en reparaissant au milieu d'une époque travaillée des mêmes préoccupations qui remplirent sa vie, il lui apporte une solution anticipée du problème qui se pose devant elle ; d'avance il a bâti l'asile dont elle a besoin pour abriter ce qu'elle a de plus précieux, je veux dire les jeunes générations sur lesquelles repose son espoir.

Voilà, si je ne me trompe, un des caractères particuliers que présente cette béatification. Telle étoile que nous voyons au ciel, semble n'y être qu'un simple ornement ; elle disparaîtrait sans troubler la beauté générale de l'immense sphère ; au contraire, cette autre forme le centre d'un vaste système, vous ne pourriez la supprimer qu'elle n'entraîne avec elle toute la constellation à laquelle elle appartient et ne laisse dans la voûte azurée un vide considérable. O Bienheureux Jean-Baptiste, vous vous révélez aujourd'hui comme ce noyau fécond et radieux ; vous m'apparaissez aujourd'hui comme un foyer ardent d'où jaillit une multitude de points lumineux répandus dans l'espace. De vous comme de votre glorieux patron on peut dire : *lucerna ardens et lucens*, votre lumière est chaude autant qu'elle est brillante. Puisse notre siècle ne pas imiter ces Juifs superbes qui, tout en reconnaissant la sainteté du Précurseur, repoussaient sa personne et refusaient obstinément de se faire ses disciples !

Monseigneur, c'est vous qui avez pris l'initiative de cette grande solennité. Outre le désir de glorifier un fils de notre France devenu un de ses protecteurs, il vous a semblé que rien n'était plus propre à exprimer un double sentiment de votre cœur pastoral, je veux dire, d'une part, l'amour des classes populaires qui forment une si grande portion de votre troupeau ; et d'autre part, le zèle pour l'éducation chrétienne qui a été l'œuvre de Jean-Baptiste de La Salle. Vos frères dans l'épiscopat, en répondant à votre appel, montrent bien qu'ils s'associent à cette sainte pensée. En leur personne et en la vôtre, c'est toute la Province ecclésiastique de Bordeaux qui témoigne hautement de ses sympapathies et de ses sollicitudes pour un si grand objet. En attendant qu'une voix plus autorisée (1) vienne nous donner le dernier mot de ces manifestations, je m'efforcerai d'apporter à la grande cause mon humble tribut, au Bienheureux mon humble hommage.

Nous avons, mes frères, à considérer l'homme et l'œuvre, ou si vous aimez mieux, le Saint et l'Institut dont il est l'auteur. Des deux côtés vous remarquerez le même caractère, je veux dire l'absence presque complète de tout ce qui est terrestre et humain. La créature s'efface, l'industrie personnelle disparait ; seule la main de Dieu se montre conduisant toutes choses par des voies dont elle a le secret. Parmi toutes les biographies des fondateurs d'Instituts religieux, il n'en est peut-être pas une où cette marche de la Providence soit aussi pénible ; et c'est ce que je tiens surtout à signaler en celui que nous honorons.

I.

Dieu emploierait plus souvent les hommes à l'accomplissement de ses desseins, s'il ne trouvait en eux des obstacles qui s'y opposent. L'entière élimination de ces obstacles est une œuvre de longue haleine, hérissée de mille difficultés. Outre qu'elle ne peut s'accomplir qu'avec la coopération de la volonté créée, elle suscite de sa part d'énormes répugnances. C'est un travail de destruction, j'allais presque dire de démolition qu'on lui propose ; il faut jeter à bas la vieille masure de la vie naturelle, pour y substituer graduellement l'admirable construction que la grâce a entreprise : si celle-ci arrive à s'achever, elle atteindra de si vastes proportions et présentera parfois un style si différent du premier, qu'on aura peine à y rien reconnaître de ce qui lui a servi de point de départ. Vous faire assister à cette tranformation dans ses détails, ce serait retracer toute l'histoire du Bienheureux. Bornons-nous à indiquer quelques-unes des grandes lignes du monument que la divine sagesse a voulu nous montrer dans sa personne.

Au début que voyez-vous ? Un jeune homme de famille distinguée, élevé dans toute la délicatesse ordinaire à sa condition, et jouissant d'une belle fortune. Il a embrassé la carrière ecclésiastique et se trouve à seize ans pourvu d'une dignité qui lui donne place dans cet illustre chapitre de Reims, d'où sont sortis une foule de prélats, de nombreux cardinaux et même quatre Souverains Pontifes. Il aime l'étude et en attendant une palme plus brillante, il a conquis avec grande distinction le grade de

(1) Mgr Besson, évêque de Nimes, devait prêcher le lendemain.

Maître-ès-arts. Pieux du reste et régulier dans sa conduite, il a puisé au séminaire de Saint-Sulpice l'esprit de ferveur qu'on respire parmi les dignes enfants d'Olier. Que ne pourra point attendre de lui l'Eglise, qui lui réserve sans doute ses charges les plus hautes ; et que ne s'en promettra point sa famille dont il s'annonce comme devant être le soutien et l'honneur ?

Ce sont les pensées des hommes ; mais Dieu a des desseins tout différents. Si le Bienheureux les connaissait déjà, il pourrait lire avec saint Paul : *Quæ mihi fuerunt lucra hæc arbitratus sum propter Christum detrimenta* (1). Ce qui m'était avantageux selon le siècle, je l'ai regardé comme un détriment par amour pour le Christ. Ces visées providentielles lui sont encore cachées, et c'est miséricorde ; car il serait épouvanté de l'âpreté du chemin à suivre. Toujours est-il qu'il lui faudra voir tomber pièce à pièce, ou plutôt qu'il devra renverser lui-même de ses propres mains cet édifice de fortune terrestre qui promettait de s'élever à son profit. Dans la ruine de ses espérances mondaines se révèlera peu à peu toute la grandeur de son caractère.

Personne moins que lui ne pensait à s'occuper de l'éducation des enfants pauvres. Il était encore bien plus éloigné de songer à créer un Institut dans ce but. Il est vrai que le délaissement et l'ignorance où l'on voyait croupir ces légions innombrables de petits garçons appartenant à la classe indigente frappait les meilleurs esprits. Des chrétiens généreux commençaient à s'en émouvoir, entre autres une illustre convertie, parente de Jean-Baptiste, qui non contente d'une école ouverte dans la ville de Rouen, voulait tenter un établissement semblable dans celle de Reims. C'est ainsi que pour la première fois le jeune et brillant chanoine se trouve face à face avec cette question. Dieu jette, en quelque sorte, sur sa route le difficile problème qu'il est appelé à résoudre.

Tant s'en faut qu'il soit disposé à en prendre sur lui la solution. Il n'éprouve, au contraire, pour cette œuvre que la répulsion la plus prononcée. Vivre avec les instituteurs, hommes simples qui n'ont ni son éducation, ni ses habitudes d'esprit ; à plus forte raison échanger ses occupations intellectuelles contre les leurs, lui semblerait un supplice intolérable. Puisqu'ils sont sans ressources, il veut bien leur louer une maison ; même il prendra soin de leur faire porter chaque jour leur modeste nourriture. Gardez-vous de lui demander en ce moment un pas de plus ; ce serait dépasser sa grâce de l'heure présente. Deux années s'écouleront ainsi, pendant lesquelles la science dont il aura fait preuve en obtenant le titre de docteur, va creuser entre eux et lui un abîme plus profond encore. Car les doctes, dans l'Eglise, n'ont-ils pas mieux à faire que de frayer avec les ignorants ? Ont-ils recueilli des trésors de doctrine pour les enfouir en des fonctions vulgaires ?

(1) Phil. III. 7.

Lors même qu'il ne se formulerait pas ses objections, le monde les lui fait assez entendre. Malgré le secret dont il s'est entouré, surtout au début, ses relations avec la nouvelle école ont transpiré, et tout aussitôt on a vu se dresser une opposition formidable parmi ses proches et ses collègues. Ces fréquentations sont indignes de lui; cette œuvre l'avilit, le rabaisse ; il se doit à sa famille, à la dignité dont il est revêtu ; l'Eglise et sa maison sont également compromises par les emplois humiliants auxquels il ne craint pas de se mêler.

Ainsi autrefois Gerson, chancelier de l'Université de Paris, s'étant mis à faire le catéchisme aux enfants du peuple, avait vu s'élever contre lui tous les membres de la docte assemblée. Il s'était contenté de leur répondre : « Si le Roi m'avait nommé précepteur du Dauphin, vous vous en tiendriez fort honorés. Comment donc estimer à déshonneur que je m'emploie près de ceux qui ont pour père le Maître Souverain de tous les monarques de ce monde. »

La foi inspirait à l'abbé de La Salle les mêmes sentiments. C'est d'ailleurs le propre des nobles âmes de s'affermir dans leurs idées justes et grandes, à mesure qu'elles sont contredites ou en butte à la raillerie. Toutefois avant de se consacrer à l'entreprise où Dieu le veut, que de difficultés le Bienheureux aura encore à surmonter !

Une des principales est son attrait pour la prière. Comme membre du Chapitre, sa place est au chœur ; l'office public est pour lui un de ces devoirs d'état qui priment tous les autres. Or, ces heures consacrées à louer Dieu lui sont douces, tandis qu'il n'éprouve que de l'horreur pour la distraction des affaires. Se perdre dans le dédale d'une administration, fût-elle même purement spirituelle, est antipathique à sa nature. Qu'on le laisse au suave repos de ses communications avec le Ciel ! Jusqu'à la fin de sa vie il regrettera de ne pouvoir se livrer tout entier à ce sommeil réparateur de l'oraison, d'où les âmes sortent vivifiées ; et plus d'une fois on le verra secouer le joug des relations multiples pour se plonger dans cet élément sans lequel il ne peut vivre, incapable qu'il est, dit un de ses vieux biographes, *de se désoccuper de Dieu*. Dans un séjour qu'il fait chez les Chartreux, cet attrait vainement comprimé se réveille ; il envie ces cellules silencieuses, vides de toute sollicitude terrestre et hantées seulement par l'hôte divin qui vient y visiter ses serviteurs. C'est là qu'il voudrait rester toujours ; et il faut que le Prieur du monastère l'en écarte en quelque sorte violemment en l'avertissant que sa place est dans la vie active.

Que signifie cette souffrance ? Si sa mission n'est point de s'ensevelir vivant dans l'heureux sépulcre de la contemplation, d'où viennent ces désirs passionnés ? et pourquoi la grâce le fait-elle soupirer après le désert, en même temps qu'elle sonne la charge et l'appelle au champ de bataille.

Mes frères, il n'y a point de contradiction entre les dons de Dieu.

Dans ce qu'il confère à l'homme prédestiné, rien qui ne se rapporte aux desseins qu'il a formés sur lui. C'est la prière, en effet, qui sera la vie de l'œuvre. Tout autre fondement qu'on chercherait à lui donner serait impuissant à la soutenir. Ils le savent, ces dignes fils du Bienheureux qui, depuis quelques années surtout, font tant d'efforts pour allumer la flamme sacrée dans le cœur de leurs frères. Oui, vous avez raison, disciples et successeurs de Jean-Baptiste ; car si cet esprit venait à s'affaiblir, vous n'auriez plus qu'un corps dont l'âme serait absente. Vous pourriez encore être d'habiles instituteurs, vous ne seriez plus les légitimes enfants de celui que nous vous félicitons d'avoir pour père.

Avant d'acquérir cette paternité, l'abbé de La Salle devra sacrifier le bénéfice ecclésiastique dont il est en possession. Cette dignité ne cadre guère avec l'humble ministère qu'il va adopter ; ses collègues, nous l'avons dit, ne supportent qu'avec peine l'association de ces rôles disparates ; il y a incompatibilité entre les devoirs qu'imposent chacun d'eux. Mais se démettre de son canonicat, c'est briser d'un seul coup tout son avenir. L'Archevêque de Reims s'en rend compte, il résiste, il refuse ; ce n'est qu'en revenant à la charge et en multipliant ses supplications que le Bienheureux arrive à son but. Lorsque enfin, à force d'insistances il est parvenu à résigner sa dignité, non pas à son frère, comme la famille le demande, mais à un jeune ecclésiastique de grande espérance et peu fortuné, il se félicite de son dépouillement comme d'une bonne fortune, et vient avec ses frères entonner le *Te Deum*. A vrai dire, ce chant de victoire n'a jamais été mieux à sa place ; car ce qui vient de s'accomplir est le triomphe d'une vocation sainte sur toutes les aspirations terrestres.

Celui qui l'a remporté est-il désormais assez amoindri pour que Dieu trouve en lui son instrument ? Non, pas encore. Il lui reste un patrimoine qui crée pour lui l'aisance et même la richesse. Apparemment cette ressource sera bien opportune pour une communauté née dans le dénûment, qui n'a ni un toit pour s'abriter, ni un morceau de pain pour se nourrir. Tout au contraire c'est un embarras et un obstacle. Jésus-Christ disait : « Les renards ont leurs tannières, les oiseaux du ciel leurs nids ; le Fils de l'homme n'a pas où reposer sa tête 1. » A cet exemple toutes les œuvres vraiment fécondes dans l'Église ont pris pour point de départ la pauvreté. Tant que la fortune héréditaire est entre les mains du Bienheureux, la fusion ne s'opère pas entre lui et les instituteurs ; trop de distance les sépare pour qu'ils forment une seule famille. Il s'en aperçoit et n'hésite plus. Bientôt vous le verriez environné d'indigents aux pieds desquels sa foi l'a prosterné à deux genoux, leur distribuant ses biens et leur sacrifiant jusqu'à sa dernière obole.

(1 Vulpes foveas habent et volucres cœli nidos ; Filius autem hominis non habet ubi caput reclinet. [Matth. VIII, 20.]

Alors du moins il pourra s'écrier avec le Roi-prophète : *Dirupisti vincula mea*, Seigneur, vous avez brisé tous les liens qui pouvaient me retenir (1). Et de fait, cherchez à l'extérieur, à quoi pourrait-il encore être attaché ? Mais quand l'homme a abandonné toutes ces choses du dehors, il demeure avec lui-même, je veux dire avec sa nature qui se dresse en ennemie, avec ses attraits charnels ou trop humains qui s'insurgent contre l'Esprit de Dieu. L'œuvre d'affranchissement doit être reprise à frais nouveaux ; la guerre à entreprendre sera d'autant plus pénible que sur le terrain où elle sera transportée les vaincus se relèvent plus audacieux, et que les morts eux-mêmes renaissent de leurs cendres. Vous qui jusqu'à ce jour viviez dans l'abondance et les délicatesses mondaines, vous accommoderez-vous, dites-moi, de ce vêtement grossier dont la forme toute seule devient un sujet de risée pour la foule ? Supporterez-vous l'étroitesse de ce logement insalubre ? Surtout saurez-vous bien vous faire à cette table de la vie commune qui ne vous offrira rien que de répulsif ? Le sens humain se révolte. Les organes mêmes se refusent à un tel changement d'habitudes. Il faut que le Bienheureux engage contre son corps un combat désespéré, où la nature agonisante oppose longtemps ses fins de non recevoir, je veux dire ses malaises, ses souffrances. Mais en vain elle plaide sa cause au nom d'une nécessité impérieuse, bon gré, mal gré elle doit accepter le régime qu'on lui impose et la loi qui lui est dictée. Tout cet ensemble de vie humble et austère sera le résultat de luttes prolongées dont Dieu seul connaît l'étendue et le mérite. Des pénitences s'y ajoutent dont je vous épargne le tableau de peur de vous faire frémir.

Vous le voyez, la grâce gagne du terrain car elle occupe peu à peu tout l'espace que les sens ont été contraints d'abandonner. Vous diriez une marée montante recouvrant par degrés un rocher qui émergeait au milieu des flots. Arrivera-t-elle enfin à en faire disparaître la cime ?

Lorsque la vie naturelle a été chassée de toutes les autres positions, il arrive assez souvent qu'elle se réfugie tout entière en certaines idées ou en certains desseins d'où il semble impossible de la déloger. C'est du moins son dernier retranchement, plus fort et plus difficile à prendre que tous les autres. Comment renoncer à sa manière de voir ou de faire, surtout lorsqu'elle n'a rien que de sage, de saint, de parfaitement raisonnable ? Et pourtant si l'œuvre que Dieu a en vue doit s'accomplir, ce ne sera qu'à la condition de trouver un instrument parfaitement souple sous sa main. Il lui faudra un homme absolument dégagé de lui-même et de sa pensée personnelle ; un homme tellement élevé au-dessus de toutes les impressions de la nature qu'il supporte sans fléchir, et presque sans être ému, toutes sortes de contradictions et de persé-

(1) Ps. cxv, 16.

cutions ; un homme qui puisse dire avec le prophète qu'il a donné à son visage et à son front l'insensibilité de la pierre (1). Les insultes et les calomnies pourront pleuvoir sur lui sans qu'il y prenne garde. Son attitude devra rester calme quand il se verra attaqué au dehors, méconnu et peut-être méprisé au-dedans ; lorsque les protecteurs se changeront en adversaires, que les pouvoirs ecclésiastiques s'uniront aux pouvoirs séculiers pour renverser ses fondations, qu'il sentira le sol se dérober sous lui, et que les colonnes mêmes de son Institut tomberont l'une après l'autre. S'il vient encore une heure où renié des siens et abandonné de tous, il en soit réduit à errer sans asile, mendiant auprès des étrangers, un asile qu'il ne trouve plus auprès de ses propres enfants, son courage devra se montrer constamment à la hauteur des adversités les plus cruelles.

Ne nous étonnons point qu'avant de l'y soumettre Dieu jette la sonde dans le cœur du Bienheureux, comme autrefois en celui de Pierre, pour mesurer la profondeur de son amour. Lui-même, dans les derniers temps, jetant un regard rétrospectif sur cette interminable série d'épreuves, déclarera franchement que s'il en avait connu dès l'abord toutes les horreurs, jamais il n'aurait osé s'engager dans une voie semée de tant d'épines. Et remarquez qu'au milieu de ces assauts il ne lui suffira pas de garder la résignation. La sainteté qu'on lui demande exige autre chose ; il doit être comme ces montagnes dont les flancs sont battus par les ouragans, dévastés par les avalanches et les torrents impétueux, tandis que leurs sommets situés au-dessus des nuages baignent dans une lumière toujours limpide, toujours pure. Un des caractères de cette âme supérieure sera sa perpétuelle sérénité. Que ses espérances soient déçues, que ses établissements croulent, que lui-même se voie abreuvé d'opprobres et de tristesses ; son horizon ne doit point s'obscurcir, parce qu'il ne lui montre d'autre perspective que la volonté de Dieu adorable en toutes choses. Si complexe que soit la situation, il aura là un fil directeur qui l'aidera à se retrouver ; si accablantes que puissent être les péripéties de son existence, là s'ouvre pour lui une source de joie que rien ne saurait tarir. C'est pourquoi le jour lui semblera encore radieux lorsqu'il se sera changé en ténèbres ; et jamais on ne le verra marcher plus à l'aise qu'à travers les tempêtes déchaînées contre son entreprise.

D'ailleurs, son programme est bien simple : Ne point résister, ne pas même essayer de se défendre. David a fui devant un fils révolté qui le dépouillait de tout ; ainsi le saint Instituteur ne saura que se dérober et disparaître devant ceux qui en veulent à ses maisons ou à sa personne. Que lui importe que cet abandon donne des armes contre lui, qu'on l'accuse parfois de déserter son poste ? Le blâme des hommes ne lui est rien

---

(1) (Is. L. 7) Posui faciem meam ut petram durissimam.

au prix de la paix à conserver entre les serviteurs de Dieu. Il n'a d'attache ni à ses idées ni à ses œuvres. Que dis-je ? il est profondément convaincu que tout le mal vient de lui seul, que tout autre ferait mieux à sa place, que son incapacité est l'obstacle à cette gloire du Seigneur qu'il s'agit de procurer. Ce sont ses ennemis qui ont raison ; lors même que sa conscience lui fait un devoir de ne pas céder à leurs exigences, loin de se plaindre d'eux ou de les haïr, il les estimera et les aimera encore davantage.

Les grandes âmes se rencontrent dans ces sphères si élevées au-dessus d'un mesquin égoïsme. Sainte Thérèse disait : Non seulement je n'ai aucune pensée défavorable de ceux qui parlent mal de moi, mais il me semble que je conçois pour eux un redoublement d'affection. » Le soin même de leur propre justification les trouve insensibles. Peut-être un mot suffirait pour faire évanouir les préventions ; elles préfèrent ce silence divin que le Maître garda au cours de sa Passion douloureuse ; silence, disons-le, parfois plus éloquent et persuasif que des réfutations péremptoires. Il arriva que des esprits droits, mais égarés à l'endroit du Bienheureux, en furent si frappés que leurs dispositions hostiles se changèrent aussitôt en admiration. C'est qu'ils avaient reconnu l'indice non suspect de l'humilité véritable.

L'humilité, c'est le trait caractéristique que devait présenter la physionomie de Jean-Baptiste de La Salle. Après avoir foulé aux pieds tous les avantages humains, il fallait qu'il pût dire avec l'Apôtre qu'il se plaisait dans ses abaissements. Se repaître des opprobres avec autant de délices, que d'autres savourent la gloire humaine ; soupirer après les revers avec autant d'ardeur que d'autres souhaitent la réussite ; telle était, pour ainsi dire, la tendance de son esprit et sa loi. Ce n'étaient point les déceptions qui l'effrayaient, seule la prospérité lui faisait peur ; et si jamais elle paraissait lui sourire, il annonçait de grands désastres qui, de fait, ne tardaient guère à justifier ses prévisions. Aussi aimait-il mieux marcher au milieu des contradictions, ce chemin lui semblant à la fois et plus doux et plus sûr. Il pouvait encore faire sien ce mot de la grande fondatrice du Carmel : « J'ai appris par expérience que le seul moyen de ne pas défaillir est d'accepter la croix et d'avoir confiance en Celui qui y a été cloué et dépouillé de tout. »

Mais je vous entends me demander si un homme tellement mort à lui-même sera bien en état de comprendre les faiblesses des autres et d'y compatir. Une vertu si éminente n'élèvera-t-elle pas entre ses frères et lui une barrière en quelque sorte infranchissable ? Ne craignez rien de pareil. Ce qui nous rend intolérants et peu sympathiques, c'est l'amour déréglé que nous nous portons à nous-mêmes. A mesure qu'un homme sait s'affranchir de soi, il devient plus aimable au prochain ; personne qui soit plus indulgent que les Saints ou qui exerce une attraction plus irrésistible. Le Bienheureux était pour ses frères un père plein de condescendance, que sa tendresse n'aveuglait pas sur leurs défauts, mais qu'elle rendait sensible à leurs souffrances et attentif à leurs besoins. Aussi sa famille spirituelle lui était-elle étroitement attachée. On le vit bien lorsqu'on essaya d'y établir un autre gouvernement. Plus on s'efforçait de séparer de lui ses enfants, plus ils se cramponnaient pour ainsi dire à sa direction; et s'ils furent enfin contraints d'accepter temporairement un autre supérieur, jamais ils ne consentirent à connaître un autre père.

Vous le voyez, le miracle de transformation opéré par la grâce est complet. Certes, il y a loin de ce jeune homme régulier et pieux, mais partageant les idées du monde et souriant à l'avenir brillant qui s'ouvre devant lui, à ce pauvre volontaire qui, après avoir renoncé à tout le reste, a fini par se dépouiller de sa propre personnalité. Pour arriver à cette sorte d'anéantissement les étapes ont été longues, le voyage rude et difficile. C'est par degrés qu'on avance dans cet âpre sentier ; et bien peu de chrétiens sont de force à le suivre dans toute son étendue. Le Bienheureux de La Salle l'a parcouru en entier ; c'est le serviteur fidèle, oublieux de lui-même, de ses propres intérêts, de son repos, de son honneur selon les idées du monde, indifférent à tout ce qui le concerne, avide seulement de la gloire de son Maître. Seigneur, je ne craindrai point de dire que vous avez enfin trouvé un homme selon votre cœur, un serviteur qui accomplira toutes vos volontés. Si donc il y a quelque œuvre importante à susciter dans votre Église, ne craignez point de le choisir comme instrument pour l'entreprendre. Nul n'est plus propre à seconder vos desseins, car on ne saurait rencontrer sur cette terre une âme aussi dégagée de toute vue personnelle.

II.

L'Église est la grande créatrice de l'instruction populaire. Notre siècle s'imagine avoir inventé l'enseignement gratuit et universel. Le Christianisme dès son berceau l'avait devancé dans cette voie ; car si haut qu'on remonte vers ses origines, on trouve des écoles où étaient admis sans distinction les fils des chrétiens. Dans les temps modernes le Concile de Trente avait recommandé cet important objet à tous les évêques. Sous son inspiration, des efforts généreux avaient été tentés. Il est vrai de dire néanmoins qu'à la fin du XVIIe siècle il restait encore beaucoup à faire, si l'on voulait atteindre tous les enfants appartenant aux familles déshéritées des biens de ce monde.

L'œuvre présentait des difficultés qu'il serait inutile de dissimuler ; elle exigeait de ceux qui devaient s'y consacrer une vertu qui s'élevât bien au-dessus de toutes les considérations naturelles.

En effet, mes frères, rien de plus modeste que les fonctions auxquelles ces hommes auraient à s'astreindre. Celui qui a conscience de sa capacité, qui se sent du savoir-faire pour discipliner et former les jeunes recrues du travail intellectuel, aura vraisemblablement l'ambition fort légitime de conquérir dans cette milice un avancement mérité. L'immobiliser dans les grades inférieurs, l'enfermer pour toute sa vie dans la sphère étroite des notions élémentaires, en ne lui laissant d'autre perspective que de recommencer à parcourir sans fin la série monotone des mêmes exercices : n'est-ce point vouloir le décourager, le dégoûter d'une profession dépourvue d'avenir ?

D'autant plus que le labeur est dur, la vie rude et épuisante pour ce maître condamné à siéger tout le jour en face d'un auditoire nombreux, souvent à peine dégrossi, dont il faut fixer l'attention en dépit de sa mobilité naturelle, auquel il faut faire aimer l'étude malgré l'amertume inséparable d'une première initiation. Que la surveillance se relâche, que les méthodes laissent à désirer, on doit s'attendre à des échecs capables de rebuter les plus vaillants.

En outre, pour travailler utilement à la formation de l'enfant, il faut le connaître, il faut l'aimer. Ne touchez pas à cette chose sainte qui s'appelle la jeunesse, que vous n'ayez préalablement purifié votre cœur, et que vous ne sentiez dans vos entrailles ce tressaillement de l'amour qui constitue la vraie paternité.

L'entreprise ne saurait réussir qu'à la condition de trouver des dévouements désintéressés qui ne demandent ici-bas aucune récompense. Tout sera compromis le jour où certains contacts avec le dehors auront introduit parmi les instituteurs je ne sais quel esprit séculier, incompatible avec l'esprit de sacrifice absolu que leur vocation exige. Le danger est là. Une pareille œuvre demande des âmes fortement trempées, inaccessibles aux considérations mondaines. Ce ne sera pas trop d'un lien religieux pour les maintenir dans l'amour de leur état ; seule la discipline austère de la vie commune les mettra dans le dégagement qui convient à leur tâche. D'ailleurs, si l'on veut opérer sur une vaste échelle, il est nécessaire de former un corps compact, recruté avec soin, puis formé de manière à devenir complètement homogène. C'est une armée sainte à lever, puisqu'en effet il s'agit d'une croisade pacifique et féconde à laquelle le pays est attaché. Où êtes-vous preux chevaliers qui ferez partie de cette milice ? Du moment que vous prétendez vous enrôler sous cet étendard, sachez bien qu'il vous faut renoncer aux satisfactions qui séduisent les hommes ; la pauvreté sera votre condition ; une vie chaste et sevrée de plaisir la loi de votre engagement ; souples sous la main d'un chef vous ne connaîtrez plus que votre consigne et votre poste. A ce prix seulement vous pouvez espérer de faire reculer l'ignorance, et d'ouvrir de nouvelles voies à la civilisation évangélique.

N'allez pas vous imaginer, mes frères, que ce plan soit sorti tout d'une pièce du cerveau de notre Bienheureux. S'il en était ainsi, vous pourriez croire qu'il est le fruit de son génie, et par conséquent une conception humaine. Non, l'idée se révèle à lui peu à peu ; elle s'élabore et se développe lentement. Ce sont des circonstances successives qui la font naître et grandir, bien plutôt qu'une intuition spontanée. Cela signifie que Dieu même a pris en mains la direction de l'entreprise. Quant au fondateur, à moitié inconscient, souvent même à demi opposé, il est mené plus qu'il ne mène ; c'est la Providence qui le conduit plus sûrement et plus droit que ne pourraient faire ses propres lumières.

Vous l'avez vu prenant tout d'abord en pitié quelques instituteurs qu'on lui a adressés et qui meurent de faim ; après les avoir assistés de ses deniers, il finit par les faire venir près de lui et les loger dans sa maison ; puis le voilà qui devient l'un d'entre eux, suivant leur genre de vie et partageant leurs exercices. Le jour approche où il leur proposera de se consacrer par des vœux au but qu'ils poursuivent ; mais pour procéder avec prudence, l'engagement ne sera d'abord que d'une année ; c'est plus tard que viendront des promesses de stabilité qui embrasseront l'avenir.

De même la règle assignée à ce nouveau bataillon n'est point d'un seul jet ni, pour ainsi dire, d'une seule coulée. Pas un détail qui n'ait germé comme de lui-même à la suite de longues expériences. En souvenir du collège apostolique, douze frères des plus fervents ont été réunis dans un cénacle où ils ont, pendant dix jours, suivi une retraite prêchée par le Bienheureux. De cette solitude sanctifiée sortent les Constitutions de la Congrégation nouvelle. C'est la seule chose à laquelle tienne Jean-Baptiste de La Salle. Que ses écoles disparaissent, que les fondations les plus solides soient détruites, il n'en sera point ébranlé ; mais qu'on ne lui demande pas de modifier un seul point de la règle qu'ont adoptée ses enfants.

On raconte que Michel-Ange, après avoir jeté si hardiment dans les airs le dôme de Saint-Pierre de Rome, restait parfois soucieux en pensant à la manie de changements qui travaillent certains esprits. « Quelques retouches que l'avenir fasse subir à mon œuvre, disait-il, il en est une qui doit rester à jamais interdite. Que jamais aucune main ne soit assez téméraire pour entamer les quatre piliers massifs qui supportent l'immense coupole. » La solidité du monument était à ce prix. Ainsi pensait le Bienheureux de cet autre édifice que, Dieu aidant, il avait élevé. Tant que la règle serait intacte, il demeurerait debout ; et c'est parce qu'on l'a toujours respectée que l'Institut a tenu ferme à travers toutes les tempêtes.

Les tempêtes agitent toute la vie du Fondateur. Les oppositions qui se dressent contre lui sont si puissantes si universelles qu'à chaque instant la frêle nacelle qu'il dirige paraît sur le point de sombrer entièrement. Pas un point de l'horizon d'où ne se lève un vent contraire. C'est d'abord la conspiration des *Maîtres d'école* et de ceux qu'on appelle *Écrivains* ; ce qui veut dire la ligue de tout l'enseignement laïque primaire. Certes, les Frères ne faisaient aucun tort à ces instituteurs, puisque laissant de côté la classe payante, ils n'appelaient à leurs leçons que les fils des indigents. Il n'importe ; de toutes parts les réclamations se font entendre et les assignations sont lancées. Toutes les juridictions ont été saisies à la fois. Après d'interminables procès qui durent quinze années entières, une décision est portée, telle qu'on en voit encore de nos jours, je veux dire contre le droit et la liberté de bien faire. Défense à ces hommes zélés d'exercer leur dévouement en se consacrant aux enfants du peuple. On eût dit que Paris et la France s'obstinaient à rejeter de leur sein le seul remède qui pût les guérir ; l'œuvre de salut était proscrite ; l'arbre planté par la Providence était déraciné avant d'avoir pu donner ses fruits.

Mais ce n'était là que le prélude des douleurs, *initia dolorum* (1). Que les passions séculières s'insurgent contre l'entreprise du Bienheureux, c'est la fatalité des choses humaines, à laquelle on se flatterait vainement d'échapper. Combien seront plus sensibles les oppositions qui lui viendront de ses amis, qui partiront du sanctuaire ! Des hommes qui s'étaient d'abord déclarés ses protecteurs ont changé tout à coup ; les ministres de l'autel se tournent contre lui : ses supérieurs hiérarchiques sont les premiers à le combattre. Qu'est-ce à dire ? Ne sont-ce pas des personnages vertueux, éclairés ? N'ont-ils pas applaudi à ses efforts, parfois réclamé ses services ?

Sans doute ; mais chacun entend l'œuvre à sa façon, et il n'est point de modification qu'on n'y veuille introduire. A celui-ci le costume déplait ; à cette autre la règle paraît trop sévère ; tel allègue que les frères sont changés trop souvent ; au lieu d'un corps compact et homogène, plusieurs ne voudraient que des membres épars, sans lien qui les unisse. L'administration du Bienheureux est censurée, on discute son gouvernement ; après l'avoir représenté comme incapable, on en vient à fomenter parmi les siens le mécontentement et l'esprit de révolte. Dire que parmi un grand nombre d'hommes assujettis à une vie si contraire à la nature, ces perfides insinuations ne seront jamais accueillies, ce serait assurément méconnaître la faiblesse humaine. En quelque lieu qu'il aille, le Fondateur sent que des mines souterraines ont été creusées sous ses pas ; déjà plusieurs explosions partielles se sont produites, et à un moment donné tout fait prévoir pour l'Institut une ruine générale.

Dirai-je les épreuves d'argent, la pénurie extrême de plusieurs maisons, le danger où se voient plus d'une fois les frères de mourir de faim ?

(1) Matth. XXIV. 8.

Les espérances un instant conçues se tournent en désastres. En face d'un cataclysme imminent, Jean-Baptiste de La Salle voit de plus son honneur atteint, son nom momentanément compromis, sans qu'il ait à se reprocher la plus légère imprudence. Ainsi les souffrances les plus poignantes fondent sur lui de tous côtés ; elles semblent s'être donné le mot pour le plonger dans une mer immense d'amertume. Ajoutons les tentatives de cette hérésie tortueuse qui désolait alors la France. Quelles couleurs hypocrites ne se donna pas le serpent, dans quels replis d'offres astucieuses et de mielleuses propositions ne s'efforça-t-il point d'envelopper le Bienheureux, au moment même de sa plus grande détresse. Ces avances énergiquement repoussées se transformèrent en une haine implacable. La persécution sévit alors avec une nouvelle fureur. A voir le pauvre navire ballotté par tous ces flots prêts à l'engloutir, on se demande où est le vaillant capitaine qui devait guider sa marche.

Le dirons-nous ? Il s'est dérobé, non pour fuir le naufrage, mais parce que son humilité lui a persuadé qu'il était la seule cause de la tempête. Le nouveau Jonas s'est jeté lui-même à la mer. Il part sans laisser de trace de ses pas, il va au loin chercher un ciel plus clément, quitte à y rencontrer encore de plus terribles déboires.

En vérité, mes frères, quand on considère cette conduite, qu'on cherche à se retrouver dans l'ensemble de ces événements, l'esprit se sent dans une étrange confusion ; on se demande si dans cette histoire tout ne marche pas au rebours des conseils de la sagesse humaine. C'est là que je saisis son action dirigeant seule le cours des choses. Comme l'Apôtre, celui dont nous parlons peut s'écrier : Alors que je parais plus faible, c'est alors que je suis plus fort. *Cum infirmor, tunc potens sum* (1) ; où la ruine semble inévitable et complète, la restauration est prochaine et le succès assuré. De fait, ces mêmes flots tumultueux qui devaient ensevelir l'équipage ne font que le réunir à son chef et les ramener ensemble à la tranquillité du port. Au milieu de ces secousses le triage s'en fait ; les vocations incertaines ou intéressées ont fléchi ; quiconque s'était joint à la petite troupe avec des vues trop naturelles n'ont pas su rester debout à l'heure critique. La tribulation a été le crible qui a purgé l'aire et débarrassé de la paille le véritable froment. Voici qu'autour du nouveau Gédéon il ne reste plus qu'une poignée de braves, noyau solide, compagnie d'élite qui suffira pour remporter la victoire. La lampe que chacun porte en main répandra sa clarté, la trompette de l'enseignement retentira de toute part ; c'en est assez pour que l'ignorance soit mise en fuite et que le peuple de Dieu recouvre son indépendance.

Toutefois dans cette armée il y a encore un homme de trop ; et cet homme, oserai-je le dire ? c'est le Bienheureux lui-même. Seul de tous

---

(1) II Cor. XII. 10.

les siens il est revêtu du sacerdoce ; et sa grande maxime, pour couper court à toute ambition, c'est que jamais aucun des frères ne pourra y être élevé. S'ils sont gouvernés, ce sera par leurs pairs ; pas plus que les autres le supérieur général lui-même ne devra être admis aux saints ordres. Voilà pourquoi, tout fondateur qu'il est, il a toujours regardé son autorité comme une exception et une anomalie. Vingt fois il a voulu s'en démettre ; et tantôt la force des choses, tantôt les résistances de ses enfants l'ont contraint de reprendre le fardeau. C'en est fait, la famille désormais compacte et homogène sera en état de se suffire à elle-même. Il ne se rend plus à aucune instance, et une fois déchargé de toute administration, il se refuse même à faire entendre un avis ; content désormais du rôle où il s'est réduit, il ne saura plus que prier et aimer comme il convient au plus tendre et au plus dévoué de tous les pères.

Ce désistement suprême ajoute le dernier trait à la physionomie de J.B. de La Salle. Ainsi que son auguste patron il n'a qu'une devise : *Illum opportet crescere, me autem minui*(1) ; il faut que Jésus grandisse et quant à moi, il faut que je diminue. Formule qui a été la loi de sa vie et la résume tout entière. Nous l'avons vu aller d'amoindrissements en amoindrissements, au point de vue du monde, de la nature, de sa propre personnalité. Mais à chacun de ces effacements successifs correspondent autant d'augmentations et de progrès dans l'ordre de la grâce ; plus il descend aux yeux des hommes et dans sa propre estime, plus il s'élève sous le regard de Dieu ; si bien qu'à la fin n'étant plus rien, même parmi ceux qui sont les fils de son zèle et de son apostolat, il atteint en réalité les sommets de la sainteté et de la véritable gloire.

Reste à franchir un dernier pas, où si vous aimez mieux, à subir une dernière diminution, celle qui est imposée à tout homme par la nature. Pour les amis de Dieu, la mort n'est point une triste nécessité ; souvent elle devient au contraire l'objet d'ardents désirs ; du moins elle se fait volontaire par une acceptation libre et empressée. Le Bienheureux la voyait venir avec tant de tranquillité qu'on crut autour de lui qu'il ne l'apercevait pas. Après n'avoir aimé en toutes choses que la volonté de son Dieu, comment ne l'aurait-il pas embrassée avec joie à cette heure suprême ? Il était à la maison de Saint-Yon au milieu de ses enfants. En levant sur eux sa main défaillante pour les bénir, il leur laissa comme testament cette parole : « Si vous voulez vous conserver et mourir dans votre vocation, n'ayez jamais de commerce avec le monde. » Ses souffrances l'unissaient d'autant plus étroitement au divin Maître qu'on était alors au Vendredi-Saint. Adorant la conduite du Père céleste sur lui, il s'endormit ici-bas parmi les souvenirs de la Passion, pour se réveiller au ciel au milieu des joies de la résurrection glorieuse.

(1) Joan. III. 30.

Voilà l'œuvre, et voilà l'homme. Quand l'homme disparaît, il s'en faut bien que l'œuvre ait pris encore de vastes accroissements. Laissez-la se développer avec la bénédiction de Dieu. Le grain de sénevé a été jeté en terre, il va produire un arbre immense, sous les branches duquel les oiseaux du ciel, je veux dire les jeunes générations viendront chercher un abri. A la fin du siècle le vent de la Révolution dispersera les Frères. Mais quand Napoléon entreprendra de réorganiser l'enseignement, il sera trop heureux de trouver sous sa main les débris de l'Institut; il permettra à ces tronçons de se rejoindre, de se souder de nouveau, et imposant silence aux passions irréligieuses, il se hâtera de reconnaitre la Congrégation comme un établissement d'utilité publique.

Près de deux cents ans se sont écoulés depuis l'origine, et voici que J.-B. de La Salle se lève au milieu de nous avec l'auréole de la sainteté que l'Eglise nous fait apercevoir sur sa tête. L'auguste Pontife qui le salue du titre de Bienheureux a pu lui dire dans la personne de ses fils : « Vous vous appelez légion » ; puis il a ajouté en toute vérité : Votre Institut est le boulevard derrière lequel s'abrite la foi des jeunes générations de notre temps. »

Ils sont douze mille religieux, répandus dans le monde entier, ils comptent trois cent mille élèves de toute langue, de tout pays ; et tandis que les soldats déjà formés combattent, trois mille novices se préparent sous la tente à venir remplacer les vétérans tombés au champ d'honneur. Si nombreux qu'ils puissent être, ils ne suffiront jamais aux conquêtes qui restent à accomplir ; de toute part on les appelle ; l'Extrême-Orient lui-même est prêt en ce moment à leur ouvrir ses portes ; on y voit déjà blanchir une moisson qui ne demande que des mains exercées pour la recueillir.

D'ailleurs, c'est avec raison qu'on l'a remarqué, les enfants du Bienheureux ne sont pas seuls à la tâche ; leurs exemples, leurs succès ont suscité à leurs côtés d'autres dévouements, ont contribué à faire naitre auprès de leur société des institutions parallèles. Il n'est point à craindre que ces ouvriers se regardent d'un œil jaloux ; ils sont émules, non rivaux ; la terre à défricher est assez vaste pour que tous aient leur place au soleil ; puis ils travaillent pour le même maître et s'inspirent de la même pensée : aux populations qui marchent dans les ténèbres apporter la lumière ; à ceux qui seraient restés assis à l'ombre de la mort, faire luire le rayon qui montre le devoir et le salut : *Populus qui ambulabat in tenebris vidit lucem magnam ; habitantibus in regione umbræ mortis lux orta est eis* (1).

Mais voici que nous assistons à la contrefaçon de l'œuvre glorifiée par l'Eglise. Des novateurs audacieux et impies prennent le contre-pied de

(1) Is. ix. 2.

l'instruction populaire telle que La Salle l'a conçue et inaugurée. A ces pauvres enfants qui demandent le pain de l'intelligence, ils donnent un aliment avarié, incapable de les nourrir ; que dis-je, ils distribuent un pain empoisonné qui ne peut que causer la mort. J'appelle ainsi l'enseignement d'où on a exclu systématiquement toute la substance de la vraie doctrine, puisque le froment évangélique y est remplacé par la paille de connaissances purement profanes. Tandis que notre siècle s'égare en voulant suivre ces tristes initiateurs, la fête que nous célébrons lui fait entendre une leçon solennelle. Comme si elle disait : Prenez garde ; votre prétention est de faire des hommes, de former des citoyens utiles, dévoués à leurs pays, en façonnant les esprits et les cœurs à la pratique du bien ; sachez qu'il n'y a pour vous aucune chance d'y réussir, si vous mettez de côté le seul flambeau qui puisse éclairer la route du devoir. Ce qu'on tire des générations élevées dans la pensée de Dieu et de la vie future, le Bienheureux vous le montre en ce jour ; ce qu'elles deviendront quand on leur aura soustrait ces notions nécessaires, nous ne commençons déjà que trop à l'apercevoir. L'école chrétienne est la mère de la vertu, l'inspiratrice de ce courage qui se traduit par le travail et par la régularité de la vie ; l'école athée ouvre la porte à tous les vices par l'indiscipline de l'intelligence, par l'absence de frein moral ; elle ne peut que déchaîner sur la société entière et les désordres et les malheurs. Or, nous sommes mis en demeure de nous prononcer. Il faut choisir entre La Salle et Rousseau, entre l'éducation chrétienne et celle qui nous vient des Loges ; devant ce peuple on a mis la vie et la mort, ce qui lui plaira lui sera donné : *Ante hominem vita et mors,... Quod placuerit ei dabitur illi* (1). Telle est la situation présente.

Contrairement à l'attente des prétendus réformateurs, cette alternative aura montré de quel côté sont les vœux, les sympathies de la France. Partout où une pression officielle n'opprime pas leur liberté, les familles vont à l'enseignement chrétien. Si nos écoles déjà si nombreuses pouvaient se multiplier encore, si nos ressources égalaient l'étendue des désirs, c'est à peine si vous verriez çà et là quelques enfants chercher leur formation en dehors des principes catholiques ; encore n'iraient-ils que contraints et forcés, car on subit l'école sans Dieu, on ne la choisit pas. Désormais la preuve est faite, et l'on sait assez où se porte de son mouvement le cœur des multitudes.

Les solennités présentes en fournissent une nouvelle démonstration. Elles ne sont si populaires que parce qu'elles représentent cette grande cause et offrent à tous l'occasion de s'y rallier. Eh bien, ne craignons pas de le dire, au milieu des tristes pronostics que nos égarements pourraient faire concevoir, il y a dans ces faits un motif d'espérance.

(1) Eccli. xv, 18.

O Dieu, m'écrierai-je, ne prêtez point l'oreille à nos discours, car le plus souvent ils sont insensés quand ils ne sont point blasphématoires et impies ; ne considérez point non plus nos œuvres, car les mains des hommes sont remplies d'iniquité et parfois elles portent des taches de sang ; mais regardez plutôt notre cœur, ce cœur de la France, léger, inconstant peut-être, qui s'émeut pourtant encore pour les nobles intérêts, qui devine d'instinct et admire toujours les choses élevées. Il tressaille aujourd'hui au souvenir de cet humble prêtre qui s'est fait petit avec les petits, afin d'attirer et de grouper autour de lui les enfants du peuple. L'œuvre qu'il a inaugurée au prix de tant de sacrifices, qu'il la poursuive sans obstacle au milieu de nous ! Qu'on lui laisse répéter la parole que j'ai prise pour texte : « Ne craignez point, je serai le guide et le nourricier des jeunes générations » ; le jour où cette liberté lui sera rendue pleine et entière pourra bien être pour notre pays le commencement du salut.

Après ce magnifique discours, le *Te Deum* était sur toutes les lèvres comme dans tous les cœurs, il a jailli de toutes les poitrines en notes sonores et vibrantes, c'était la fin et le dernier chant, le cri de l'enthousiasme et le cri suprême de la reconnaissance, montant de la terre vers le ciel, pour remercier Dieu de la grande joie donnée à la terre par l'exaltation sublime de cet humble, de ce pauvre volontaire qui fut Jean-Baptiste de La Salle.

Laus, honor Deo !

Le dimanche soir, vers sept heures et demie, le pensionnat de la rue des Argentiers s'illumina tout à coup de mille feux variés, et fut transformé en un instant en vrai *palais de lumières*. Des transparents multicolores, dessinés avec un art parfait, s'encadraient dans les larges fenêtres des deux façades ; l'aspect de l'édifice était vraiment féerique. L'orage, malheureusement, grondait dans le lointain ; les nuages noirs qui, pendant un instant, permirent à l'illumination de resplendir davantage dans leur ombre, finirent par crever et verser sur les cinq mille personnes présentes des torrents de pluie. Ce fut le signal d'un sauve qui peut plein de désenchantement. Les écoliers de tous les temps n'ont jamais pu comprendre qu'une fête longtemps espérée puisse être retardée. Aussi bien, ceux du pensionnat St-Joseph attendirent-ils assez patiemment que l'orage se fût calmé un peu pour réparer le désordre causé par les rafales du vent. Ils n'y réussirent point à leur gré, mais ils se dédommagèrent vite en tirant un magnifique feu d'artifice, et c'est aux accents de leur fanfare, de cette même fanfare qui avait si admirablement accompagné à la cathédrale la belle cantate de M. P. Charreire, qu'ils sonnèrent la retraite définitive, après avoir charmé notre attente pendant les trois quarts d'heure que dura l'orage.

Aimables jeunes gens qui avez si bien fêté le Bienheureux Père de vos dignes maitres, gardez longtemps le souvenir de ces belles fêtes, et croyez-nous, c'est un souvenir qui vous portera bonheur !

BRIVE.

Compte rendu du TRIDUUM *en l'honneur du Bienheureux J.-B. de La
Salle, célébré à Brive, les 1ᵉʳ, 2 et 3 juillet 1888.*

—

Tulle et Ussel ont déjà brillamment célébré leur *Triduum*
en l'honneur du B. de La Salle. Brive vient d'avoir son
tour. M. lecuré de Saint-Martin, de concert avec le
Directeur des Frères, certain en cela de répondre aux
vœux les plus intimes de la population, n'a rien négligé
pour donner à ces fêtes le plus vif éclat. Nous sommes
heureux de reconnaitre et de constater ici que ses fréquents
appels du haut de la chaire ont éveillé dans tous les cœurs
les plus sympathiques échos, et que ses nombreuses dé-
marches ont obtenu le plus consolant résultat. Brive, la
terre classique de la charité, des œuvres de dévouement

et de zèle, a tenu à montrer qu'elle est également la terre sur laquelle germe et s'épanouit la fleur si belle, mais, hélas ! si rare de nos jours, de la reconnaissance.

Pendant déjà plus d'un demi-siècle, cette chrétienne cité voit sa jeunesse remplir les classes des humbles Frères des écoles chrétiennes. Aussi, c'est avec le plus grand empressement qu'elle a saisi l'occasion solennelle qui lui était offerte pour prouver combien elle sait apprécier, d'une part, le bienfait de l'éducation chrétienne, et de l'autre, l'intelligence et le dévouement que les fils du B. de La Salle savent apporter dans l'accomplissement de leur sublime mais bien rude tâche.

Rien n'a manqué pour rendre ces fêtes, qui ont été célébrées les 1, 2 et 3 juillet, aussi belles, aussi consolantes que possible : et tout d'abord, présence de Mgr l'Evêque, puis chants harmonieux habilement exécutés sous la direction de M. Carron, panégyriques éloquents par M. l'archiprêtre de Brive, M. Breton et Mgr l'Evêque, enfin magnifique décoration de l'église. Qu'elle était belle, notre antique collégiale ! quel effet saisissant elle produisait avec ses guirlandes de mousse et de verdure courant tout le long de la grande nef, avec ses oriflammes pendant des voûtes, avec ses faisceaux de bannières armoriées appendus aux colonnes et aux piliers du chœur, avec ses riches draperies contournant les principales arcatures du sanctuaire, avec ce trône recouvert de velours cramoisi, sur lequel s'élevait la statue du Bienheureux, dont la vue faisait penser à ces vers de Henri de Bornier :

. . . .
Et César, qui d'un geste auguste et souverain,
Porte le glaive d'or ou le sceptre d'airain,
N'est pas plus grand aux yeux du poète et du sage,
Que ce prêtre arrêtant deux enfants au passage,
Et leur montrant avec un regard paternel
D'une main un vieux livre et de l'autre le ciel !

Qu'elle était belle enfin avec ses lustres, ses fleurs et ses lumières ornant le grand autel ! Cette décoration faisait revivre les plus beaux jours de Saint-Martin. Nos félicitations à celui dont la main et le cœur, depuis près de trente ans au service de l'Église, ont su distribuer avec tant d'art et avec un goût si parfait ces richesses et ces décors variés.

Nous n'avons pas l'intention de faire connaître dans tous leurs détails ces grandes et belles solennités. Nous étendrions trop loin les limites de ce compte rendu, et nous nous sentons impuissant à raconter l'enthousiasme populaire, l'émotion intime, le caractère grandiose de ces trois mémorables journées.

En apprenant les noms des orateurs de notre *Triduum*, les pieux lecteurs de la *Semaine religieuse* éprouveront certainement un regret : celui de ne s'être pas assis au pied de la chaire de Saint-Martin, pendant ces trois jours. Nous comprenons la légitimité de ce regret. Et c'est pour répondre, dans une certaine mesure, au désir qu'il renferme, que nous avons la hardiesse de retracer ici les grandes lignes et comme le cadre des discours que nous avons entendus. Certes, nous savons bien que c'est toujours déflorer un chef-d'œuvre que de lui faire subir l'épreuve d'une pâle et froide analyse ; et d'un autre côté, nous n'ignorons pas combien un pareil travail est au-dessus de nos forces. Mais nous osons espérer que l'intention qui nous anime sera pour nous plus que suffisante, et nous fera pleinement absoudre de notre témérité.

Sous ce titre : « *Sinite parvulos venire ad me, et ne prohibueritis eos,* » laissez les petits enfants venir à moi, et gardez-vous bien de les repousser (S. Marc VIII, v. 14), le dimanche, à l'issue des vêpres, M. l'archiprêtre nous a fait à grands traits, dans la première partie de son discours, l'historique de la vie du Bienheureux :

Les premières années du jeune Jean-Baptiste de La Salle sont toutes remplies du plus suave parfum de piété. Sa joie la plus douce est de servir le prêtre à l'autel. Il renonce à l'avenir brillant que lui promettaient un beau nom et une immense fortune, pour suivre l'attrait de sa vocation qui le porte à gravir la sainte montagne du sacerdoce. A Saint-Sulpice, où il se rend pour sa formation cléricale, il donne l'exemple de toutes les vertus ; et là, au milieu des hommes éminents qu'il a pour maîtres, tels que M. Tronson, et des élèves distingués qu'il a pour condisciples, tels que Fénelon, il laisse une trace remarquable. Revenu dans sa ville natale où ne tardent pas à venir le trouver les honneurs du canonicat, on le voit mener une vie toute de silence, d'étude et de prière. Depuis longtemps il répète ce cri de saint Paul : « *Domine, quid me vis facere* », Seigneur, que voulez-vous que je fasse ? et lorsque Dieu lui a pleinement manifesté sa volonté, il s'emploie tout entier à la remplir.

A 25 ans, dans sa chère ville de Reims, il fonde une école chrétienne pour la jeunesse. Bientôt après, par ses soins, Rouen, Calais, Dijon, Grenoble reçoivent la même faveur. Son œuvre, pour laquelle il se dépouille de tout ce qu'il possède, est désormais fondée. Comme toutes les œuvres de Dieu, elle subit l'épreuve de la persécution, mais la persécution ne fait que la consolider et à l'affermir. Rien, du reste, ne peut détourner notre Saint de ce qui fait déjà la passion de sa vie : ni les remontrances de sa famille, ni les railleries de ceux qui se disent ses amis, ni les plus noires calomnies des ennemis de tout bien. En 1685, il trace les règles qu'il doit donner à son Institut, et lorsque, à Rouen, en 1719, tout le monde s'écrie en parlant de l'humble prêtre de La Salle : Le Saint est mort, le saint est mort, on compte plus de 300 frères donnant l'instruction chrétienne à plusieurs milliers d'élèves. Le germe obscur des premiers jours est devenu un arbre au tronc puissant, aux larges et fortes ramures.

Dans la seconde partie de son discours, M. Orliaguet nous a indiqué la nature de l'œuvre du B. de La Salle. Le saint fondateur des Ecoles chrétiennes a eu pour but principal d'enseigner J.-C., car mieux que tout autre, il a compris cette devise de nos pères :

Christum si nescis frustra cætera discis », c'est en vain que l'on possède toute science, si l'on ignore J.-C. Jamais ses fils n'ont failli à leur devoir!.. Son but secondaire a été d'apprendre à l'enfant du peuple à *lire, écrire, calculer*. Mais dans ces trois mots est contenu le programme le plus vaste et le plus complet. Lorsqu'on lit et qu'on comprend ce qu'on lit, on apprend à penser. Lorsqu'on écrit, on exerce son bras à vaincre certaines difficultés, et par là on apprend à ne pas se décourager devant l'obstacle ; on acquiert de la virilité. Lorsqu'on calcule on pénètre le secret de la combinaison des nombres, et par là on apprend à réfléchir, et à imprimer à toute sa conduite un cachet de gravité.

L'œuvre du B. de La Salle a eu bien d'autres résultats ; et on est pénétré pour elle de la plus vive admiration quand on voit les élèves des Frères, fidèles aux leçons de patriotisme qu'ils ont reçues dans leur école, se battre en braves et en héros pour délivrer la France de son cruel oppresseur ; quand on voit ces humbles frères aller eux-mêmes sur les champs de bataille pour relever les blessés, panser leurs plaies béantes, et parler à ceux qui vont bientôt rendre le dernier soupir, de leur mère absente, de la patrie et du Ciel !

Puissent ces quelques mots, dit en terminant M. l'archiprêtre, vous avoir appris à apprécier et à aimer l'œuvre du B. de La Salle. M. l'archiprêtre peut être assuré que ce vœu si cher à son âme ne manquera pas de se réaliser.

Le lundi soir, M. Breton a prononcé un discours que n'oublieront jamais (et c'est là le moindre éloge que nous puissions en faire), ceux qui ont eu le bonheur de l'entendre.

Lorsque Dieu, s'est-il écrié, veut se servir d'un homme pour accomplir une œuvre importante, il commence par le dépouiller de tout et de lui-même ; il commence par le faire mourir à tout et à lui-même. La mort, en nous frappant, nous enlève tout ce que nous possédons, tout ce qui a fait en ce monde l'objet de notre jouissance : fortune, honneurs, plaisirs ; elle va même jusqu'à nous enlever le désir de ces biens. Un mort n'a aucun désir, aucune affection, aucune volonté.

C'est là l'image de l'état dans lequel doivent se trouver ceux que Dieu appelle à de grandes œuvres. C'est lorsque l'homme n'est rien par lui-même que Dieu se sert de lui pour accomplir ses grands desseins dans le monde ; « *infirma mundi elegit Deus ut confundat fortia,* » car c'est alors seulement que l'œuvre accomplie apparaît aux yeux de tous véritablement divine.

M. le supérieur développe d'une façon magistrale cette doctrine qui contient comme l'essence de la sainteté, et il nous montre en passant combien elle est peu comprise,

particulièrement à notre époque de décadence religieuse :
car, si l'on jette, en effet, un regard sur le monde, on ne
voit que des gens occupés à amasser de l'or, à briguer des
honneurs et à administrer leurs plaisirs. Puis dans un
tableau saisissant, il nous dépeint les ravages et les ruines
qu'amoncelle tous les jours cette triple concupiscence dans
le cœur des peuples, au sein des familles, des sociétés et
des patries.

Lorsqu'enfin, après des aperçus qui découvrent à notre
regard ravi les plus vastes horizons, l'orateur nous a fait
pénétrer dans les profondeurs de cet enseignement, que
l'Apôtre saint Paul a si bien résumé par un seul mot :
« *Expoliantes vos veterem hominem*, » le devoir du chrétien est de se dépouiller du vieil homme, il nous montre
comment Dieu, qui élève contre les tendances de notre
nature corrompue, la sublime protestation de ses saints,
a offert au monde dans la personne du B. de La Salle, un
exemple admirable de cette mort à soi-même et aux choses
extérieures.

Qu'on en juge :

La divine Providence a doté notre Bienheureux d'une immense fortune. Il s'en dépouille afin de mieux établir et soutenir son œuvre. Une
famine qui survient en ce temps-là lui fournit l'occasion de satisfaire
son désir, sans heurter de front les préjugés des hommes. Et lorsque
devenu absolument pauvre, il reçut pour la première fois le pain de la
charité, il se mit à genoux pour rendre grâce à Dieu. Quelle folie, diront ici les mondains, et nous, nous disons les larmes aux yeux et l'admiration dans le cœur : Quel héroïsme ! — Son talent et sa piété l'ont
fait monter à la dignité de chanoine ; dans la cathédrale de Reims ; il
descend les degrés de la sainte hiérarchie, pour se mettre au rang des
plus simples prêtres... Et c'est alors que, dépouillé de tout, libre comme
l'oiseau qui vole dans l'espace, il peut se porter là où l'appelle la volonté de Dieu.

Toutefois, ce n'est pas assez de mourir aux choses de ce monde, il
faut encore, ce qui est bien plus difficile, mourir à soi-même. Lorsque
l'esprit de N. S. J.-C. ne règne pas dans un homme, on se trouve en
face de ce spectacle étrange ; le corps commande et l'âme est asservie.

C'est le contraire qui doit avoir lieu, c'est à l'âme à dicter ses ordres, et à tenir le sceptre du commandement. Mais le corps est un esclave qui n'obéit qu'à la menace et ne cède qu'à la violence. Comment le faire rentrer dans l'ordre ? En mettant en pratique cette parole du grand Apôtre : « *Castigo corpus meum et in servitutem redigo,* » je châtie mon corps et le réduis en servitude. Fidèle à cet enseignement, le Bienheureux de La Salle se livre aux plus grandes austérités de la pénitence : une planche est son lit, et encore ses nuits, les passe-t-il en grande partie en prière au pied des tabernacles, ou auprès du tombeau de saint Remi. Sa nourriture se compose des aliments les plus grossiers, et son sang coule souvent sous la haire et le cilice qu'il ne quitte jamais. — Ah ! malheur à nous, chrétiens, si, devant de tels exemples, n'ayant pas le courage d'ensanglanter notre chair, nous ne prenons pas au moins la résolution d'aller nous prosterner souvent au pied de notre crucifix pour comprendre quelque chose à ces paroles du divin Maître : « *Si quis vult venire post me, abneget semetipsum, tollat crucem suam et sequatur me,* si quelqu'un veut venir après moi, qu'il se renonce soi-même, qu'il prenne sa croix, et qu'il me suive.

Cette mort à soi-même a encore d'autres exigences. Le corps n'est pas l'homme, l'homme est surtout constitué par l'âme dans son être moral. Or, l'âme, à son tour, doit mourir ; mais comment, puisqu'elle a le privilège de l'immortalité ? L'âme c'est la raison, l'âme, c'est l'amour, l'âme, c'est la liberté. Or, ici encore la mort doit promener sa faux impitoyable. Le B. de La Salle s'empresse de se soumettre à ses coups, et bientôt le cœur attaché au cœur adorable du divin Rédempteur par des liens indestructibles, le front baigné dans la vive lumière que répand le brillant soleil de la foi, il ne voit partout et en tout que son Dieu à servir et à aimer ; c'est-à-dire que la foi devient la règle de sa pensée ; l'amour divin, la règle de son cœur, et la loi de Dieu la grande directrice de la liberté. Le B. de La Salle est alors complètement mort à lui-même, et c'est à ce moment que le Tout-Puissant verse en lui des flots de vie divine, et qu'il prend sa volonté pour la faire servir à l'accomplissement de ses merveilleux et ineffables desseins. Aussi, quelle magnifique carrière fournit, en peu de temps, notre héros ! Dans moins de 30 ans il fait connaître son Institut à la France entière, et par lui l'œuvre importante entre toutes de l'éducation chrétienne de la jeunesse, agite désormais toutes les grandes âmes, fait battre tous les cœurs généreux.

Il meurt, et son tombeau est glorieux comme celui du Christ. La vie sort du sein de la mort ; car, après deux siècles, le temps, qui détruit tout, n'a fait que couronner de gloire son œuvre admirable ; le temps n'a servi qu'à la faire monter de plus en plus à l'horizon de la pensée humaine.

Et maintenant, humbles Frères des Écoles chrétiennes, vous que le monde méprise et persécute, vous ne pouvez pas disparaître du milieu de nous et du sein des sociétés ; car vous portez, vous, les fils du plus saint des Pères, les signes de l'immortalité. Oui, nobles vaincus, l'avenir est à vous, et par vous la France, notre bien-aimée patrie, nous en avons la douce conviction, apprendra de nouveau à adorer et à bénir N. S. J.-C. , son Rédempteur et son Dieu !...

Le mardi soir, Monseigneur est monté en chaire pour clôturer ces fêtes inoubliables. Sa parole toujours chaude et entraînante, l'est tout particulièrement quand elle traite des sujets comme celui qu'elle allait développer. Rarement Mgr a été mieux inspiré ; aussi, pendant une heure, son immense auditoire est resté suspendu à ses lèvres, et M. l'Archiprêtre n'était que l'interprète de tous, quand, après le magnifique discours que nous venions d'entendre, il s'est adressé en ces termes à notre vaillant et éloquent prélat : « Monseigneur vient de prononcer un panégyrique éloquent et apostolique. La paroisse et le pasteur lui en garderont une éternelle reconnaissance. »

Pasce agnos meos, paissez, mes agneaux (saint Jean. chap. XXI, v. 16). L'Église, nous a dit Monseigneur, a toujours été la grande éducatrice des peuples. Autrefois, dans le monde païen, la science était distribuée d'une façon discrète : les Socrate, les Aristote, les Platon n'avaient qu'un nombre bien restreint de disciples, et encore tous n'avaient-ils pas le privilège de connaître les derniers secrets de la science du maître. L'Église, elle, a toujours cherché par tous les moyens, à répandre l'instruction. Jusqu'au XVIIIe siècle, c'est elle qui a élevé la jeunesse. A côté de tous les presbytères, de tous les prieurés, de tous les monastères, s'élevait une école, et c'est là que les enfants des contrées voisines venaient recevoir le bienfait des connaissances humaines.

Toutefois, malgré tous ses efforts, l'Église ne parvient pas tout d'abord à atteindre l'idéal qu'elle poursuivait depuis longtemps ; et à l'époque où nous reporte l'histoire de notre saint, il restait à fonder une institution fortement conçue, habilement préparée, qui donnât, avec des méthodes et des règles bien fixes, l'instruction aux enfants du peuple. Paraissez, B. de La Salle, c'est vous que la divine Providence a choisi pour être le grand éducateur des peuples, c'est vous qui devez passer dans l'histoire comme un des plus grands bienfaiteurs de l'humanité, et qui, à ce double titre, devez être couronné d'une auréole éblouissante de gloire. Le noble chanoine de la métropole de Reims se rend à l'appel divin ; et lui, qui pouvait par sa haute naissance se faire une brillante position dans le monde ; lui qui, par ses connaissances théologiques et par sa piété, pouvait obtenir une place de choix dans l'Eglise, il renonce à tout pour obéir à ces paroles de N.-S. : *Pasce, agnos meos.*

Mourir à soi-même est la condition indispensable pour réaliser les desseins de Dieu et devenir entre ses mains un instrument docile. Mais ce n'est pas encore assez ; dans les œuvres vraiment divines, il faut que la main de Dieu soit visible à tous ; et voilà pourquoi il est nécessaire que le fondateur disparaisse de la scène du monde, afin que leur extension parvienne aux limites que Dieu leur a assignées. Mais alors rien ne peut arrêter leur développement. C'est ainsi que l'institution du B. de La Salle a survécu aux hérésies et aux schismes de toutes sortes; c'est ainsi qu'elle a traversé cette autre mer Rouge de la Révolution française. Tant que dura la tourmente révolutionnaire, les Frères des Ecoles chrétiennes furent obligés, il est vrai, de quitter le théâtre ordinaire de leurs labeurs et de leurs saintes fatigues. Mais à peine le calme fut-il revenu dans les esprits et dans les cœurs, que, semblables à ces oiseaux qui reviennent dans leur nid, dès qu'ont cessé les vents et les rafales, ils s'empressèrent d'aller reprendre à l'école cette place qu'ils occupaient avec tant d'honneur et où désiraient tant les revoir les enfants du peuple.

L'institution du B. de La Salle n'a pas à craindre les violents orages qui se déchaînent contre elle à cette heure : Le passé garantit l'avenir. Et puis, quand une institution compte dans son sein de vrais religieux, et tels sont les hommes formés par les règles de notre saint, elle peut se rire des attaques de la force brutale et de la haine sauvage de l'impiété. L'Eglise, du reste, ne semble-t-elle pas vouloir la faire participer à ses destinées immortelles en élevant sur les autels son glorieux fondateur ; en décernant au B. de La Salle, au moment même où la persécution devient de plus en plus violente, les honneurs de la béatification ?...

Ces grandes idées développées avec une force et un charme que nous ne saurions décrire, Monseigneur n'a plus laissé parler que son cœur de père et d'évêque. Et c'est au cours de ces épanchements qu'il a remercié les bons frères de tout le bien qu'ils ont fait et qu'ils continuent de faire dans son diocèse. Toute son âme d'apôtre semblait passer sur ses lèvres quand il leur a dit en terminant : Je souhaite que vous restiez toujours au milieu de nous ; je souhaite que les enfants de mon diocèse viennent nombreux dans vos classes ; je souhaite que leurs familles vous environnent toujours d'estime et de vénération, je souhaite enfin que toujours vous méritiez la haine des ennemis de l'Eglise !...

Les Frères peuvent avoir et ont certainement beaucoup d'ennemis dans le monde ; je ne veux pas examiner s'ils en ont dans notre ville ; ce que je sais bien, c'est que leurs amis ne se comptent plus à Brive. Monseigneur a pu le constater pendant les imposantes cérémonies du *Triduum* et hier en particulier. Depuis longtemps, en effet, un aussi immense auditoire ne s'était groupé autour de la chaire ; depuis lontemps une assistance aussi nombreuse et aussi recueillie ne s'était pressée dans l'enceinte de Saint-Martin.

Toute fête a, dit-on, son lendemain. Notre *Triduum* a déjà le sien ; mais cette pensée, nous l'exprimons sans tristesse ; car ce lendemain voit croître et grandir de plus en plus la sympathie et le dévouement de Brive pour les bons Frères, et pour l'œuvre qu'ils accomplissent avec un zèle et une abnégation au-dessus de tout éloge.

Brive, 9 juillet 1888.

LA SOUTERRAINE.

Compte Rendu du Triduum *célébré les 6, 7 et 8 juillet.*

—

Les 6, 7 et 8 juillet, on célébrait dans l'église paroissiale de La Souterraine, un *Triduum* solennel en l'honneur du Bienheureux Jean-Baptiste de La Salle, fondateur de l'Institut des Frères des Écoles chrétiennes.

Les fils de cet illustre éducateur de la jeunesse ont montré, dans cette circonstance que, si comme Saint Paul, ils font profession de savoir avant tout Jésus et Jésus crucifié, ils n'ignorent ni les devoirs de la piété filiale, ni les secrets de l'art, ni les règles du goût.

M. le Doyen de La Souterraine avait mis à leur disposition sa vaste église ; ils se sont appliqués à y faire de belles cérémonies, et nous sommes heureux de constater qu'ils ont réussi parfaitement.

Disons d'abord un mot de l'ornementation de l'édifice. L'église de La Souterraine, monument du style gothique primitif, forme la croix latine et a trois nefs. A chacun des piliers qui séparent la nef principale des bas côtés, sont adossées d'élégantes colonnes entourées de guirlandes en feuilles de chêne dorées, ou en verdure parsemée de roses artificielles. Chacune de ces colonnes est surmontée d'un écu aux armes des différentes localités où les Frères dirigent des maisons dans le diocèse de Limoges. Un peu au-dessus, entre deux oriflammes portant, l'une, les armes du Bienheureux, l'autre, celles de l'Institut, se dessinent des cartouches sur lesquels on lit, avec les initiales du B. Jean-Baptiste, la date des principales époques de sa vie. Les fenêtres des nefs principales sont ornées de cartouches semblables. Enfin, pour compléter la décoration de cette partie de l'église, on a suspendu à la voûte, au milieu de chaque travée, quatre guirlandes qui, fixées à des dômes ou à des rosaces, se séparent ensuite et descendent comme d'immenses draperies pour aller se reposer sur le sommet des colonnes.

Mais c'est vers le chœur que se portent de préférence les regards. D'autres cartouches, les armoiries de la famille de La Salle, celles de l'Institut des Frères des Écoles chrétiennes, de nombreuses oriflammes disposées avec goût, ornent les piliers de l'abside. L'autel est entouré d'un gracieux massif de verdure ; au-dessus, un peu en arrière, s'élève un immense et splendide tableau qui représente le Bienheureux quittant la terre pour aller recevoir dans la patrie céleste, où il est porté par les anges sur un nuage majestueux, la récompense de sa foi. Il semble sourire aux âmes que sa charité a créées, et les inviter à suivre sa trace.

Cet ensemble offre un coup d'œil ravissant ; et lorsque, à l'entrée des enfants des Frères, le tableau s'illumine soudain, on se croit transporté dans un autre monde. Il semble qu'on accompagne le Bienheureux dans son triomphe, qu'on va, avec lui, entrer au ciel.

Les Frères n'excellent pas seulement dans l'art de la peinture ; la musique est aussi, chez eux, cultivée avec succès, et la musique veut apporter son tribut d'honneur au Bienheureux et rehausser la pompe des cérémonies.

A tous les offices, les élèves et les Frères présents sont descendus, fanfare en tête, du pensionnat à l'église : le retour n'a pas été moins solennel.

Cantate, Hymne des Confesseurs, Magnificat, Cantique au Bienheureux, ont été exécutés avec accompagnement d'harmonium et d'instruments. La musique s'est prodiguée : elle nous a fait entendre de très beaux morceaux au commencement et à la fin de chaque exercice, à l'offertoire, à l'élévation et à la communion de chaque messe chantée : le tout interprété avec une précision et un entrain qui dénotent dans celui qui dirige une grande énergie et une remarquable habileté.

La Veille. — C'est le jeudi soir, à 7 heures 1/2, que les exercices du *Triduum* ont commencé. Lorsque les enfants des Frères ont eu pris les places qui leur avaient été réservées dans le côté droit du transept, M. le Doyen a entonné le *Veni Creator.* Après le chant de cette hymne, il est monté en chaire et a annoncé un éloge magnifique du Bienheureux, le plus beau qui sera fait pendant ces jours de fête, car, ce soir, c'est Notre Saint-Père le Pape qui va parler, et dans cette circonstance, la voix du Pape, c'est la voix de Dieu. La foule qui, en ce moment, remplit l'église, se recueille, et écoute dans un profond silence la lecture du Bref qui proclame *Bienheureux* Jean-Baptiste de La Salle, et autorise à l'invoquer dans les prières publiques.

L'autel s'illumine alors de mille feux ; on chante avec enthousiasme le *Te Deum* pendant que la relique du Bienheureux est transportée solennellement au petit autel dressé pour la recevoir. Vient ensuite le chant d'une Cantate, puis la bénédiction solennelle du Saint Sacrement. Enfin on vénère la relique, et la cérémonie d'ouverture du Triduum est terminée.

Disons ici qu'à tous les exercices du soir il y a eu *Salut* en musique, et qu'à la fin de toutes les réunions on a vénéré la relique du Bienheureux.

1er Jour. — C'est à dix heures que le vendredi, premier jour du *Triduum*, a été chantée la sainte messe. Après l'évangile, M. le Doyen de la Souterraine a prononcé une allocution. Dans une de ces improvisations dont il a le secret, avec cette facilité d'élocution, cette netteté de pensée qui constituent le fond de son talent oratoire, il commente ces paroles qu'il lit au bas du tableau représentant le Bienheureux : « *Laissez venir à moi les petits enfants.* » Jean-Baptiste leur apprendra, par son exemple, à cultiver les qualités que Dieu leur a données ; or, la véritable culture qui développe ces dons du ciel, c'est : l'obéissance, la fuite des occasions dangereuses et la piété ; l'obéissance, vertu particulièrement nécessaire à l'enfance inexpérimentée, et qui fut si parfaite dans Jean-Baptiste, que jamais ses parents n'eurent de reproches à lui faire ; la fuite des occasions qui a permis au Bienheureux de conserver son cœur à l'abri des atteintes du mal, exemple que les enfants doivent imiter constamment, vertu à laquelle les parents et les maitres doivent habituer ces jeunes âmes, s'ils veulent éviter des désastres quelquefois irréparables ; enfin la piété qui, manifestée et entretenue, comme elle le fut dans Jean-Baptiste, par la fidélité à la prière et l'amour des cérémonies religieuses, rend facile la pratique des deux autres vertus.

Le soir, à cinq heures, nous nous réunissons de nouveau pour entendre le panégyrique du B. de La Salle qui doit être fait par M. Groussaud, curé d'Azerables. Le silence se fait, et, pendant près d'une heure, le prédicateur nous tient sous le charme de sa parole. Dans ce discours plein de feu, et qui intéresse vivement les enfants, M. Groussaud nous fait voir l'action de l'Esprit-Saint qui se manifeste dans la personne du saint homme d'abord, dirigeant la piété de sa jeunesse, éclairant sa vocation au sacerdoce, soutenant son zèle dans les travaux qu'il entreprit pour le salut des âmes et l'éducation des enfants, faisant sa force enfin lorsque l'épreuve le visita. Ce même Esprit agit dans son œuvre : la famille qu'il a fondée, il peut en être fier, elle lui fait le plus grand honneur ; les parents ont en elle un puissant auxiliaire pour l'éducation de leurs enfants, la mère tout particulièrement y trouve un cœur qui comprend le sien et le remplace auprès de son fils. Enfin, dans une chaude péroraison, l'orateur rappelle cette devise bien connue de nos Pères : « Noblesse oblige », elle fait comprendre aux bons Frères les devoirs qu'impose le beau titre de fils de Jean-Baptiste de La Salle.

Deuxième jour. — Le samedi, second jour du *Triduum,* les fêtes se continuent dans le même ordre que la veille, mais avec un attrait de plus pour l'assistance, et un concours précieux pour la solennité des offices : la communauté du Sauveur avait accepté pour ce jour la partie du chant.

Méthode raisonnée, souplesse et ampleur des voix, exécution magistrale, rien ne manque à ces chants dirigés et accompagnés avec un talent remarquable. Malgré les obstacles de plus d'un genre qui, dans l'église paroissiale, semblaient conspirer contre l'entière réussite : la Grand' Messe et le Salut ont été chantés avec une rare perfection.

L'allocution du matin est encore prononcée par M. le curé de la paroisse qui nous montre sous son véritable jour la vocation de Jean-Baptiste. Le Bienheureux a eu à proprement parler deux vocations, l'une pressentie de bonne heure, voulue de Jean-Baptiste et à peine traversée de quelques épreuves : la mort, dans la même année, de son père et de sa mère, c'est sa vocation au sacerdoce. L'autre, sa vocation de fondateur d'ordre, il l'ignore, il n'a pour elle aucun attrait, il la suit en quelque sorte malgré lui, jusqu'au moment où, la volonté de Dieu manifestée par une suite de circonstances imprévues, l'entraîne à se dévouer tout entier à l'éducation de la jeunesse.

La sainte mess: se continue ensuite, et, lorsqu'elle est terminée, on se sépare pour se retrouver le soir à cinq heures.

La communauté du Sauveur est là de nouveau, toujours chargée de l'exécution des chants.

Le panégyrique du Bienheureux doit être fait ce soir, par M. Vernoux, curé de Saint-Germain-Beaupré.

Avec le talent que tout le monde connait, avec la facilité de parole qui le distingue et la bonne grâce qui lui a depuis longtemps acquis la sympathie de l'auditoire devant lequel il va parler, le prédicateur met en relief la conformité qui existe entre la vie de J.-B. de La Salle et celle du divin Maître. Comme le Sauveur du monde, le Bienheureux Jean-Baptiste a eu sa solitude, sa vie cachée au sein de la famille, auprès d'un père dont l'autorité est respectée, d'une mère qui sait, par ses leçons et ses exemples, lui inspirer une foi solide et une vraie piété ; son désert dans une petite maison solitaire où il peut vaquer à son aise à la prière, et s'occuper de la sanctification de son âme ; son apostolat qui consiste à donner aux enfants pauvres, avec l'instruction élémentaire, les principes de la religion ; son Thabor, quand il a vu son œuvre appréciée et soutenue des grands hommes de son temps, prospérer au-delà de toutes ses espérances ; son calvaire, enfin, quand la persécution la plus injuste et la plus inattendue s'est acharnée à sa perte.

C'est avec un vif intérêt que nous avons suivi jusqu'à ce moment les différentes cérémonies ; le bon ordre observé dans tous les exercices, la beauté des chants, l'assiduité et le recueillement de l'assistance, enfin la solennité des offices, tout était bien fait pour charmer les sens et toucher le cœur. Le dimanche toutefois, dernier jour du Triduum, nous réservait des émotions plus vives encore et des consolations plus grandes.

La journée commence par la messe de communion célébrée à 7 heures.

L'Eucharistie est le grand lien d'union entre l'Église triomphante et l'Église militante. Par l'Eucharistie, les fidèles vivent en Dieu et de Dieu, comme les élus au ciel. Les uns et les autres peuvent là se donner la main, unir leurs cœurs et leurs âmes à la source commune de la véritable vie. C'est le désir de jouir de ce bonheur qui les amène tous, Frères, enfants et fidèles, à la table sainte. C'est qu'il ne nous suffit pas, à nous catholiques, de savoir que nos amis ne sont pas entrés dans le néant, quand ils ont quitté cette terre ; ce n'est pas assez d'être assurés qu'ils reçoivent nos hommages, écoutent nos concerts, jouissent des honneurs que nous leur rendons ; nous voulons communiquer avec eux dans ce que la société a de plus intime, dans un festin admirable où nous participons à une nourriture qui est essentiellement la même pour tous. Sans ce complément indispensable, nos fêtes eussent manqué de ce qui en est l'âme.

A dix heures, les enfants des Frères ont chanté une messe à deux voix, avec accompagnement d'harmonium. Le maitre de musique du pensionnat dirigeait les chants, l'orgue était tenu par M. le Curé de St-Germain qui, une fois de plus dans le cours de ces solennités, et on a pu remarquer, s'est montré et prédicateur distingué et artiste consommé.

On ne saurait se montrer exigeant pour des enfants de 10 à 15 ans dont la plupart n'ont pas de notions bien sérieuses de musique vocale. On peut affirmer cependant que cette messe a été exécutée avec un entrain merveilleux;

grâce à l'habileté du chef d'orchestre qui a largement payé de son temps et de sa personne pour arriver à ce résultat, mais aussi ses efforts et sa persévérance ont-ils été couronnés d'un plein succès.

Au moment du prône, M. le Doyen, toujours infatigable, monte en chaire. Devant un nombreux auditoire, il fait, avec le plus heureux à-propos, l'application à J.-B. de La Salle, de ces paroles qu'il vient de lire dans l'évangile du jour : « *A fructibus eorum cognoscetis eos.* Vous les connaitrez à leurs fruits. » Dieu a planté Jean-Baptiste dans son Eglise, et cet arbre produit pour les enfants des fruits délicieux. Il leur a donné Dieu d'abord, Dieu, éternelle vérité, pour éclairer leur âme, Dieu, souverain bien, pour satisfaire les désirs de leur cœur ; il leur a donné surtout un Dieu plus accommodé à nos besoins, un Dieu comme il nous le faut, le Dieu fait homme, Jésus. Jésus est un bon père. Il fallait aux enfants une mère tendre et dévouée ; Jean-Baptiste leur a donné la Vierge Marie. Enfin pour soutenir la fragilité de ces jeunes plantes, pour faire prendre une bonne direction au développement de leurs facultés naissantes, il leur a donné les bons Frères, qui sont des tuteurs peut-être un peu gênants pour la liberté, mais nécessaires à la bonne formation du caractère, de l'esprit et du cœur. C'est un bon arbre qui a été planté dans l'Eglise, puisqu'il produit de si excellents fruits, et Dieu a bien fait de le planter sur notre terre de France.

Belles pensées dont les développpements ont été écoutés avec la plus grande attention.

Trois heures, c'était l'heure des vêpres, et après le chant de cet office, M. Laplagne, chanoine honoraire, curé de la paroisse de St-Joseph, à Limoges, devait prendre la parole. C'était assez pour attirer la foule ; on n'a pas oublié, à La Souterraine, la profonde impression produite dans d'autres circonstances par l'éloquence de l'éminent prédicateur.

Lorsqu'il est monté en chaire, il s'est trouvé devant un auditoire pressé qui remplissait l'église, si vaste pourtant.

Dans un langage empreint d'une simplicité noble et entraînante tout à la fois, l'orateur expose les services rendus par le Bienheureux J.-B. de La Salle, à l'Église, à la famille et à la société.

Nous touchons à la fin de nos cérémonies, il ne reste plus, au moins comme fête religieuse, que le dernier Salut. Aussi va-t-on donner à ce couronnement toute la splendeur possible. Une brillante illumination a été préparée ; on revêt les plus beaux ornements, et M. le Doyen, accompagné du Diacre, du Sous-Diacre et de deux prêtres en chape, vient se mettre à genoux devant l'autel sur lequel on expose la Sainte-Hostie.

Les élèves de nos chers Frères semblent vouloir épuiser leur généreuse ardeur dans cette dernière cérémonie en l'honneur du Saint qui leur a donné les maîtres qu'ils aiment ; ces chers enfants y mettent tout leur cœur et toute leur âme.

La cérémonie terminée, nous nous retirons emportant un doux et précieux souvenir. Les fêtes chrétiennes élèvent l'âme, lui font entrevoir les horizons de l'éternité, et donnent du courage pour les luttes de la vie ; c'est un avant-goût des fêtes qui n'ont pas de fin, auxquelles participe maintenant, avec les élus de Dieu, le Bienheureux Jean-Baptiste de La Salle.

Il fallait un bouquet à ces solennités : il a été de tout point digne de la fête.

On avait annoncé pour la fin de la journée, l'illumination du pensionnat ; aussi de bonne heure, les curieux circulaient et, quand vers 8 heures 1/2, les lumières commencèrent à briller, la foule remplissait déjà la cour d'entrée ; pendant plus de deux heures, la route qui longe l'établissement fut remplie de visiteurs.

Le spectacle était ravissant. Toutes les fenêtres de la façade garnies de transparents habilement préparés produisaient le plus bel effet. On remarquait surtout deux rosaces qui excitaient vivement l'attention des curieux. De nombreuses lumières de diverses couleurs étaient disposées sur les cordons en pierre le long de chaque étage, deux rangées de lanternes vénitiennes éclairaient la cour. Enfin, sur le perron, on avait dressé un autel où était placée la statue du Bienheureux qu'illuminaient mille feux variés. Puis, aux beautés du spectacle, venaient se joindre les harmonies de la musique. La fanfare jette dans les airs les notes joyeuses qui disent bien haut le bonheur de tous. Oui, la joie était dans tous les cœurs : c'était un plaisir de voir les élèves des Frères traduire leurs sentiments par des démonstrations enthousiastes que le respect du saint lieu empêchait d'éclater à l'église, mais qui prenaient ici librement leur essor.

On a entendu les adversaires même des Frères s'extasier et avouer ouvertement l'habileté de ces hommes qu'ils combattent. « Ces messieurs travaillent bien, » disait l'un d'eux en se retirant. — Mieux que vous ne pensez, pourrions-nous répondre. Vous, vous n'admirez que la beauté du spectacle ; nous, nous y joignons l'admiration de la pensée qui l'a préparé, le sentiment de la piété filiale et de la reconnaissance. Vous, vous n'appréciez que ces travaux matériels qui, ce soir, charment vos regards ; nous, qui voyons les Frères de près et à l'œuvre, nous admirons les vertus d'une vie humble, mais remplie : l'abnégation, le dévouement, le zèle et l'affection pour les élèves. Les Frères font mieux que de belles décorations, ils font des hommes au caractère bien trempé, et des chrétiens aux fortes convictions.

Nous voudrions offrir nos félicitations et les hommages de notre reconnaissance aux bons Frères qui nous ont procuré de si complètes jouissances. Ils auront mieux : ils recevront les bénédictions du ciel que leur obtiendra, plus abondantes que jamais, le glorieux Fondateur de leur Institut qu'ils ont si bien honoré. Sous sa protection, ils continueront la grande œuvre commencée par lui dans l'épreuve, continuée dans l'épreuve, mais qui, malgré cela, ou plutôt à cause de cela, est féconde en heureux résultats pour le salut des âmes et la gloire de Dieu.

Un Ami des Frères.

MAURS.

—

C'est durant les 28, 29 et 30 avril dernier que Maurs a
célébré le *Triduum* en l'honneur du Bienheureux J.-B.
de la Salle.

Le dimanche précédent , le vénérable pasteur de la paroisse a exhorté les fidèles à assister nombreux aux cérémonies et les a fortement engagés à profiter des faveurs
spirituelles qui leur étaient offertes.

Depuis longtemps les Frères se préparaient à cette fête
du cœur. En cette circonstance , le cher Frère directeur
s'est plu à déployer son zèle industrieux, son génie créateur.

La vieille église paroissiale a été transformée , si bien
qu'un vieillard disait n'avoir jamais vu rien de si beau
dans ses 80 ans ! L'un des jours du *Triduum* coïncidant
avec le dimanche, les paysans des environs venus à la
messe restaient saisis, pénétrés à première vue des magnifiques décorations de leur église.

Des guirlandes parsemées de roses, disposées en festons,
entouraient la maison de Dieu ; dans le sanctuaire, elles
formaient dôme ; de distance en distance se déroulaient
le long des murs des oriflammes aux couleurs prononcées
et d'un goût exquis. Les armes de l'Institut, de la famille
du Bienheureux et de Léon XIII figuraient aussi gracieusement sous plusieurs chapiteaux ; une tenture rouge
bordée de frange d'or décorait le chœur. Près du maître-
autel un monument avait été élevé, la statue du Bienheureux entourée de candélabres et de fleurs couronnait le
sommet. Un reliquaire renfermant une parcelle des restes

du saint Fondateur était exposé aux pieds de la statue au milieu de nombreuses lumières. Plusieurs fois ces restes précieux ont été présentés à la vénération des fidèles. Spectacle attendrissant ! Ces pieux chrétiens venaient à flots pressés avec une simplicité patriarcale, une foi admirable coller leurs lèvres sur la sainte relique !

Les religieuses des différentes communautés de la localité, ainsi que leurs élèves et bon nombre de personnes ont voulu jouir des faveurs du *Triduum* et gagner l'indulgence plénière.

Les cérémonies ont été suivies par une assistance pieuse témoignant de leur sympathie aux Frères et de leur attachement à l'enseignement religieux.

Le jour de l'ouverture, la messe a été chantée par les élèves de l'école. MM. les vicaires et plusieurs prêtres étrangers ont puissamment contribué à rehausser les cérémonies ; celle du soir a eu lieu à deux heures. M. l'abbé Escuroux, dans un magnifique sermon ayant pour texte : « *Laissez venir à moi les petits enfants,* » a fait ressortir avec éclat que le Bienheureux, à l'exemple du divin Maître, avait appelé à lui les petits enfants, les enfants du peuple surtout, pour nourrir leurs jeunes âmes de la parole de vérité et les éclairer de sa divine lumière, action perpétuée par J. B. de La Salle et ses nombreux enfants.

Le second jour, le discours de M. l'abbé Fuzet, curé de St-Constans, a été un véritable chef-d'œuvre. Il a rappelé ces paroles remarquables du Bienheureux à un médecin qui lui conseillait d'envoyer un de ses Frères respirer l'air natal : « *L'air natal pour un Frère des Ecoles chrétiennes, c'est le Ciel.* » Et après avoir montré la foi ardente et la douceur inaltérable du Saint Fondateur, il a terminé par ces mots : « *Il but le calice de l'épreuve jusqu'à la fin, il mourut interdit,* » laissant ainsi son auditoire sous le coup d'impressions vives et profondes.

Au dernier jour, une grand'messe en musique a été chantée par les élèves de l'établissement, à la grande satisfaction de l'assistance, grâce à l'habileté du miatre qui a su combiner des éléments divers et restreints.

A la cérémonie du soir, on comptait plusieurs ecclésiastiques étrangers, heureux de prêter à cette fête leur concours aussi bienveillant que désintéressé. M. l'abbé Lissat, aumônier du pensionnat Saint-Eugène, à Aurillac, a fait le panégyrique du Bienheureux avec un talent si beau qu'une plume même exercée ne saurait le reproduire. Les prêtres n'avaient qu'une voix pour répéter : c'est parfait !

Une splendide illumination avait été ménagée à la cérémonie du soir. L'assistance ravie, émerveillée, a emporté des souvenirs heureux qui aviveront sa foi. Ces grandes et belles choses sont entièrement dues à l'initiative du cher Frère directeur dont le dévouement n'a point compté avec les obstacles et les fatigues. Dieu a été glorifié, le Bienheureux de la Salle connu, et la population pieusement édifiée. C'était son but : il a été pleinement atteint.

Un Témoin.

VOLLORE-VILLE.

—

Les touchantes solennités en l'honneur du Bienheureux
de la Salle ont eu lieu les trois derniers jours de l'octave
de la Fête-Dieu.

Cent cinquante enfants, en compagnie de bon nombre
de leurs parents, venaient, trois fois le jour, au pied du
Très-Saint Sacrement exposé, remercier le Ciel et implorer
la protection du nouveau Saint que l'Eglise venait d'élever
sur les autels.

Chaque réunion comportait le chant de quelques pieux
cantiques, la récitation du chapelet et une instruction
donnée par M. l'abbé Vaisson, vicaire de la paroisse.

Tous ces pieux enfants, ont fait du *Triduum* une vraie
retraite, très profitable pour leurs jeunes âmes, émues
au spectacle des vertus du Bienheureux et décidées à marcher courageusement dans la voie de la vertu.

Que pouvait désirer de plus celui dont ils célébraient le
couronnement dans la gloire ?

USSEL.

—

Le *Triduum* en l'honneur du Bienheureux J.-B. de La Salle a été célébré à Ussel les 12, 13 et 14 du mois de Juin, avec une pompe extraordinaire. Tout d'ailleurs faisait présager cette explosion, qu'on nous pardonne l'expression, de prières et de louanges en l'honneur du Bienheureux : la foi robuste de la population de nos montagnes, comme aussi les sympathies et le respect dont elle a toujours su entourer les dignes fils du grand éducateur de la jeunesse. Sans doute, il fut impossible de déployer la pompe et l'éclat des grandes églises de France, néanmoins, tout en se soumettant aux exigences de trop modestes ressources, on peut affirmer qu'Ussel a dignement marché sur les traces des grandes cités.

Nous ne donnerons ici qu'un faible aperçu sur cette brillante solennité.

L'Eglise offrait le ravissant coup d'œil du jour de la fête de l'Adoration perpétuelle ; l'autel disparaissait sous les fleurs et étincelait de lumières ; des guirlandes de mousse et de roses couraient le long des deux côtés de la grande nef ; des faisceaux d'oriflammes étaient appendus çà et là sur les murs et contribuaient à faire une décoration vraiment délicieuse.

A l'entrée du chœur, un trône simple, mais gracieux, supportait la statue du Bienheureux. Nous ne savons à quel maitre est dû cet attrayant modèle, mais nous devons dire que cette œuvre est achevée et digne de remarque : la physionomie du saint est rayonnante, expressive ; d'une main, il tient les constitutions de sa congrégation, et de l'autre, il semble indiquer le ciel à ses disciples comme devant être un jour la juste récompense de leurs veilles et de leurs labeurs. A neuf heures, les trois jours, la sainte messe fut célébrée pour les enfants de l'école ; chaque matin, trois cents élèves (chiffre éloquent) venaient s'agenouiller aux pieds de la statue du Bienheureux pour le remercier du grand bienfait de l'éducation chrétienne dont ils lui sont redevables, solliciter d'abondantes bénédictions pour leur chère Ecole et leurs bons maitres. Entre temps, leur prière revêtait la forme du chant, et c'était avec bonheur qu'on écoutait leurs pieux cantiques et leurs hymnes sacrées : *Ex ore infantium perfecisti laudem tuam.*

Mais le soir la cérémonie prenait un éclat particulier. Aussitôt que l'airain sacré avait annoncé aux échos de la cité la gloire du Bienheureux, de tous côtés les fidèles accouraient, et bientôt la vieille église était trop étroite pour contenir cette foule compacte. O peuple, quel hommage tu rendais par cet empressement au saint éducateur de la jeunesse et aux vaillants disciples qu'il a laissés après lui ! Il y avait donc foule chaque soir à l'église de St-Martin d'Ussel, et jamais le vers du poète ne fut plus vrai :

> Du temple, orné partout de festons magnifiques,
> Le peuple saint en foule inondait les portiques.

Les orateurs qui devaient porter la parole devant cette imposante assemblée sont amenés dans la chaire par la reconnaissance ; leur titre d'anciens élèves des Frères est un motif suffisant pour parler avec bonheur et conviction.

M. l'abbé Maison, professeur de philosophie au Theil, a

le premier, chanté les vertus du Bienheureux et acclamé son triomphe.

Sa parole nous montre J.-B. de La Salle se survivant dans ses œuvres; admirable dans sa méthode, admirable dans les maitres qui l'enseignent, admirable dans sa forme essentiellement chrétienne.

Le lendemain, c'était M. l'abbé Dallet, aumônier de Ste-Ursule de Tulle, qui avait la parole; encore un beau discours sur la nécessité de l'enseignement chrétien dont la création en France revient en grande partie à l'apôtre des classes populaires. Ce langage agrémenté de textes, riche de citations, émeut visiblement l'auditoire.

Enfin, il appartenait à M. l'Archiprêtre de clôturer ces jours de fêtes par le panégyrique du Bienheureux. Tout d'abord, il ne peut résister au besoin d'épancher son cœur de pasteur et père, et d'exprimer toute la joie dont son âme sacerdotale déborde en ce moment.

En termes très heureusement inspirés et empreints parfois d'émotion communicative, il salue ces jours de fêtes solennelles. Après cet épanchement du cœur et ce tribut d'éloges à l'empressement de ses chers paroissiens, il raconte à grands traits les diverses phases de la vie du saint Fondateur ; elles furent mouvementées, il est vrai ; mais, obéissant aux inspirations d'en-Haut, il reste toujours calme et humble, pendant qu'il établit sur le roc la première assise de son œuvre si utile et si populaire.

Un salut solennel chanté par les élèves de l'école aimée, termina dignement ces trois journées de prières, d'émotions et d'enthousiasme.

Daigne, le Bienheureux de la Salle, du haut du Ciel où

nous le vénèrerons désormais, bénir notre chère école congréganiste si nécessaire à la cité et à la contrée tout entière ! Puisse-t-il obtenir de Dieu que ses bons ouvriers, amis de l'enfance, restent longtemps au milieu de nous. C'est là notre vœu le plus sincère.

. M. MERPILLAT,

Vicaire à Ussel.

MAURIAC.

—

C'est au milieu du plus grand enthousiasme que la catholique population de Mauriac est venue rendre hommage à la mémoire du Bienheureux Fondateur de l'Institut des Frères des Ecoles chrétiennes. Les nombreux élèves confiés aux soins des Frères avaient été disposés à ces solennités par une retraite, recevant chaque jour le pain de la parole divine de M. le chanoine Tissier, secrétaire général de l'évêché de St-Flour. Quelles solides instructions! Le *Triduum* fut célébré dans l'église de N. D. des Miracles.

Cette belle et vaste basilique avait été magnifiquement décorée. Au milieu de la grande nef toute resplendissante s'élevait un superbe trône que dominait la statue du Bienheureux J.-B. de La Salle entourée de fleurs de toute sorte et de lumières de toute couleur. Plus de 600 mètres de guirlande de mousse et de verdure complètaient cette brillante décoration.

A chacun des trois jours une foule considérable se pressait aux pieds du Bienheureux. Les communions furent nombreuses. Le dimanche, 1er juillet, dernier jour du *Triduum*, vit accourir une affluence remarquable; les fidèles désireux de participer aux grâces spéciales accordées en cette circonstance offrirent le plus édifiant spectacle ; ce fut une communion générale, parents et enfants se trouvaient confondus au sacré Banquet, glorifiant ainsi dans un concert de ferventes prières le bienheureux Serviteur de Dieu. A dix heures, la grand'messe dans laquelle furent déployées toutes les ressources musicales que peuvent donner des éléments plus qu'ordinaires et qui ajoutèrent à la solennité. M. l'archiprêtre officiait.

Le soir, à l'issue des vêpres, M. le chanoine Tissier monte en chaire, et dans un langage empreint d'une simplicité noble et persuasive, fait le panégyrique du Bienheureux, s'attachant à faire surtout ressortir les vertus héroïques du saint Fondateur, prouvant que la vie du Frère des Ecoles chrétiennes, comme celle de leur bienheureux Père, est une vie d'abnégation et de dévouement. Il montre ensuite le saint Instituteur comme le véritable Ami de l'ouvrier, des familles pauvres ; et si les frères, dit-il en terminant, ont cette supériorité sur leurs adversaires, c'est qu'avec toutes les autres sciences, ils enseignent surtout la loi de l'Evangile, car aujourd'hui, comme autrefois, les populations veulent un enseignement chrétien......

Une si belle journée fut clôturée par le salut solennel chanté avec entrain par les enfants de l'école, aidés du concours d'Anciens Elèves qui avaient suivi les exercices de la retraite.

L'ascension d'un ballon mit fin à ces belles fêtes ; c'est aux éclats d'une joie enthousiaste qu'il a pris son essor dans les airs. Nombre d'amis étaient venus assister à cette réunion de famille à l'issue de laquelle le digne ecclésiastique dont la parole avait charmé les foules, jeta les premières bases d'un Cercle de jeunes gens annexé à l'école de Mauriac.

Nous avons tout lieu d'être pleinement satisfaits comme aussi convaincus des très heureux fruits qu'auront produits dans l'âme des élèves et des nombreux fidèles ces solennités.

La population de Mauriac gardera longtemps le souvenir

de cette touchante cérémonie et au moment opportun saura montrer, comme elle vient de le faire, comment elle aime et tient dans son estime les fils du Bienheureux et ses écoles chrétiennes.

SAINT-LÉONARD.

—

C'est après bien des préparatifs qui ont demandé beaucoup de temps, de patience et de soins que notre grande, mais bien pauvre, église s'est trouvée, pour la circonstance, toute transformée ; aussi la stupéfaction était-elle générale et tous les gens de répéter : « Véritablement nous n'avons jamais vu notre église si belle ! »

En effet, outre le grand tableau du Bienheureux qui s'encadrait si bien dans notre abside, il y avait nombre de cartouches décorés d'oriflammes aux armes de La Salle et de l'Institut ; de superbes guirlandes parsemées de roses de différentes couleurs descendaient de la voûte pour se rattacher à d'autres, formant de gracieux festons autour de l'antique sanctuaire du pieux Ermite de Pauvin qui, en ce jour, cédait les honneurs au Bienheureux J.-B. de la Salle.

Des couronnes de verdure étaient suspendues à la voûte. A l'entrée de l'église se dressait un trophée d'oriflammes sur lequel se lisait les mots : « Au Bienheureux de La Salle! » Puis pénétrant dans la maison de Dieu, on apercevait un gigantesque lustre en mousse portant des banderoles sur lesquelles était inscrit le nom des diverses nations où se trouvent les fils du Bienheureux. Un magnifique arc de triomphe reliant les deux autels de St-Léonard et du Bienheureux de La Salle complétait la décoration. Dans une niche superbe se trouvait la statue du nouveau saint, sa douce physionomie semblait augmenter la confiance de ceux qui venaient l'invoquer. Que de cierges ont brûlé devant ses reliques honorées avec foi et ferveur durant ces trois jours de bénédiction !

Plusieurs anciens élèves avaient prêté leur concours pour la Cantate en l'honneur du Bienheureux. Les

Enfants de Marie chantaient les couplets et les jeunes gens reprenaient le refrain. C'était beau, pour une localité où il y a si peu de religion, de voir ainsi honoré l'humble Fondateur des Frères des Écoles chrétiennes!

Ces solennités furent ouvertes par la messe du St-Esprit célébrée, le jeudi, veille du *Triduum* et à l'issue de laquelle M. le Curé, dans une courte allocution adressée aux élèves, leur a montré les dispositions dans lesquelles ils devaient être pour bien profiter de ces belles fêtes ; ainsi préparés tous saluèrent avec bonheur ces jours bénis. La joie rayonnait sur leurs visages, on sentait que c'était la fête des maîtres et des élèves. L'édification fut génèrale, de fréquentes communions marquèrent ces jours de prières. Le jeudi soir commencèrent les pieux exercices du *Triduum* et M. le Curé exprimait ses sentiments, disant qu'il est heureux de ce *Triduum* en l'honneur du Bienheureux de la Salle parce que sa vie a toujours été unie à celle des frères ; parce qu'il connaît leur dévouement, leur valeur, comme éducateurs de la jeunesse ; parce qu'il a lutté avec eux et pour eux et qu'il saisit avec bonheur l'occasion d'honorer leur saint Fondateur. Il espère que cet honneur rendu au Bienheureux sera une protection pour l'école des Frères, pour les enfants qui la fréquentent et pour leurs parents ; que la paroisse tout entière bénéficiera des grâces que le nouveau Saint répandra sur tous ceux qui l'invoquent avec foi et confiance.

M. l'abbé Giron, premier vicaire, inaugura le *Triduum* par un superbe discours sur la charité du Bienheureux envers le prochain. Nous sommes heureux de le reproduire.

Diliges proximum tuun sicut teipsum :
Vous aimerez votre prochain comme vous-même.

Je ne lis pas sans admiration, mes frères, les belles paroles que vous venez d'entendre. Dieu a tellement aimé les hommes qu'il place sur la même ligne l'obligation de les aimer et l'obligation de l'aimer lui-même.

Le second commandement : «Vous aimerez votre prochain comme vous-même, est, dit le Saint-Evangile, semblable au premier. Vous aimerez le Seigneur votre Dieu de tout votre cœur, de toute votre âme et de toutes vos forces ; » comme s'il pouvait y avoir quelque ressemblance entre ce qui est dû au Créateur et ce qui est dû à la créature. Jean-Baptiste de La Salle, frappé de tout ce qu'il y a de merveilleux et de sublime dans ce commandement, s'étudiait dans toutes ses actions et dans toutes ses paroles à l'accomplir le plus parfaitement possible. Il semblait ne vivre et ne respirer que pour faire le bonheur de ses semblables. « En toute chose, disait-il avec saint Paul, je m'attache à faire plaisir à tous, m'oubliant moi-même pour le bien des autres. » Remarquez ces paroles, mes frères, comme elles sont belles : Je m'attache, répétait sans cesse Jean-Baptiste de La Salle, à faire plaisir à mes frères. Je ne me contente pas d'éviter ce qui les blesse, mais je m'étudie à faire ce qui peut leur être agréable et utile.

C'est à tous sans exception que je m'étudie à plaire ; à l'ignorant comme à l'homme instruit, au mauvais caractère comme au caractère aimable, au pécheur rempli de défauts comme au juste éminent en vertus.

C'est dans toutes les circonstances que je m'étudie à faire plaisir à mes frères. Quand j'y trouve de la répugnance, comme lorsque j'y sens de l'inclination ; quand on a manqué d'égards, comme lorsqu'on m'a prévenu. Que pour plaire ainsi au prochain, il faille me gêner, m'imposer des sacrifices, n'importe ! J'ai appris, en renonçant aux honneurs et aux richesses de la terre, à me gêner moi-même pour ne penser qu'à l'intérêt et au bonheur de mes frères.

Tel est le noble et sublime caractère de la vertu de charité, et un grand orateur l'a fort bien définie, quand il a dit : « La vertu de charité est l'art de rendre heureux tout ce qui nous entoure. » Ainsi toutes les fois qu'elle peut faire plaisir à ses frères, en demeurant hautement dans la route du devoir, plus cher à son cœur que tout le reste, elle le fait avec joie, avec bonheur.

Et pourquoi, mes frères ? Remarquez-en bien les raisons : premièrement, parce qu'elle comprend ce que sont ceux avec qui elle vit, et secondement, parce qu'elle comprend tout ce qu'elle doit être elle-même.

I. — Quels sont, mes frères, ceux avec qui nous vivons ? Ce sont : premièrement des hommes, secondement des enfants de Dieu et troisièmement des membres de Jésus-Christ. Trois titres qui leur donnent droit à ce que nous fassions tout ce qui dépend de nous pour les rendre heureux.

1º Qui nous dira tous les égards dont Dieu veut que nous entourions l'homme, notre semblable, l'homme, ce chef-d'œuvre de ses mains qu'il a établi roi de la création, qu'il a fait si grand dans sa raison par laquelle il appartient au monde immatériel des intelligences, bien plus grand que ce monde matériel dont il est le souverain ; l'homme qu'il a ennobli, élevé au-dessus des anges, divinisé pour ainsi dire par l'Incarnation et l'Eucharistie ; l'homme qu'il destine à être, dans l'éternité, roi du plus beau royaume qui se puisse imaginer et qui, dès ici-bas, est capable de s'élever à tant de hautes vertus ; l'homme qui est si grand, si parfait dans Jean-Baptiste de La Salle que l'Église vient d'élever sur nos autels.

À la vue de ce chef-d'œuvre de la création divine, je ne sais que balbutier. Mon esprit et mon cœur sont incapables de vous en redire toutes les beautés et de vous en faire connaître toutes les magnificences. Tout ce que je puis faire, c'est de vous dire : Ne vous arrêtez pas à regarder l'homme comme un être vulgaire. Voyez-le avec les yeux de la foi. Concevez-en une haute et sublime idée. Alors, comme Jean-Baptiste de La Salle, vous sentirez vos cœurs palpiter pour lui d'une vive sympathie, vous l'aimerez, vous l'honorerez, vous sacrifierez pour lui votre vie et vos biens. Vous vous estimerez heureux de faire son bonheur sur cette terre d'exil.

Il est vrai, mes frères, qu'il en est qui déshonorent ce noble caractère. Mais, les diamants tombent quelquefois dans la boue et malgré la boue qui les souille, ils n'en sont pas moins des diamants précieux. L'homme aussi, malgré les défauts dont il recouvre quelquefois sa sublime nature, n'en est pas moins cet être si grand, fait pour le ciel, digne de tous les égards.

Mais, ce serait injustice et orgueil, disait Jean-Baptiste de La Salle, de vouloir que l'homme fût sans défaut pour l'honorer. Êtes-vous sans défauts, vous qui voulez être honorés ? Il est cependant un moyen de diminuer ces défauts, c'est de ne jamais croire au mal au-delà de ce qu'il est démontré, de ne jamais accuser les intentions et de laisser le jugement à Dieu.

Il est à faire quelque chose de meilleur encore, c'est de tendre la main à ce frère pour le relever de la boue où il est tombé, c'est de le rappeler au sentiment de sa dignité, de le replacer à la hauteur d'où il est déchu et de lui inspirer les sublimes vertus pour lesquelles il est créé. En agissant ainsi, vous imitez Jean-Baptiste de La Salle, vous formez l'homme à la vie chrétienne vous le faites marcher dans le chemin du devoir et de l'honneur, vous faites son bonheur sur la terre.

2° Ceux avec qui nous vivons sont encore plus que des hommes, ce sont des enfants de Dieu. « Voyez, dit l'apôtre de la charité, quel amour Dieu nous a témoigné en voulant que nous fussions ses enfants, non pas seulement de nom mais en effet. » Et comment un père et une mère, disait Jean-Baptiste de La Salle, veulent-ils qu'on traite leurs enfants ? Les blesser, c'est les blesser eux-mêmes.

Ils pardonneraient plutôt un outrage personnel qu'une injure faite à un être qui leur est si cher. Faire le bonheur de leur enfant, c'est faire leur propre bonheur. Or, mes frères, aucun père, aucune mère n'est aussi tendre pour ses enfants que l'est Dieu pour les siens. « Et quand une mère, nous dit-il, oublierait ses enfants, moi, je ne saurais oublier les miens. » Et par conséquent, disait Jean-Baptiste de la Salle, de quels égards ne devons-nous pas entourer nos frères, puisque ce sont les enfants de Dieu et que Dieu est sensible à la peine qu'on leur fait, comme si on la lui faisait à lui-même ? Avec quel soin ne devons-nous pas éviter tout ce qui peut leur faire de la peine, parce que Dieu y est sensible comme si c'était à lui-même qu'on fit de la peine ? On entourerait d'égards les enfants d'un grand monarque qui aurait promis des récompenses ou des châtiments selon la manière dont on les aurait traités. Comment donc devons-nous traiter les enfants de Dieu ? Ah ! mes frères, si nous avions les sentiments de Jean-Baptiste de La Salle, si nous voyions avec les yeux de la foi un enfant de Dieu dans chacun de nos frères, oh ! avec quelle bonté, avec quelle amabilité nous nous traiterions les uns les autres. Nous trouverions comme Jean-Baptiste de La Salle que notre vie n'est pas assez longue pour faire le bonheur de nos semblables.

3º Non seulement ceux avec qui nous vivons sont des hommes, des enfants de Dieu, mais encore les membres vivants de Jésus-Christ. Le Fils de Dieu nous revêt, nous recouvre pour ainsi dire, afin de recevoir en personne les procédés bons ou mauvais dont on userait envers nous et de faire aussi de l'amour du prochain une partie essentielle de l'amour qu'on lui doit à lui-même. « Tout ce que vous faites, nous dit-il, au moindre des miens, je le tiens fait à moi-même. »

O mon Dieu, quelle lumière vous révélez à mes yeux, s'écriait un jour Jean-Baptiste de La Salle. Ce frère, c'est Jésus-Christ ; le blesser, c'est blesser Jésus-Christ ; lui faire de la peine, c'est faire de la peine à Jésus-Christ. A ces pensées, le cœur de Jean-Baptiste de La Salle s'enflammait d'amour pour le prochain. Il était le plus doux des hommes : il écoutait avec patience, il répondait avec bonté, il assaisonnait toutes ses paroles d'une grâce et d'une onction qui les rendaient efficaces. Il marquait tout ce qu'il faisait par des traits de charité. Il s'accommodait aux caractères les plus difficiles et ménageait toutes les susceptibilités. Voilà, mes frères, avec quelles délicates attentions, avec quelle déférence Jean-Baptiste de La Salle traitait tous ceux qui vivaient avec lui. Ce sont aussi les titres de nos frères à notre obligeance et à notre charité. Et si de cette étude nous voulons passer à une autre, examiner ce que nous sommes nous-mêmes, nous en verrons jaillir les mêmes devoirs.

II. — 1º Que sommes-nous comme hommes ? Écoutons Dieu se préparant à créer l'homme : « Faisons l'homme, dit-il, à notre image et à notre ressemblance. » Eh ! quel a été, mes frères, le dessein de Dieu en nous faisant à son image, sinon de nous faire entendre que nous devions être en tout son image et retracer en toute notre conduite cette divine ressemblance.

Et comment être l'image et la ressemblance de Dieu, sinon en étant bon comme lui, aimant comme lui, indulgent et miséricordieux comme lui? C'est l'explication que nous donnent nos saints Livres : « Soyez les imitateurs de Dieu. » Grande et sublime destinée! Je dois imiter Dieu, disait Jean-Baptiste de La Salle, je dois être sur la terre l'image de la bonté de Dieu, je dois être la ressemblance de sa douceur, l'imitation de son amour pour le prochain.

Et quelle est la bonté de Dieu pour les hommes? C'est une application continuelle à leur faire du bien. Il leur a donné d'abord tout ce qu'ils ont et tout ce qu'ils sont, et après ce premier don, il leur conserve l'existence; il les environne de tous ses bienfaits, les éclaire par son soleil, les soutient avec la terre, les nourrit avec les aliments. Pour les divertir, il a couvert la terre de plantes et de fleurs; pour les sauver, il leur a donné son Fils et il l'a fait mourir à leur place. Voilà, mes frères, le grand modèle que nous devons imiter, que nous devons retracer dans nos rapports avec nos frères. Nous devons faire à nos semblables tout le bien que nous pouvons et leur souhaiter tout ce que nous ne pouvons leur donner nous-mêmes. Soyons les imitateurs de Dieu. Sans cesse, disait Jean-Baptiste de La Salle, nous devons entourer nos frères de nos égards. Et s'ils ont des torts envers nous, nous ne serons dispensés pour cela d'être aimables et obligeants envers eux, que le jour où Dieu, dont nous devons retracer ici-bas la bonté, cessera de faire lever son soleil sur le pécheur comme sur le juste.

Je sais que la grande intimité et la fréquence des rapports habituent quelquefois à se donner peu de soins pour se rendre aimable et obligeant envers ceux avec qui l'on vit. Mais, mes frères, c'est là un tort. La bonté de Dieu envers nous est une bonté de tous les instants; et de même nous devons être à tous les moments de la vie aimables, complaisants envers ceux avec qui nous vivons. Pour nous reposer de la noble fatigue que nous éprouverions à être constamment aimables, il n'est point d'autre temps que celui du sommeil. La vraie charité, pour être parfaite, a besoin de ces attentions délicates. Par conséquent, dans l'intérieur des familles, dans l'intimité des rapports les plus fréquents, nous devons nous appliquer à être constamment bons, obligeants, à faire le bonheur de tous ceux avec qui nous vivons. La règle est générale. Soyez mes imitateurs, nous dit le Bienheureux de La Salle, comme j'ai été l'imitateur de Dieu qui est à tous les moments plein de bonté et d'obligeance envers vous.

2° Voilà ce que nous sommes comme hommes. Et comme chrétiens? Ah ! mes frères, comme chrétiens nous devons retracer en nous les exemples et les leçons de Jésus-Christ. Or, voyez-le, cet adorable ami des hommes. Il fait à tous un accueil aimable ; jamais un visage sombre, un air de chagrin et de mécontentement ; jamais un mot de contestation et d'humeur. Pendant trois ans, il vit dans l'intimité avec des hommes sans éducation, sans politesse, et jamais il ne fait sentir la rudesse de leurs manières. Il les instruit avec patience. Il les reprend avec douceur, les traite comme ses égaux, va même jusqu'à les servir de ses mains divines. Il se conduit de même envers tout le monde, fraternise avec les pauvres et les pécheurs, sans maudire les riches, à condition qu'ils se souviendront que les pauvres sont leurs frères. De sorte qu'il est vrai de dire que, quand Jésus-Christ ne serait pas Dieu, il aurait été le plus aimable des hommes.

Imitateur de ce magnifique modèle, le Bienheureux Jean-Baptiste de La Salle s'est appliqué à faire le bonheur de tous ceux qui vivaient avec lui et à réaliser en lui la maxime de saint Paul : « En toute chose je m'applique à plaire à tout le monde, m'oubliant moi-même pour faire le bonheur des autres. » Pour marcher sur les traces du Sauveur, pour suivre Jésus-Christ, Jean-Baptiste de La Salle renonce aux joies de ce monde, se consacre au service des autels et devient homme d'église. Il dépose aux pieds de l'archevêque de Reims son titre et son bénéfice de chanoine. Il distribue lui-même aux pauvres sa fortune, ses biens, tout l'or qu'il possède, non en une fois, par un de ces élans spontanés qui rendent le sacrifice moins pénible, mais peu à peu, en détail, tous les jours, pendant deux ans, pour goûter à loisir les joies austères du dépouillement absolu ; et, quand il a donné jusqu'à la dernière obole, il prend alors une robe de bure, les livrées de la pauvreté, et il s'en va, lui, le fils des preux chevaliers, mendier sur les grands chemins et manger le pain noir de l'aumône.

Jean-Baptiste de La Salle a donné tout ce qu'il avait, il se donne lui-même comme Jésus et il fait ce vœu resté célèbre :

« Très Sainte Trinité, Père, Fils et Saint Esprit, prosterné dans un très profond respect, devant votre infinie et adorable majesté, je me consacre tout à vous et fais vœu de m'unir et de demeurer en société avec mes frères, pour tenir ensemble et par vocation les écoles gratuites en quelque lieu que ce soit. »

Le sacrifice est accompli, mes frères. Il se hâte alors de commencer son œuvre. Il fonde les écoles chrétiennes de nos chers Frères. Il y convoque les pauvres petits enfants abandonnés. Il les forme comme Jésus formait ses apôtres. Il leur fait connaître et goûter les vérités de la religion en même temps qu'il ouvre leur intelligence aux clartés et aux charmes des lettres et des sciences, et voici que toutes les vilenies, toutes les méchancetés humaines se déchaînent contre lui. Son œuvre tombe à Reims. Plusieurs de ses disciples l'abandonnent et le trahissent. Le pain manque à ses maisons. Le curé de Saint-Sulpice le dénonce. L'archevêque de Paris lui intente un procès. Monsieur de Noailles le dépose ; le lieutenant de police le condamne. Son pauvre mobilier est saisi. Le parlement imbu de Jansénisme dans un arrêt inqualifiable lui fait défense de tenir aucune petite école pour l'instruction de la jeunesse dans toute l'étendue de la ville et des faubourgs de Paris.

Jean-Baptiste de La Salle se soumet à cette épreuve et se montre très aimable envers ses ennemis. Le Seigneur est touché de la grande résignation de son serviteur et de son amour pour le prochain.

Aussi, Rouen l'appelle. L'archevêque lui ouvre les bras et lui aide à fonder de nouvelles écoles pour l'instruction des enfants abandonnés. Plus son rejet de Paris est pénible, plus Jean-Baptiste de La Salle est aimable, plus il se dévoue à faire le bonheur de ses semblables. Il ne faut pas vous en étonner, mes frères, tous les exemples et toute la vie du Bienheureux Jean-Baptiste de La Salle semblent se réduire à ce précepte de Jésus : « Je travaille à faire le bonheur de mes frères. »

Il faut être humble et pourquoi ? Parce que si l'on est superbe, on fera le malheur de ceux avec qui l'on vit. Il faut être doux et pourquoi ? Parce que si on a un caractère difficile, on sera à charge à ceux avec qui l'on vit. Tandis que les hommes doux font le bonheur de ceux qui les approchent. Il faut aimer le prochain comme soi-même, et pourquoi ? Parce que cet amour peut seul nous apprendre à faire le bonheur de ceux avec qui nous vivons, cet amour seul peut nous inspirer ces généreux dévouements qui apprennent à faire sur une grande échelle le bien de la société.

Je pourrais ainsi, mes frères, parcourir toute la vie du Bienheureux Jean-Baptiste de La Salle et vous verriez qu'elle s'est écoulée à faire le bonheur de ses semblables et à travailler à leur bien-être.

Donc, je conclus que celui-là n'a pas l'ombre de la vertu, n'a pas la moindre teinte de christianisme, qui ne s'étudie pas à faire le bonheur de ceux avec qui il vit. A plus forte raison, celui qui ne craint pas de faire de la peine à ses frères. Donc, je conclus que vous devez travailler à imiter le Bienheureux Jean-Baptiste de La Salle qui a passé sa vie à faire le bien de l'humanité.

Appliquez-vous, mes frères, à imiter ce beau modèle et vous y trouverez vos plus chers intérêts ; car vous serez traités comme vous aurez traité les autres. Bons et miséricordieux comme Jean-Baptiste de La Salle envers vos frères, vous trouverez Dieu bon et miséricordieux envers vous. Durs et sévères envers vos frères, vous trouverez Dieu dur et sévère envers vous. Faites donc consister votre piété à faire le bonheur de ceux avec qui vous vivez ; que chacun s'applique à faire le bonheur de tous ceux qui ont des rapports avec lui. Par là, vous ferez

comme Jean-Baptiste de La Salle aimer la vertu, chérir la religion qui
rend les hommes bons et aimables. Par là, vous exercerez ce bel apostolat de la charité chrétienne. Vous ferez comme Jean-Baptiste de La
Salle reconnaître comme divine la religion chrétienne à tous ceux avec
lesquels vous vivez. Vous la leur ferez connaître comme descendant du
ciel, par cette bonté, cette charité qui révélera en vous l'Esprit de Dieu,
l'amour de Dieu vivant dans vos âmes. Après vous être ainsi aimés sur
la terre, vous irez dans le ciel vous aimer éternellement les uns les autres.
C'est la grâce que je vous souhaite et que je demande pour vous tous au
Bienheureux Jean-Baptiste de La Salle.

Le deuxième jour, M. l'abbé Briffaud parla avec non
moins d'éloquence. Il montra à un nombreux et sympathique auditoire l'influence qu'exerce la sainteté sur les
âmes. Nous le reproduisons in-extenso :

Nous lisons dans l'office consacré à la gloire de nos saints Confesseurs
une parole bien remarquable, puisée dans les trésors de science et de
sagesse que l'Esprit-Saint a déposés dans nos livres sacrés : « Heureux
l'homme, est-il dit, qui a été trouvé sans tâche, quand il s'est présenté au
tribunal de Dieu! Heureux l'homme qui n'a pas couru après l'or et qui
n'a pas mis ses espérances dans les biens de la terre ! Quel est celui-là,
et nous le louerons, car il a fait des choses merveilleuses pendant sa
vie ? »

Cet homme, mes chers frères, pour qui l'Eglise réserve ses plus belles
louanges et toute la pompe de ses autels, cet homme, devant qui nous
nous agenouillons aujourd'hui sur les dalles de nos temples, c'est ce juste
ignoré, ce saint méprisé du monde, ce Bienheureux Jean-Baptiste de La
Salle, qui, foulant aux pieds, à son tour, tout ce que le monde estime et
ambitionne, les honneurs, les plaisirs, les trésors, n'a connu qu'un seul
trésor, la vertu, qu'un seul plaisir, l'amour de Dieu et du prochain, qu'un
seul honneur, la gloire de consacrer sa vie au service de son Créateur et
au soulagement de ses frères. Oui, c'est bien à lui qu'appartient la gloire
d'avoir fait dans sa vie de véritables miracles, *fecit enim mirabilia in
vitâ suâ*. Tout miracle est une œuvre surnaturelle ; mais qu'y a-t-il de
plus surnaturel que la sainteté de vie du chrétien? Par le miracle on
triomphe des lois qui régissent le monde ; par la sainteté de vie toutes
les lois des sens sont suspendues et vaincues. Le miracle arrête le cours
impétueux des eaux du Jourdain : la sainteté de vie arrête le torrent de
l'orgueil, de la colère, de l'envie, et toute la fougue des passions et des
vices. Le miracle éteint le feu destiné à brûler les trois enfants d'Israël
dans la fournaise : la sainteté de vie éteint les plus terribles flammes de

la concupiscence. Il n'est pas en un mot, dans les miracles de l'ordre physique, une seule merveille qui ne se réalise dans les miracles de l'ordre moral. Bien plus, les premiers s'exerçant sur la matière et les seconds sur l'esprit, ceux-ci l'emportent sur ceux-là autant que l'âme l'emporte sur le corps. — Nous allons donc publier ce soir les merveilles de la sainteté et montrer son influence sur le monde.

1ᵉʳ POINT. — Y a-t-il sur la terre quelque chose de plus grand, de plus vénérable et qui excite davantage l'admiration des peuples que la sainteté de vie ? Non, et devant l'humble grandeur d'un saint s'effacent, aux yeux éclairés par la foi, toutes les vanités des grandeurs humaines. Pour nous convaincre de cette vérité, il faudrait faire ici le panégyrique de notre héros, le Bienheureux de La Salle. Cela n'entre point dans mon plan, mais un court aperçu sur sa vie nous montrera la grandeur et la noblesse de son âme.

Le voyez-vous ce jeune homme qui essaie ses premiers pas dans la vie : devant lui se déploie un riant et heureux avenir ; il est riche de jeunesse, de force, d'espérance, et cependant sur ce front qui resplendit encore de la candeur et des grâces naïves de l'enfance, nous voyons déjà le sérieux, la réflexion, et pour ainsi dire la maturité de l'âge mûr. Ah ! c'est qu'à un jour béni le Seigneur a parlé au cœur de ce jeune homme, et lui a dit : « Mon fils, donne-moi ton cœur, suis-moi ; je veux être seul la part de ton héritage. » Et docile à l'appel divin, celui dont je parle mûrit dans le silence de son cœur cette vocation naissante, et quand arrive le moment des premiers sacrifices, il renonce avec courage aux douceurs du foyer domestique, s'arrache aux embrassements de sa mère, de sa famille en larmes, et va cacher les plus belles années de sa vie à l'ombre des autels du Dieu qu'il choisit pour l'unique portion de son héritage. Là, absorbé tout entier dans de longues et profondes études, il ne les interrompt que pour méditer dans le silence du recueillement et de la prière les grands et redoutables engagements qu'il va prendre et se former à l'accomplissement de ses devoirs de prêtre par l'étude du cœur adorable du divin Pasteur des âmes. Puis, en montant à l'autel pour la première fois, le jeune prêtre se donne à Dieu, il lui dévoue sa vie tout entière, et à l'oblation pure et sans tâche que ses mains offrent au Seigneur, il joint le sacrifice entier et sans réserve de tout son être et d'une vie qu'il va désormais user et consumer à son service et pour sa gloire. Désormais pauvre comme son divin Maître, il n'estime qu'une seule richesse, celle de la vertu ; sans ambition, il méprise l'élévation et les grandeurs humaines, ou plutôt son ambition à lui s'élève plus haut que la terre, il aspire sans cesse au ciel ; mais ce ciel, objet de tous ses vœux, il ne veut pas le conquérir pour lui seul, il veut y conduire toutes les âmes confiées à sa sollicitude, à sa vigilance, et c'est à la réalisation de ce noble désir que tendent désormais tous les efforts de son zèle et de sa charité. Toujours poursuivi par la haine du monde et quelquefois de ses frères, il donne sans cesse, en échange de cette haine, les trésors de miséricorde, de dévouement dont son cœur surabonde, et ne se venge de ceux qui le persécutent qu'en répétant pour eux la prière sublime du Sauveur expirant sur la croix : Mon Dieu, pardonnez-leur, car ils ne savent ce qu'ils font !...

Nous admirons aussi les merveilles de cette sainteté dans les Apôtres appelés par leur divin Maître à la conquête de l'univers, et après eux, une suite non interrompue de pontifes et de prêtres, partant du cénacle, traversent les siècles, et s'avancent dans le monde, comme des conquérants pacificateurs, la croix d'une main, l'évangile de l'autre, toujours en évangélisant, en bénissant, en consolant leurs frères. Ils traversent la terre et les mers ; ils sont à l'œuvre et la nuit et le jour ; les fatigues sont le seul repos qu'ils connaissent, les souffrances leur seule consolation, les mépris, les opprobres leur seule récompense. Pourvu que Jésus soit prêché et aimé et les âmes sauvées et l'Eglise embellie de toutes les vertus jusqu'alors inconnues sur la terre, ils sont contents et pleinement satisfaits. Aussi partout où ils pénètrent les plus pures lumières succèdent aux plus épaisses ténèbres, les plus hautes vertus aux vices les plus dégradants. Le saint, c'est encore le missionnaire catholique qui, sans secours, sans allégement, sans espérance que le martyr, mène au milieu des sauvages une effroyable vie de souffrances et de dangers, presque toujours terminée par une mort plus effroyable encore. Après les Saints que l'Eglise honore d'un culte public, nous pourrions parler des autres qui se sont dérobés dans l'humilité du cloître, dans les mille voies du bien, dans les postes du dévouement, dans les héroïsmes de toute une vie consacrée à reproduire la sainteté et les œuvres de Jésus-Christ, et ce serait devant nous un océan qu'il nous serait impossible d'embrasser et de sonder. Et ces héros de la sainteté, nous les rencontrons partout, depuis l'humble chaumière du pauvre jusqu'aux marches du trône du monarque, et partout ils ont donné au monde l'exemple des plus pures vertus. Les uns, tels que les Louis de Gonzague, ont été cueillis à la fleur de leur âge et ont joui de la même faveur que le pieux Hénoc dont il est dit que Dieu s'empressa de le ravir au monde, de peur que la malice du siècle ne vint à pervertir son âme. Les autres ont fourni une plus longue carrière. Ils ont vogué plus longtemps sur notre mer si orageuse et si pleine d'écueils. La grâce ne leur a épargné aucun combat, aucune épreuve, aucune souffrance ; mais ce n'a été que pour leur assurer de plus grands mérites et de plus belles victoires. Tandis que par une amoureuse disposition de la divine Providence, la pauvreté, les maladies et toute espèce de revers sauvegardaient leur innocence, en les mettant à l'abri des abus qu'engendrent ordinairement les richesses, la santé et les autres commodités de la vie ; d'un autre côté, le mépris public, les contradictions, les persécutions, les calomnies, les injustices sans nombre dont ils étaient l'objet, plaçaient sur leurs têtes les radieuses couronnes de l'humilité, de la charité, de la patience, du pardon des injures et de toutes les autres vertus évangéliques. Aux yeux du monde, c'était le comble de la disgrâce et du malheur ; aux yeux de la foi, c'est le glorieux partage des privilégiés de la grâce de Dieu. Voyons maintenant l'influence, le charme irrésistible que les Saints ont exercé durant leur vie et après leur mort.

2ᵉ POINT. — Lorsque N. S. Jésus-Christ était sur la terre, tous, amis et ennemis, publicains et pharisiens, s'inclinaient avec respect devant lui, subjugués par l'ineffable auréole de majesté, par l'éclat surnaturel de sainteté qui entourait sa divine personne : il faut de même que sa gloire, il l'a promis, éclate dans les siens, chez ceux du moins en qui l'amour de Dieu, sa vertu et sa grâce, ont une intensité de vie particulière ; et l'éclat de sainteté et d'innocence dont brillent les imitateurs du Christ sera le perpétuel ornement et l'impérissable parure de notre sainte Eglise. La vie des saints est un fait sensible, éclatant. Le saint vit au milieu du monde ; ses vertus font accourir les foules ; ses miracles produisent dans des régions entières un ébranlement profond. Le cœur humain, si dégradé qu'il puisse être, conserve toujours l'intelligence de l'amour héroïque pour Dieu et pour les hommes. Le sentiment du surnaturel se réveille encore dans l'âme même corrompue par le péché, toutes les fois qu'elle a le bonheur de rencontrer sur le chemin de la vie un homme doué de sainteté. De quel étonnement ne furent pas saisis les païens de l'époque la plus corrompue, à la vue de la charité que les païens avaient les uns pour les autres. Voyez comme ils s'aiment ! Et tous les barbares les plus grossiers ont ressenti l'irrésistible pouvoir de la sainteté. Les plus incrédules, les plus égarés dans leurs croyances n'ont pu s'empêcher de dire en voyant un saint François Xavier, un saint Vincent de Paul, un Bienheureux de La Salle, une sainte Thérèse, etc. « Puisque vous êtes ainsi, soyez des nôtres. » De nos jours on a vu des multitudes accourir de tous les points de la France et du monde pour voir un pauvre prêtre qui n'avait d'autre désir que de se dérober au regard des hommes. Le curé d'Ars a vu des milliers de pèlerins accourir auprès de lui, et son tombeau attire toujours de nombreux fidèles. Un saint a beau cacher sa noblesse sous le vêtement pauvre de l'humilité, son héroïque charité ne peut manquer de se trahir, ni la bonne odeur de ses vertus de se répandre parmi les hommes, comme la senteur pénétrante d'un parfum s'échappe toujours, quelque bien fermé que soit le vase qui le contient. L'Eglise fut toujours prévenue longtemps d'avance par les peuples, dans le jugement qu'elle porta sur ses saints ; elle s'est bornée la plupart du temps à ratifier la sentence déjà prononcée par le sentiment populaire, tant celui-ci est bon juge en matière de sainteté.

Et puis quelle merveilleuse fécondité ne produit pas dans le monde la vertu d'un seul saint ; son âme verse sur le monde des flots de lumière et de grâce que le cours des siècles ne parviendra pas à tarir. Voyez un saint François d'Assise par exemple. A peine a-t-il fondé son Ordre, qu'on voit accourir de France, d'Espagne, d'Amérique, des hommes épris de sa sainteté qui viennent se placer sous sa direction et demander en grâce d'imiter son genre de vie. C'est au point que, cinq ans après la fondation de son Ordre, il comptait plus de six mille religieux, rivalisant tous de mortification, d'abnégation et de sainteté. Et saint Vincent de Paul, le Bienheureux de La Salle, n'ont-ils pas trouvé aussi de nombreux imitateurs ? Leurs œuvres n'existent-elles pas toujours pleines de vitalité ? Et s'il y a encore sur la terre des œuvres de bienfaisance, de charité, n'ont-elles pas été toutes le fruit de la sainteté, car qui plus qu'un saint a su aimer ses frères, leur faire du bien et faire preuve d'un dévouement jusqu'à la mort ?

A l'amour dont leur cœur s'enflamme pour Dieu, les saints unissent toujours l'amour du prochain, surtout des pauvres et des humbles, des misérables de toute espèce et de toute figure. A l'autel où s'immole chaque matin l'Agneau sans tâche, ils vont renouveler et alimenter cet amour du sacrifice. Ce sublime et saint amour du sacrifice n'a pas seulement fondé des hôpitaux pour les pauvres et les délaissés, il s'est encore enfermé avec les captifs dans les lieux empestés, il s'est fait l'esclave des esclaves pour toujours. Où s'est-il trouvé un infortuné si misérable, si à plaindre, si rebuté, dans l'obscur réduit duquel ce saint amour du sacrifice n'ait pénétré pour le presser dans ses bras, pour baiser ses blessures, auprès du grabat duquel la charité ne se soit agenouillée comme une douce et secourable servante pour laver ses pieds.

En descendant volontairement dans les profondeurs de la pauvreté et du renoncement pour imiter J.-C. qui, étant riche, s'est fait pauvre pour enrichir tous ses frères, les saints et les saintes ont répandu une consécration céleste sur la pauvreté et la misère ; ils ont jeté sur les plaies hideuses de l'humanité le manteau de la beauté éternelle de J.-C., et ils ont ainsi ennobli la pauvreté et élevé le pauvre à la dignité de premier-né de J.-C.

Et ce n'est pas seulement pendant leur vie que les saints attirent, excitent l'admiration des peuples et sont l'objet de leurs louanges. La mémoire du juste sera éternelle, nous dit la sainte Écriture : *In memoriâ æternâ erit justus.* Pour nous en convaincre, nous n'avons qu'à considérer ce qui se passe dans cette paroisse au moment des ostensions. Ne voit-on pas non-seulement les chrétiens fervents, mais les indifférents eux-mêmes se presser nombreux pour vénérer les reliques de notre bienheureux patron ? Ne voit-on pas toutes les cités d'alentour venir implorer auprès de lui secours, assistance et protection ? tant il est vrai qu'on a toujours confiance dans l'intercession des saints. Pénétrons aussi sous le toit des plus humbles familles et jusque dans la chaumière du pauvre. Là, nos yeux rencontreront toujours quelque portrait, quelque image pieuse des saints ; là, nous retrouverons le livre qui retrace leur vie, là, l'on nous racontera avec le plus vif intétêt leurs exemples, leur morale en action, et l'on nous dira, avec je ne sais quel attendrissement, qu'on ne peut être heureux qu'en marchant sur leurs traces. Les noms sacrés de ces héros de la religion sont aussi notre gloire et notre protection. Les rois et les sujets, les riches et les pauvres, les villes, les provinces, les royaumes, tous se croiraient orphelins s'ils n'avaient quelque saint pour père et pour patron. Et quels saints? l'Eglise va-t-elle les chercher seulement dans les rangs distingués de la société ? Non, non : elle les prend là où la grâce de Dieu les a faits. Un Vincent de Paul, qui garda les troupeaux ; un Benoit Labre, qui mendia son pain ; une Marie Egyptienne, rebut de la cité ; une pauvre servante, une bergère, un simple artisan, un Isidore laboureur, un petit enfant : voilà les célestes potentats devants lesquels s'agenouillent les pontifes et les prêtres, les peuples et les rois.

La sainteté, on la trouve dans tous ces millions de martyrs que l'Eglise seule a eu le secret d'enfanter ; dans tous ces essaims de vierges qui, blanchies au sang de l'Agneau, le suivent partout où il les appelle, anges gardiens auprès de l'enfance, anges de consolation auprès des malades et des mourants, anges des paix auprès des blessés du champ de bataille, anges de prière dans le sanctuaire, anges du sacrifice, victimes d'expiation ensevelies vivantes dans leurs cloîtres fermés et silencieux comme des tombeaux.

Eh bien ! mes chers frères, en terminant ce *Triduum* du Bienheureux Jean-Baptiste de La Salle, prenons la ferme résolution de travailler avec plus d'ardeur à l'œuvre de notre sanctification. Prenons la résolution de favoriser plus que jamais son œuvre qui est vraiment l'œuvre du bon Dieu et qui est appelée à faire beaucoup de bien dans notre paroisse ; aimons les petits enfants comme il les a aimés ; aimons surtout leurs âmes si candides et si pures, car le royaume des Cieux appartient à ceux qui leur ressemblent. Et puis aimons à honorer les saints. Qu'ils vivent à jamais dans nos esprits et dans nos cœurs, dans nos pensées et nos actions. Que notre conduite, en un mot, soit désormais, dans son ensemble, comme dans ses détails, l'expression la plus fidèle de ces parfaits modèles.

Le troisième jour fut un vrai triomphe. Sa Grandeur, Mgr Renouard, évêque de Limoges, était venu par sa présence rehausser l'éclat de ces solennités. A la messe pontificale, il dit, à l'assistance recueillie, qu'il venait avec bonheur sur la terre de St-Martial, saluer les restes du plus populaire et du plus grand Saint du Limousin ; mais qu'il venait aussi avec non moins de satisfaction clore les belles fêtes en l'honneur du Bienheureux Jean-Baptiste de la Salle, heureux de donner cette marque de sympathie et de vénération à ses enfants répandus aujourd'hui dans l'univers entier. « A l'heure actuelle, continue Sa Grandeur, il est « plus nécessaire que jamais qu'il y ait des maitres chrétiens « puisque la religion est complètement bannie de l'ensei- « gnement officiel. »

« Je suis donc heureux de trouver dans votre localité des « Ecoles chrétiennes, et je félicite les personnes qui ont « su les créer et qui savent les maintenir, je les bénis. Je « bénis ces maîtres dévoués et leurs enfants, je bénis leurs « parents, je bénis la paroisse de St-Léonard qui, pour la « première fois, reçoit son évêque. Je bénis toutes ses « œuvres de piété et de charité, et j'en emporte le meilleur « souvenir. »

Pour terminer cette belle journée, M. l'abbé Bessède, curé-doyen, monta en chaire à l'issue des vêpres présidées par Monseigneur, et fit le panégyrique du Bienheureux. Il s'appliqua surtout à prouver qu'il n'y a point de véritable éducation sans religion et que celle-ci n'est complète qu'autant qu'elle est jointe à une solide instruction religieuse, en voici la courte analyse :

1° La sainteté dans les maîtres est le foyer qui projette la plus grande lumière sur l'œuvre de l'éducation. Aux clartés de la foi, l'âme du saint plus éclairée de Dieu voit et comprend mieux la grandeur de son œuvre : il voit sous un jour plus brillant l'origine divine de l'enfant confié à ses soins, la fin dernière de cet enfant qui est Dieu et par conséquent le but de l'éducation qui est de le conduire à Dieu en travaillant à former en lui la ressemblance divine, l'image de J.-C. Le saint voit et connait mieux les vices, les défauts et les passions de l'enfant ; il comprend mieux les moyens à employer, la bonne méthode qui accepte les ressources ordinaires, mais se sert surtout des secours surnaturels : la prière et les sacrements.

Voilà pourquoi le saint est le plus grand éducateur, et voilà pourquoi le Bienheureux de la Salle fut si grand dans cette œuvre.

2° La sainteté est le principe de la plus grande force morale chez le maitre, parce qu'elle est la source du sacrifice et de l'amour le plus héroïque pour l'enfant. L'éducation est une œuvre de rédemption qui réclame un amour surnaturel, une constante immolation de soi-même.

Plus cet amour sera grand et plus l'œuvre avancera. Or, le saint est celui qui aime le mieux l'enfant, qui se dévoue le mieux par l'humiliation, par les soins assidus, par le travail, la prière ; surtout son amour est respectueux et chaste. Son amour descendu du ciel y remonte ; il s'alimente sur le calvaire et au tabernacle, ne se rebute jamais et avance toujours.

Qui ne connait l'amour et le dévouement du Bienheureux de La Salle ?

THIERS.

—

La Communauté de Thiers n'a pas voulu rester étrangère aux manifestations de foi et de reconnaissance en l'honneur du Bienheureux de la Salle, aussi les 20, 21 et 22 juillet elle avait son tour.

Les deux premiers jours, les élèves assistèrent à la sainte Messe dite spécialement pour eux et durant laquelle ils ont exécuté des chants tout de circonstance. Le dimanche, dernier jour du *Triduum,* plus de quatre-vingts élèves des Frères auxquels se sont joints plusieurs enfants de la localité appartenant à d'autres écoles, se sont approchés de la sainte Table.

A 9 heures 1/2, eut lieu la grand'Messe, chantée en musique par les élèves de l'école chrétienne , parmi lesquels s'étaient mêlés un groupe d'anciens élèves qui ont puissamment contribué à la bonne exécution de la Messe si harmonieuse de *Palestrina;* le grand orgue tenu par une main habile accompagnait les chanteurs placés à la tribune.

Le soir, les vépres furent exécutées en faux-bourdon ; en général, tous les chants fort bien interprétés ont produit le meilleur effet. Devant un nombreux auditoire, M. le Curé de la paroisse fit le panégyrique du Bienheureux de la Salle.

Ces jours de bénédiction auront mis en lumière les vertus du Bienheureux et acquis à sa famille religieuse les meilleures sympathies.

SAINT-YRIEIX.

—

Après Bellac, Limoges et La Souterraine, après cent
autres villes en France et à l'étranger, Saint-Yrieix a tenu
à témoigner sa reconnaissance envers les Frères des Ecoles
chrétiennes en célébrant un *Triduum* en l'honneur du Bienheureux Jean-Baptiste de La Salle.

Si l'on ne peut comparer ces fêtes aux solennités des
grandes villes, nous raconterons simplement les cérémonies
édifiantes dont nous avons été témoin. Ce sera rendre
hommage à la fois au grand Saint et à ses dignes
successeurs. Ce sera féliciter la population chrétienne de
la chaleureuse sympathie qu'elle a manifestée en ces jours
de triomphe.

La grande église de Saint-Yrieix, toujours belle, avait
été préparée et ornée pour paraitre plus belle encore.
Nombre d'ouvriers de bonne volonté, répondant à l'appel
du cher Frère Directeur et heureux de saisir une occasion
de lui montrer leur dévouement, s'étaient mis à l'œuvre.

Le grand tableau transparent qui représente le Bienheureux Jean-Baptiste de la Salle entrant dans la gloire,
avait été hissé non sans peine entre le maitre-autel et les
vitraux du milieu.

Le sanctuaire garni de verdure, l'autel orné de fleurs,
l'église tout entière tapissée d'oriflammes, les piliers portant
des cartouches où se lisaient les grandes dates de la vie du
Bienheureux présentaient le plus riche et le plus gracieux
effet ; aussi, bien avant le premier exercice du *Triduum*

beaucoup de curieux et d'admirateurs étaient-ils venus visiter l'église ainsi transformée.

L'ouverture solennelle du *Triduum* a eu lieu le jeudi 2 août, à 7 heures et demie du soir. L'assistance était déjà nombreuse, l'église tout illuminée, quand le cortège d'honneur fit son entrée. C'étaient d'abord les chers enfants des Frères, tout heureux et tout fiers, portant avec gloire des drapeaux aux couleurs de tous les pays dans lesquels les Frères comptent aujourd'hui des élèves. Au premier rang nous saluons celui de la France et nous y lisons : « 9.000 frères ; 400.000 élèves. » Derrière eux viennent d'autres enfants vêtus comme des prélats et des princes de l'Eglise. Puis les Frères des Ecoles chrétiennes, les uns portant la statue ou le Reliquaire de leur bienheureux Fondateur, les autres groupés avec amour autour de ces trésors comme les enfants autour de leur père.

Pendant cette marche triomphale qui excite une vive émotion, la fanfare de Saint-Yrieix fait entendre ses plus beaux morceaux ; notes joyeuses et sonores résonnent dans la vieille église et traduisent au dehors la joie qui est dans les cœurs.

Après le *Veni Creator*, M. l'archiprêtre monte en chaire ; premier panégyriste, il explique le caractère de la fête, fait ressortir les avantages incomparables de l'éducation chrétienne telle que la donnent les Frères, continuateurs de l'œuvre du Bienheureux Jean-Baptiste de La Salle. Après la lecture du Bref pontifical autorisant le culte rendu au nouveau Béatifié, un *Te Deum* chanté avec enthousiasme exprime la reconnaissance de tous ces chrétiens heureux de compter un modèle et un protecteur de plus, de tous ces enfants justement fiers des honneurs rendus à leur Père.

La bénédiction du Très Saint-Sacrement complète et couronne cette première journée.

Honneur à tous ceux qui ont payé de leur personne pour en accroître la solennité ! Honneur à tous ceux qui ont généreusement ouvert leur bourse ! Honneur aux jeunes filles chrétiennes qui ont consacré leur talent musical et leurs belles voix au service de Dieu et de ses Saints.

Le lendemain et le surlendemain, une messe chantée, célébrée à 9 heures, attirait une nombreuse et pieuse assistance aux pieds des autels. Les mères venaient remercier Celui auquel elles doivent l'éducation chrétienne de leurs enfants. Les élèves des Communautés venaient reconnaître que le Bienheureux Fondateur des Ecoles chrétiennes est aussi leur patron. Un prêtre passait dans les rangs pressés des fidèles pour recueillir leurs offrandes et deux autres se fatiguaient noblement à présenter aux baisers respectueux des assistants les reliques précieuses du Bienheureux.

Le vendredi soir, M. l'abbé Labetoulle, aumônier du Lycée de Limoges, dont les prédications à Saint-Yrieix ont laissé le meilleur souvenir, louait à son tour le Bienheureux de La Salle continuant dans le monde la divine mission de l'Eglise, à qui a été confié la ministère d'enseigner les nations et d'appeler à elle les petits enfants. Le lendemain, le prédicateur complétait sa pensée en montrant clairement comment le Bienheureux Jean-Baptiste de La Salle avait été le plus grand parmi les grands hommes du siècle de Louis XIV, parce qu'aucun d'eux n'avait laissé après lui une œuvre aussi parfaite, aussi utile et aussi durable.

Le dimanche, jour de clôture des saints exercices du *Triduum*, devait être un vrai triomphe.

A 6 heures, une messe de communion pendant laquelle les belles voix que nous avions admirées les jours précédents font entendre les accents les plus suaves.

A 9 heures, messe solennelle célébrée par M. l'archi-prêtre et chantée par les élèves des Frères ; l'heureuse exécution témoigne de leur bonne volonté en même temps que de l'habileté de ceux qui les avaient préparés.

Le soir à 3 heures, les vêpres chantées en faux-bourdon étaient suivies d'un nouveau panégyrique du Saint donné par M. Laplagne, curé de Saint-Joseph de Limoges. Il énumère les bienfaits incomparables dont le Bienheureux a fait bénéficier l'Eglise, la famille et la patrie en créant son admirable Institut des Frères des Ecoles chrétiennes.

M. Pascaud, pendant trente ans supérieur de la première école libre du diocèse de Limoges, M. Labetoulle le repré-sentant autorisé de l'élément religieux dans l'enseignement officiel, M. Laplagne l'apôtre infatigable des écoles libres de la ville de Limoges étaient les orateurs de choix qui, mieux que personne, pouvaient proclamer ce que nous devons tous aux maîtres chrétiens et au Bienheureux Jean-Baptiste de La Salle leur initiateur.

La procession à laquelle prennent part les Frères, leurs élèves et les membres du clergé, circule bientôt en tous sens dans la vaste église devenue trop petite pour contenir la foule toujours plus compacte. Les prêtres des paroisses voisines, les chers Frères Directeurs des Ecoles de Limoges et de Coussac-Bonneval rehaussaient par leur présence l'éclat de cette dernière cérémonie. Bientôt Notre Seigneur Jésus-Christ sortant de son tabernacle au milieu des chants et des prières versait sur tous ses enfants ses bénédictions précieuses.

Continuez donc, très chers Frères, à donner aux enfants une instruction et une éducation solides qui perpétueront les traditions chrétiennes de nos laborieuses populations ; vous avez l'admiration, la sympathie, les encouragements des plus nombreux et des meilleurs. Continuez votre sainte tâche avec confiance, car celui que nous avons tous fêté, le Bienheureux Jean-Baptiste de la Salle, saura, par sa protection, vous la rendre facile et féconde. .

Un Étranger.

THURET.

—

La petite localité de Thuret a voulu, elle aussi, rendre un public hommage au Bienheureux Fondateur des Frères des Ecoles chrétiennes.

On nous transmet les lignes suivantes :

Les exercices de notre modeste *Triduum* ont eu lieu les premiers jours du mois de Décembre.

Le Dimanche précédent, 25 Novembre, notre vénérable curé avait prévenu les fidèles qu'un *Triduum* serait célébré en l'honneur du Serviteur de Dieu, Jean-Baptiste de La Salle, et après avoir dit quelques mots sur la Béatification du nouveau Saint, le vénéré Pasteur a chaleureusement invité ses paroissiens à prendre part à ces fêtes religieuses.

Au jour fixé, une assistance nombreuse se trouvait à la messe qui ouvrait les exercices du *Triduum*.

Dans un discours plein d'à propos et fort goûté, M. le curé fait le panégyrique du Bienheureux. Différents morceaux de chants exécutés par des voix d'hommes et d'enfants ont été d'un bel effet.

La bénédiction solennelle du Très Saint-Sacrement a eu lieu à l'issue de la messe. Les fidèles ont été invités à vénérer les reliques du Bienheureux exposées durant ces trois jours au milieu d'un brillant luminaire.

Le lendemain, samedi, à huit heures du matin, le son des cloches invitait les fidèles, comme aux jours de grandes fêtes, à un second rendez-vous dans le lieu saint. Il y a eu même affluence et même solennité que la veille. Le soir,

les élèves et bon nombre de personnes pieuses se sont
présentés au tribunal de la pénitence afin de se disposer à
bénéficier des grâces spéciales accordées en ces belles
fêtes.

Le lendemain, dimanche, eut lieu la communion générale au milieu du plus grand recueillement. Pendant la
grand'messe, les élèves firent entendre divers morceaux de
chants exécutés à la grande satisfaction des assistants.

Enfin, la bénédiction du Très Saint-Sacrement, suivie
du *Te Deum*, a terminé la série de ces pieux exercices qui,
nous osons l'espérer, auront contribué à procurer la gloire
de Dieu, et fait descendre du ciel sur la paroisse de Thuret
de précieuses et d'abondantes bénédictions.

RIOM.

—

Un *Triduum* solennel en l'honneur de J.-B. de la Salle récemment béatifié par Léon XIII, vient d'être accordé par Monseigneur l'Evêque, comme une faveur insigne, à la ville de Riom où les Frères des Ecoles chrétiennes instruisent depuis longtemps presque tous les enfants du peuple, avec un succès et un dévouement qui n'ont d'égal que la sympathie dont ils sont universellement l'objet.

Aussi, on y a célébré, pendant trois jours, avec une splendeur qu'on ne pouvait pas dépasser, la mémoire désormais immortelle de ce Bienheureux auquel la France a donné le jour et dont elle a reçu tant de services. Par les soins et l'intelligente organisation du frère directeur de l'école, grâce au concours du clergé paroissial et à l'empressement unanime de toute la population, on a pu donner à ces fêtes un éclat qui était comme un reflet des fêtes si belles de Paris, Reims, Rouen, Bordeaux.

Le *Triduum* commencé le vendredi, s'est fait ce jour-là dans la chapelle privée de la maison des Frères. Ce sera un jour d'impérissable souvenir pour cette Maison, à cause des joies intimes qu'elle a éprouvées, en recevant à demeure fixe le Très Saint-Sacrement, par une permission dont on ne saurait avoir trop de gré envers le prélat qui l'a accordée. Le matin de cette première journée, devant toute la jeunesse de l'école, au milieu de la joie qui rayonnait sur tous les fronts ou qui s'échappait de toutes les bouches en chant d'allégresse, M. le curé de St-Amable, après avoir adressé une allocution de circonstance à tous les enfants réunis, a célébré la messe pour la première fois dans la chapelle des Frères et a déposé dans le tabernacle le Dieu qui sera le compagnon de leur vie, le confident de leurs peines, le témoin de leurs travaux et de leurs mérites. Le soir, M. le Curé a procédé à la bénédiction solennelle et à l'érection canonique d'un chemin de croix dans cette chapelle.

Les exercices du *Triduum* ont eu lieu le second jour dans l'église de N.-D. du Marthuret. La grand'messe a été célébrée par M. le Curé de la paroisse et chantée par les élèves des Frères. Le soir, un premier tableau du Bienheureux suspendu sur l'autel et brillamment éclairé par un cadre de lumières, semblait resplendir des divines clartés. Là, devant un auditoire considérable et distingué, M. l'abbé Bréchard, vicaire, a prononcé un premier panégyrique, faisant ressortir une des vertus de J.-B. de la Salle, son humilité, montrant que cette vertu a été le principe fécond de sa sainteté, de l'épanouissement de son Institut et des honneurs sacrés qu'on lui rend aujourd'hui. *Qui humiliat exaltabitur.*

Le *Triduum* a été clôturé dimanche, dans l'église de Saint-Amable qui se prêtait au déploiement et à la pompe de ces cérémonies, par l'étendue de ses vastes nefs et la richesse de ses décorations. Derrière l'autel s'élevait une estrade de verdure que surmontait une seconde apothéose du Bienheureux, de dimensions plus grandes que celle de la veille. Cette immense toile, éclairée par un cercle de lustres, donnait toute l'idée, qu'on peut avoir en ce monde, d'un saint entrant au ciel.

Des oriflammes déroulaient les armoiries du Pape et de l'Evêque, promoteurs de ces solennités. A une première messe, eut lieu la communion générale des enfants des Frères et d'un grand nombre de personnes.

A neuf heures, M. le Curé de la paroisse a célébré la

grand'messe, chantée par les élèves du collège Sainte-Marie. La fanfare de cet établissement s'y est fait entendre. Le soir, la grande église était trop petite pour contenir la foule aussi recueillie que pressée : le riche et le pauvre, côte à côte, ne se distinguaient pas, confondus dans un même sentiment d'admiration et de reconnaissance. Après les vêpres, le Père Huguet, de la Société de Jésus, a montré, dans un second panégyrique du Bienheureux, qu'il avait été un modèle sur la terre et qu'il est maintenant un protecteur dans le ciel. Le prédicateur a mis aussi en relief les immenses services rendus de tout temps par les Frères des Écoles chrétiennes à l'Église, à la France et au monde entier. Il a conclu en présageant le triomphe de l'éducation chrétienne dans notre pays où l'infatigable dévouement des Frères rivalise avec l'inépuisable générosité de ceux qui les soutiennent.

Une cantate, les chants liturgiques, une marche jouée par la musique du collège ont brillamment terminé cette journée. Elle laissera dans l'âme de ceux qui en ont été les témoins un souvenir ineffaçable.

AIGUEPERSE.

—

Le digne Pasteur de Notre-Dame d'Aigueperse et sa paroisse si chrétienne ont voulu payer un tribut d'hommage au Fondateur des Frères qui dirigent l'école de cette ville.

Dès que les jours fixés pour le *Triduum* sont connus, tous les habitants s'empressent d'offrir leur concours pour décorer notre belle et vaste église. C'est ainsi que plusieurs chantiers pour la confection de guirlandes sont installés sous l'habile direction de MM. les Vicaires qui remplissent à la fois les doubles fonctions d'ingénieurs et de manœuvres.

L'église est magnifiquement décorée. Derrière l'autel, sur une immense toile, s'élève l'image du Bienheureux de La Salle porté par une nue vers la céleste Patrie. Ce magnifique tableau, œuvre d'un de ses fils, est très admiré par le merveilleux effet qu'il produit sous les arceaux gothiques et élevés de l'église paroissiale.

De l'autel richement orné s'élève comme une gerbe de lumière qui met en relief les traits bénis du Bienheureux.

De toutes les colonnes, reliées par des guirlandes de mousse peinte parsemée de fleurs et formant de gracieux festons, se détachent des cartouches portant les dates principales de la vie du Bienheureux et descendent des oriflammes dont les diverses couleurs offrent un coup d'œil ravissant.

Dans le chœur, au milieu d'un jardin émaillé de fleurs dont la variété fait oublier qu'on est à la veille de Noël, s'élève sur un magnifique trône de verdure la statue du Bienheureux ayant à ses côtés un petit enfant, dont le sourire aimable attire les cœurs des pieux fidèles qui viennent s'agenouiller et déposer une fervente prière pour eux et pour l'enfance.

De la voûte, au-dessus de la statue, descend une immense couronne de verdure et de fleurs qui rappelle l'immortelle couronne de gloire que le Père céleste a placée sur la tête du Bienheureux Jean-Baptiste de La Salle. A ses pieds s'étale un bouquet de fleurs naturelles de plus d'un mètre de haut, confectionné et offert par les mères de familles.

Le *Triduum* est solennellement ouvert le jeudi soir, 20 décembre, à cinq heures et demie, au son de toutes les cloches, qui lancent dans les airs leurs joyeuses volées et annoncent aux pieux fidèles l'heure où il leur est donné de satisfaire à ce qu'ils appellent : « Une dette de reconnaissance envers le Bienheureux de La Salle pour sa protection marquée à ses enfants de cette ville si cruellement et si indignement persécutés depuis quelques années. »

Après le chant du *Veni Creator*, M. le Curé lit le Bref de béatification qui accorde au Bienheureux de La Salle les honneurs des autels. En action de grâces on chante le *Te Deum* suivi du Salut du Saint-Sacrement et de la cantate au Bienheureux.

Le vendredi 21 décembre, premier jour du *Triduum*, dès six heures a lieu une messe de communion.

A neuf heures, grand'messe chantée par les élèves des classes, pendant laquelle le chœur des enfants de Marie fait entendre quelques beaux morceaux de son répertoire. Après l'Evangile, M. le chanoine Vacheron, curé d'Aigueperse, monte en chaire et commente de la manière la plus attrayante l'attitude de l'enfant qui est au côté du Bienheureux.

Pendant la vénération des saintes reliques, les enfants, alternativement avec le chœur, entonnent l'hymne *Iste Confessor*.

Le soir, à cinq heures et demie, la foule recueillie a envahi la grande nef, et bientôt les nefs latérales n'ont plus de place vide. Les deux cents élèves des Frères sont rangés autour de l'autel formant comme la garde d'honneur du nouveau Béatifié.

Après l'hymne des Confesseurs et du *Magnificat* en faux-bourdon, M. le chanoine Barrière, de Clermont, dans un éloquent discours, montre que l'enseignement doit être chrétien tant au point de vue de la morale que de la famille et de la société. L'orateur flétrit la morale inventée de nos jours, qui a pour résultat d'amener la discorde dans les foyers et le désordre dans la vie sociale.

Le lendemain samedi, deuxième jour du *Triduum*, même affluence que la veille.

A neuf heures, grand'messe célébrée par M. l'abbé Bathiat, curé de Montpensier, pendant laquelle les chants en l'honneur du Bienheureux sont exécutés avec accompagnements d'instruments. M. le chanoine Barrière prend la parole et dans une charmante homélie, il établit un dialogue entre le Bienheureux et l'enfant qui est près de lui.

L'auditoire, captivé, est suspendu à ses lèvres ; pas une syllabe de cette instructive conversation n'est perdue.

Pendant toute la journée les visites à l'église se succèdent, et le Dieu qui pardonne laisse couler à flots sa miséricorde sur les nombreux fidèles qui viennent s'agenouiller au tribunal de la pénitence.

Le soir, à cinq heures et demie, l'église est remplie. Une

nombreuse assistance implore la protection du Bienheureux. Les mères lui amènent leurs enfants, et en leur montrant son image, elles leur apprennent à l'aimer.

Après l'*Iste Confessor* et le chant solennel du *Magnificat* M. l'abbé Barrière s'adresse à la foule plus compacte que la veille et démontre, avec une éloquence persuasive, que la religion doit être la base de tout enseignement bien compris, car la religion seule est capable de former des cœurs grands, nobles et généreux.

Le salut en musique avec le gracieux concours des anciens élèves a clos cette délicieuse journée pleine de consolation. Chacun ne quitte qu'à regret la maison de Dieu toute parfumée d'encens, de prières et d'espérance!

Dimanche 23 décembre, dernier jour du *Triduum*. Quel beau spectacle offre cette phalange de jeunes gens entourés de leurs pieux parents au banquet eucharistique!

Après l'évangile, M. le curé fait une courte allocution de circonstance et pleine d'à propos.

Malgré les funérailles d'une personne distinguée et auxquelles de nombreux amis assistent, la grand'messe à 10 heures attire une foule immense. Après l'office divin a lieu la vénération des reliques et la distribution des médailles du Bienheureux que les pieux fidèles reçoivent avec foi et confiance en sa protection.

Le soir, à quatre heures et demie, vêpres en faux-bourdon suivies du panégyrique du Bienheureux. Pendant plus d'une heure, M. le chanoine Barrière a charmé la foule toujours grossissante malgré une pluie torrentielle.

En racontant les premières années de la vie du Bienheureux de La Salle, l'orateur fait ressortir la mission providentielle par laquelle il allait devenir le Fondateur de la congrégation des Frères des Ecoles chrétiennes. Il nous fait assister à toutes les difficultés, à tous les obstacles qui se dressent contre son œuvre et nous montre enfin le succès couronnant une longue carrière d'épreuves et de souffrances.

Le Salut chanté en musique a été la note gaie de cette belle journée. L'*O Salutaris* de Debligny, par les voix fortes et graves de quelques artistes et les voix argentines des enfants, a produit un effet tel que des larmes de joie ont sillonné les joues des pieux fidèles. L'*Ave Maria* de Gounod a été chanté avec une rare délicatesse d'expression, et le *Tantum Ergo* de Mozart enlevé avec entrain par les élèves aidés du concours de plusieurs instruments.

La cantate exécutée avec orchestre par les élèves et les Enfants de Marie a clôturé ces belles fêtes. Elles laissent une impression profonde en notre bonne ville d'Aigueperse si religieuse et dévouée plus que jamais à la cause de l'éducation chrétienne de l'enfance.

BLANZAT.

—

Une cérémonie touchante et solennelle a eu lieu, à Blanzat, dans la dernière semaine de décembre 1888, en l'honneur du Fondateur des Frères des Écoles chrétiennes.

Dès le premier jour du *Triduum*, M. le curé de la paroisse, dans une pieuse allocution aux enfants, montra Jean-Baptiste de La Salle se plaisant en son jeune âge, à des exercices de piété de préférence à tout autre, et qui contribuèrent à conserver son innocence; plus tard, agissant avec le double esprit de la foi et de la mortification, Jean-Baptiste de La Salle parvint à un haut degré de sainteté.

Le deuxième jour eut lieu la confession des enfants, préparation immédiate à la communion qu'ils devaient faire le lendemain dimanche.

Ce jour-là, tout Blanzat était en fête. L'église avait revêtu une magnificence extraordinaire. Le maître-autel resplendissait de richesse et de grâce devant la nombreuse assistance qui remplissait le saint lieu.

De la voûte du chœur descendaient, en s'éloignant, des guirlandes aux couleurs variées, qui allaient se replier, en formant des arcs aux quatre coins du sanctuaire. En avant du maître- autel, à moitié hauteur des arceaux, se voyaient les écussons de N. S. Père le Pape Léon XIII et de Mgr Boyer.

De nombreux luminaires faisaient resplendir l'image du Bienheureux, rayonnante de gloire et de majesté.

Oriflammes, drapeaux enlacés produisaient le meilleur effet.

La messe célébrée par M. le Curé de la paroisse, fut chantée par les jeunes gens, anciens élèves de l'école et les élèves actuels. L'orgue, sous une main habile et exercée, accompagnait les offices et les cantiques avec un admirable entrain.

Grand nombre d'ecclésiatiques et d'autres amis de l'Institut des Frères, étaient venus rehausser de leur présence l'éclat déjà si imposant de cette touchante cérémonie.

A la messe, M. l'abbé André, aumônier du Petit-Noviciat, dont l'éloquente parole avait été si bien écoutée à Ambert, se surpassa dans le panégyrique du Bienheureux.

Les vêpres et la bénédiction du Saint-Sacrement furent très solennelles. L'assistance ne pouvait se lasser d'admirer la splendide illumination du chœur.

Cette journée, qui a laissé dans toutes les âmes un souvenir ineffaçable, a été le témoignage sympathique de l'excellente population de Blanzat aux dévoués instituteurs de leurs enfants.

ORCIVAL.

—

La pieuse paroisse d'Orcival qui conserve les traditions de ses pères et leur attachement au culte de la Très Sainte Vierge, sait aussi honorer les saints et recueillir des bénédictions spéciales en les invoquant avec une foi vive, une piété ardente.

Les 7, 8 et 9 décembre, la petite communauté des Frères des Ecoles chrétiennes, la dernière éclose sous le regard de Marie, dans le diocèse de Clermont, glorifiait son Bienheureux Fondateur.

La bénédiction de la statue, la vénération des reliques exposées dès le premier jour inauguraient les fêtes du *Triduum*. Le dimanche, la fête de famille est devenue une grande fête paroissiale, sous l'inspiration du zèle de son pieux Pasteur.

L'église de N. Dame d'Orcival se prête admirablement aux cérémonies religieuses, aux décorations qui parlent à l'âme du chrétien et l'aident à s'élever à des régions plus hautes que celles qu'il habite.

Une direction intelligente des préparatifs, des décors, dès la veille, jour de l'Immaculée-Conception, donnait à l'humble sanctuaire un air gracieux de fête qui prédisposait les cœurs. Toutes les colonnes apparentes étaient recouvertes de belles tapisseries ; celles du dôme et des nefs ornées d'écussons, d'oriflammes reliés par des guirlandes se distinguaient par une disposition d'un goût heureux et délicat. Le grand tableau de l'apothéose du Bienheureux resplendissait aux feux de plus de deux cents lumières.

L'illumination du soir ajoutait deux cents lampions disposés en quatre étoiles entre les grandes colonnes du dôme, de manière à prolonger, à diriger dans tous les sens les reflets lumineux.

L'heure attardée des vêpres laissa au crépuscule du soir de rendre le spectacle vraiment grandiose.

Un grand nombre de personnes ont accompagné, à la Table sainte, les élèves des bons Frères. A la grand'messe solennelle, M. le curé d'Orcival a entretenu l'auditoire des vertus et des œuvres du Bienheureux de La Salle. Œuvre bénie qui porte à l'enfant du peuple, avec l'instruction qui rend meilleur et plus heureux, la connaissance et l'amour de Dieu qui lui révèlent ses immortelles destinées.

Favorisée par un temps superbe, la fête fut belle, édifiante, édifiante surtout par l'empressement des fidèles à rendre leurs hommages au nouveau Béatifié et à donner aux bons Frères, dont ils savent apprécier les bienfaits, un témoignage de leur reconnaissance et de leur attachement.

Un Ami.

CELLES.

A l'instar des grandes cités, Celles a glorifié le Bienheureux de la Salle par un *Triduum* solennel. Les 25,
26, 27 janvier, l'église de cette religieuse paroisse a été
témoin des cérémonies les plus touchantes en l'honneur de
l'éducateur de la jeunesse que l'église vient de placer sur
les autels.

Tout a contribué à rendre cette solennité incomparable :
une église magnifiquement décorée, des chants et des
morceaux d'harmonie exécutés avec une rare perfection
par les élèves du pensionnat des Frères de Noirétable, une
affluence considérable de fidèles ; deux discours éloquents
sortis du cœur de M. l'abbé Duprat, curé aimé de cette
paroisse, qui a retracé avec un talent remarquable la vie
et les vertus du prêtre illustre ; du chanoine de la métro-
politaine de Reims auquel les catholiques doivent de nobles
exemples d'abnégation et de grandeur d'âme, l'éducation
chrétienne de millions d'enfants ; la France et l'Église une
partie de leur gloire.

La célébration du *Triduum* aura contribué à faire comprendre de plus en plus à la population de Celles l'importance de l'éducation donnée par les chers Frères placés
providentiellement dans cette localité.

Le souvenir en sera conservé dans toutes les âmes
comme la glorification des principes de la foi et comme un
témoignage de reconnaissance rendu aux dignes instituteurs de la jeunesse.

SAINT-AMANT-TALLENDE.

—

La paroisse de Saint-Amant-Tallende a donné, les 26, 27 et 28 janvier un spectacle édifiant dans la célébration du *Triduum* en l'honneur du Fondateur des Frères des Écoles chrétiennes.

La parole chaleureuse de son digne et vénéré pasteur s'est fait entendre en ces jours de solennités ; son zèle ardent, celui de son digne collaborateur ont trouvé un concours admirable de dévouement pour l'organisation de ces fêtes. La population entière a voulu donner de son travail et contribuer aux frais des décorations qui ont été splendides.

La gracieuse église offrait un coup d'œil ravissant, à tel point que le prédicateur, émerveillé lui-même, s'est écrié : « *Ces décors sont dignes d'une cathédrale !* » et, félicitant la paroisse de son pieux empressement, il a pu justement lui appliquer ces paroles de Moïse au peuple de Dieu : « *N'apportez plus rien, c'est assez...* » tant l'affluence des objets fournis à l'artiste décorateur a été surabondante.

Le dimanche, à la grand'messe et aux vêpres chantées en faux-bourdon, les chœurs ont été magnifiques ; des voix d'hommes alternaient avec celles des chanteuses dont le zèle n'a pas peu contribué à rehausser ces belles cérémonies.

Les prières ont été ardentes, les communions nombreuses ; la distribution des médailles du Bienheureux insuffisante à la piété de tous.

Notre digne pasteur, qui voulait atteindre les âmes, a appelé dans sa chaire le R. P. Doix, de la compagnie de Jésus, dont la parole forte, lumineuse, convaincue, a tenu sous le charme durant trois jours une assistance nombreuse, religieuse et recueillie.

Au premier jour, le R. P. a montré les effets du zèle portant le Bienheureux de La Salle à tous les sacrifices pour donner l'instruction chrétienne à l'enfant du peuple : sacrifice du canonicat, des biens, de l'honneur, de la science, de la réputation, de la vie même.

Au lendemain, devant l'auditoire qui emplissait l'église, l'orateur, essentiellement pratique a parlé des souffrances, de leur utilité et de la manière méritoire de les supporter ; puis il a dépeint les épreuves du Bienheureux, ses difficultés pour l'établissement de son œuvre, vaincues par son courage persévérant et la force de sa patience et de sa prière.

Le troisième jour, la foule est compacte et d'un silence parfait, autour de la chaire de vérité, écoutant, l'âme émue, le rapprochement de la vie du Bienheureux de celle de Jésus-Christ : sa mort ignominieuse, la scène du Calvaire où l'on se frappe la poitrine ! Celle de Rouen où de toutes parts on s'écrie : « *Le Saint est mort ! »*

Le prédicateur parle ensuite du progrès de son œuvre, il montre Jean-Baptiste de La Salle créateur des écoles normales, caméristats, pensionnats ; la supériorité de sa méthode, qui fait la supériorité actuelle de l'enseignement des frères. Il laisse 300 disciples et aujourd'hui ils sont 12.000, — chiffre concluant.

De temps à autre la foule attentive, pénétrée, détachait son regard du prédicateur pour le fixer, étonné et ravi, sur l'image du Bienheureux et semblait dire : « *Comment un si grand Saint, ce Bienfaiteur de l'humanité, cet Ami de l'enfance, nous est-il demeuré inconnu si longtemps ?* » Cette connaissance arrive à son heure pour fortifier notre attachement à la cause de l'enseignement chrétien, notre confiance dans les disciples de Jean-Baptiste de la Salle, qui se dévouent avec intelligence et cœur dans notre localité à l'instruction des enfants.

Heureux bénéficiaires de leurs bienfaits, nous saurons les reconnaître, en garder la mémoire au cœur avec le souvenir du *Triduum* qui a glorifié et édifié les âmes.

UN PAROISSIEN.

EFFIAT.

—

A son tour, la paroisse d'Effiat vient de rendre hommage au Bienheureux Jean-Baptiste de La Salle par la célébration d'un *Triduum* en son honneur. Ce n'était que justice. Depuis dix ans les disciples du Bienheureux consacrent leur vie à l'éducation des enfants de la paroisse qui même a eu le bonheur de posséder pendant quatre ans le noviciat du district de Clermont.

Guirlandes, oriflammes, banderoles, tout avait été disposé avec grâce par des mains habiles pour l'ornementation de l'église. Au-dessus du Maitre-Autel se dressait, représentant l'image du Fondateur des Frères des écoles chrétiennes, ce même grand tableau qui, aux fêtes célébrées à la Cathédrale, avait fait l'admiration de tous.

Le premier jour du *Triduum*, M. le Curé de la paroisse, dont tout le monde sait si bien apprécier le sage dévouement pour les écoles chrétiennes, a parlé à sa population de la nécessité et des avantages des enseignements religieux contenus dans le catéchisme que Diderot apprenait à sa fille et que Jouffroy mourant regrettait d'avoir oublié. Faisant allusion aux tristesses de l'heure présente, le zélé pasteur a dit aussi un mot de l'œuvre des vocations d'autant plus intéressante maintenant qu'elle est plus menacée.

Dimanche soir, à l'issue des Vêpres, le panégyrique a été prêché par M. l'abbé Peyronnet, de la Mission diocésaine. Dans un langage élevé, l'orateur a vivement intéressé son nombreux auditoire en disant tout ce que

Jean-Baptiste de La Salle avait fait pour les enfants et pour leurs éducateurs.

La fête de l'Adoration perpétuelle, coïncidant avec la clôture du *Triduum,* a été célébrée avec une piété profonde et un éclat inaccoutumé. Des chants bien exécutés par les enfants de la paroisse, sous la direction du Vicaire, ont donné aux cérémonies un religieux entrain qui a ravi tout le monde.

Le clergé du canton d'Aigueperse, et le Directeur du grand noviciat de Clermont entouré d'un grand nombre de Frères des communautés voisines, ont contribué par leur présence à donner encore plus d'éclat à ces solennités.

Les chrétiens habitants d'Effiat garderont longtemps dans leurs cœurs le souvenir de ces belles fêtes, souvenir qui se manifestera par leur attachement de plus en plus ferme et affectueux à leurs chers Frères de l'école qu'ils estiment et qu'ils aiment déjà tant.

CUNLHAT.

—

Jeudi soir, 7 février, avait lieu à Cunlhat l'ouverture
d'un *Triduum* solennel en l'honneur du Bienheureux
J.-B. de La Salle, fondateur de l'Institut des Frères des
Écoles chrétiennes.

La population de cette petite ville, forte de 3.000 âmes,
s'est fait un devoir de fêter le nouveau Bienheureux et de
rendre à ses dignes fils, aussi modestes qu'instruits, un témoignage public de reconnaissance. Rien n'a pu arrêter
l'élan, le zèle de cette chrétienne paroisse. Malgré le froid,
une neige abondante, on a vu durant trois jours (8, 9, 10
février), matin et soir, l'église pleine des fidèles accourus
des villages les plus distants, pour vénérer les reliques de
l'apôtre de la jeunesse. Pères et mères de famille se pressaient près de leurs enfants ; l'expulseur repentant cou-
doyait le chrétien généreux qui, en novembre 1885, sut
trouver dans sa foi et dans son cœur le moyen de parer à la
honte de la laïcisation.

Que dire de ces belles solennités ?

L'église paroissiale était décorée comme aux grands
jours. Au-dessus du maître-autel, un tableau de 4^m 50 re-
présentait l'Ami de l'enfant du peuple s'élevant dans la
gloire.

Des guirlandes, légères et gracieuses, serpentaient le
long des nefs, mariant avec bon goût leurs diverses couleurs à une foule d'oriflammes et de banderoles où se
lisaient les vertus de Jean-Baptiste de La Salle. Des transparents lumineux, adossés aux vitraux, rappelaient aux
fidèles les dévotions chères au cœur du nouveau Béatifié.

L'effet était si grand, si beau dans sa simplicité pieuse, qu'un paysan ému s'écriait : « Notre église, c'est le paradis !..... »

Qu'eût-il ressenti en son âme s'il avait entendu les chants de ce *Triduum ?* Vendredi et samedi : messe des écoles, de M. l'abbé Villatelle, exécutée avec un ensemble et un brio parfaits. Dimanche, jour de clôture : messe du 6ᵉ ton harmonisée ; cantate au Bienheureux, *Tantum ergo* de Bordèse, enlevé avec entrain et une sûreté digne d'éloges, par ces voix d'enfants, fraîches et pures qui font songer aux concerts du ciel !!

Plusieurs Frères du Petit-Noviciat et du Pensionnat de Clermont, les Directeurs des maisons d'Olliergues, Job, etc., quelques prêtres du voisinage, bravant le froid et la tourmente, avaient tenu à honneur de venir rehausser, par leur présence et le talent de la parole, l'éclat de la solennité.

Tour à tour, devant un auditoire nombreux et recueilli, on a parlé du charme de l'enfance, si chère au cœur de Jésus et du Bienheureux ; de l'éducation chrétienne, de sa nécessité et de ses précieux avantages, tant pour l'individu que pour la société et enfin du rôle du Bienheureux de La Salle dans cette grande œuvre.

M. l'abbé Monier, missionnaire du diocèse, dans un langage simple et viril, a dignement clôturé ces belles fêtes en traçant à ses auditeurs suspendus à ses lèvres le rôle du père, de la mère de famille et du maître près de l'enfant qui leur est confié. L'éducation de l'école pour être complète, a-t-il dit, a besoin d'un foyer chrétien ; et réciproquement, à la famille chrétienne il faut un éducateur chrétien. Si l'accord est rompu, l'harmonie détruite, vous n'aurez qu'une éducation tronquée, dont les fruits seront peu durables. En terminant, le prédicateur a montré la Croix, sceau des œuvres divines à chaque pas de la vie du Bienheureux, modèle de l'instituteur vraiment digne de ce nom.

Après le Salut du Saint-Sacrement les fidèles sont venus, à la table de communion, vénérer les reliques du Bienheureux Jean-Baptiste de La Salle. Pendant ce temps plus de huit cents médailles ont été distribuées.

Pourquoi faut-il que tout ici-bas ait une fin ?......

Elles sont closes, ces belles solennités, laissant dans l'âme de nos bons habitants un parfum de piété qui, je l'espère, ne se perdra jamais. Cunlhat sera toujours fidèle aux disciples dévoués du Bienheureux Jean-Baptiste de La Salle.

Toujours, il aimera à leur confier l'éducation de la jeunesse, et selon la pensée d'un prêtre éminent de ce diocèse, l'on verra plutôt disparaître le dernier sapin de ses montagnes que la foi du cœur de ses enfants.

BILLOM.

—

Dans le concert universel de louanges en l'honneur du
Bienheureux de La Salle, la ville de Billom devait avoir
sa part. Depuis de longues années, elle possède les Frères
des Écoles chrétiennes, et les hommes instruits par eux
dans la foi et dans la science saisisssent toutes les occasions de leur témoigner leur reconnaissance. Il y a six ans,
quand le conseil municipal, oublieux des bienfaits reçus,
enleva aux Frères la direction de l'école communale, la
population indignée s'écria dans un élan de reconnaissance : Vous voulez chasser les Frères, nous les garderons
malgré vous. Nous sommes déjà pauvres, nous le serons
encore davantage, mais nous saurons partager avec nos
maitres bien-aimés le pain que nous gagnons à la sueur de
notre front, et ils resteront au milieu de nous pour donner
à nos enfants l'instruction dont nous leur sommes nous-
mêmes redevables. Depuis cette époque, les aumônes ont
afflué et les Frères ont pu continuer dans leur école libre
de montrer aux enfants, après l'avoir montré aux parents,
le chemin de l'honneur et du ciel.

La ville entière a voulu, cette année, renouveler aux
Frères l'expression de sa reconnaissance à l'occasion de
la Béatification de leur bien-aimé Fondateur. L'antique
basilique des chanoines de St-Cerneuf retrouva en quelques
jours les décorations qu'elle prenait autrefois pour les Fêtes
du Précieux Sang. Le grand tableau de l'apothéose du
Saint, qui avait été admiré à la cathédrale de Clermont,
placé derrière le maitre-autel, montrait aux regards étonnés le Bienheureux de La Salle montant au ciel. Les
colonnes du chœur, entourées de tentures de différentes
couleurs, des oriflammes et des écussons placés sur les

piliers de la grande nef, racontaient la gloire du Bienheureux et nous invitaient à imiter ses vertus.

Mais pour le succès des cérémonies religieuses, il faut un prédicateur de la parole de Dieu. M. le curé de Saint-Cerneuf avait fait appel, pour glorifier Dieu dans ses saints, au dévouement du R. P. Bonot. La parole éloquente et pieuse de ce vénérable disciple de Saint-Ignace avait déjà plusieurs fois été écoutée avec admiration par les habitants de Billom. Aussi son arrivée fut-elle saluée par un cri de joie et de bonheur ; et sa présence seule devait suffire pour attirer à l'église les plus indifférents. Le dimanche 17 décembre, à la grand'messe, il monta en chaire pour la première fois au milieu d'une foule attentive ; il fit connaître le but des fêtes qui allaient commencer. Il montra comment Dieu récompense l'humilité de ses serviteurs en leur donnant un poids immense de gloire au ciel et en les exaltant sur la terre par les honneurs qu'on leur rend. Pour le Bienheureux de La Salle, en particulier, après une vie d'humiliation et de dévouement, est enfin arrivé le jour du triomphe. Au commencement de cette année, après l'instruction du procès, Léon XIII, entouré des cardinaux et d'une foule immense, s'est levé et a lu à haute voix le décret de Béatification ; il est ensuite allé s'agenouiller devant la statue du nouveau saint et implorer sa protection. La parole du pontife a été saluée dans tout l'univers par un cri de joie. Le catalogue des saints compte un nouveau nom ; le Bienheureux de La Salle est porté sur nos autels. Vous avez voulu vous associer à cette joie universelle en célébrant un *Triduum* en l'honneur du nouveau Saint. Pendant les trois jours qui vont suivre vous viendrez chaque soir à l'église pour rendre vos hommages au Bienheureux Jean-Baptiste de La Salle et implorer sa protection.

L'orateur a répondu dignement à ce qu'on attendait de

lui pendant les trois jours. Le dimanche soir, il montra le Saint renonçant aux plaisirs et à la gloire que lui promettaient, dans le monde, une illustre naissance et une belle intelligence, pour se consacrer au service des autels ; il le montra quittant plus tard les honneurs qui l'attendaient dans les dignités ecclésiastiques pour se consacrer tout entier à l'instruction et à l'éducation de la jeunesse. Dieu voulut, ajouta l'orateur, le rendre semblable à son divin Fils couronné d'épines, en lui envoyant la croix et les humiliations. Les jansénistes, après avoir tout tenté pour l'attirer à leur secte, voyant son inébranlable fermeté dans la foi romaine, lui déclarent la guerre. Ils inventent contre lui toutes les calomnies que l'enfer peut suggérer. On le représente comme un ambitieux et on parvient à détruire plusieurs écoles fondées par lui. Tout cela ne lui enlevant pas la paix de l'âme, le démon lui prépare des épreuves plus sensibles parce qu'elles sont plus intimes. Plusieurs de ses religieux l'abandonnent et s'unissent à ses ennemis pour le faire souffrir. Sa vie se passe ainsi dans la souffrance et l'opprobre. Mais dès qu'il a fermé les yeux à la lumière, les enfants se mettent à parcourir les rues en criant : « *le saint est mort ! le saint est mort !* » Oui, c'est un saint qui vient de mourir. Ce sont les enfants qui les premiers proclament sa sainteté. Léon XIII vient de la proclamer à son tour et elle le sera jusqu'à la fin des siècles.

Telle a été la vie du Bienheureux. Voyons maintenant son œuvre, a dit l'orateur au commencement du panégyrique du lundi soir.

En ce moment, qu'y a-t-il de plus beau et de plus digne d'intérêt, si ce n'est l'enfant. L'enfant, c'est l'avenir de la patrie, c'est l'avenir de l'Eglise et c'est pour cela que l'enfance a toujours été l'objet de sa sollicitude maternelle. Le Bienheureux de La Salle comprit et sut réaliser ce qui est nécessaire à l'enfant :

1° L'enfant est innocent et pur. Pour l'élever, il faut des mains et des cœurs purs. De La Salle lui donna des maitres qui font le vœu de chasteté ; 2° l'enfant est susceptible de recevoir toutes les impressions. Le Frère des Ecoles chrétiennes pour mettre dans cette jeune âme les principes de vertu qui font les grands chrétiens, devra faire un long noviciat, s'exercer lui-même à la pratique de toutes les vertus afin de prêcher par l'exemple encore plus que par la parole ; 3° l'enfant a enfin besoin d'être aimé ; et il trouvera dans le Religieux du Bienheureux de La Salle un Père et un véritable Frère, puisque ce religieux n'aura pas d'autre famille que sa classe, pas d'autres liens que ceux qui l'unissent aux enfants qui lui sont confiés. Voilà l'œuvre difficile et surhumaine entreprise et exécutée par le Fondateur des Frères des Ecoles chrétiennes.

Dans un dernier panégyrique, le mardi soir, le R. P. montra l'Institut du Bienheureux traversant les siècles, en butte à la persécution, aux calomnies et aux railleries, mais remplissant son œuvre de dévouement avec une persévérance inébranlable. Aujourd'hui l'humble Frère est partout ; dans les villes et dans les campagnes, dans l'ancien et dans le nouveau monde, objet de la haine des impies et de l'affection des vrais chrétiens. De nos jours, la persécution s'est élevée, on a voulu chasser des écoles communales le Frère des Ecoles chrétiennes. L'Eglise, pour ranimer son courage, a béatifié son Fondateur ; elle l'a placé sur les autels afin que les Frères eussent sous les yeux un modèle à imiter et au ciel un protecteur à invoquer.

Telles sont les pensées qui ont été développées par l'orateur pendant ces trois jours. Sa parole, pleine d'onction et de piété, a été écoutée avec avidité. La vaste église de St-Cerneuf pouvait à peine contenir les nombreux fidèles accourus, non-seulement de toute la ville de Billom, mais aussi de toutes les paroisses environnantes. Une brillante illumination, le grand tableau du Bienheureux resplendissant de lumière, des chants exécutés par les enfants et appropriés à la circonstance, tout concourait à rehausser l'éclat de ces solennités. Les chanteuses de l'église, au nom des fidèles de la paroisse, voulurent célébrer aussi les louanges du nouveau saint. Les pensionnaires du couvent de la Miséricorde joignirent leurs voix à ce concert unanime et tous les fidèles répétaient à l'envi ce beau refrain chanté par les hommes et par les enfants des Frères : « Aimons-le bien notre saint Protecteur et soyons-lui tous fidèles. »

Oui, tous les assistants promettaient du fond du cœur d'être fidèles à ce saint protecteur, de l'aimer, de l'invoquer. Aussi, le mardi soir, quand la bénédiction du Saint-Sacrement eût été donnée, ils se levèrent tous, grands et petits, riches et pauvres, et ils allèrent vénérer les reliques du Bienheureux. Ils reçurent ensuite avec respect la médaille du Saint en souvenir de ces belles solennités et comme gage d'une protection spéciale. Un grand nombre de personnes qui n'avaient pu assister à cette dernière cérémonie vinrent le lendemain réclamer cette médaille.

Ce *Triduum* laissera dans les esprits un souvenir ineffaçable. Pour un grand nombre des habitants de Billom, il a été la cause d'un renouvellement spirituel et d'une véritable conversion ; pour tous, il a été l'occasion de montrer la reconnaissance dont sont remplis tous les cœurs pour les Frères des Écoles chrétiennes.

SAINT-FLOUR.

—

Les Frères des Écoles chrétiennes de notre diocèse conserveront dans leurs annales le souvenir du 10 février 1889 à Saint-Flour.

La ville épiscopale a célébré avec éclat un *Triduum* solennel en l'honneur de leur illustre et saint Fondateur.

Déjà Maurs, Aurillac, Mauriac, avaient proclamé la gloire du Bienheureux et la reconnaissance due à ses fils. Monseigneur a voulu que Saint-Flour continuât grandiosement cette série de louanges et d'actions de grâces.

Jeudi 7, à 6 heures du soir, a eu lieu l'ouverture du *Triduum*, dans la chapelle du Sacré-Cœur, en ville ; dans l'église de Sainte-Christine, au faubourg. Après le chant du *Veni Creator*, lecture est faite du décret de Béatification, puis vient le Salut du Très Saint-Sacrement.

Vendredi 8, au Pensionnat du Sacré-Cœur, la grand'messe est chantée par M. l'archiprêtre de Saint-Vincent qui, dans un discours simple et touchant, prononcé le soir, avant le Salut, a su parler du Bienheureux de façon à exciter le zèle des uns, à encourager la confiance des autres.

Samedi 9, M. Mercuy, vicaire général, chante la grand'messe au Sacré-Cœur. Le soir, après le chant du *Magnificat*, M. l'abbé de Montarnal, secrétaire intime de Monseigneur, aumônier du Pensionnat, s'adresse à son auditoire avec cet accent que donnent la connaissance et l'amour des jeunes âmes.

Les mêmes cérémonies ont eu lieu à Sainte-Christine, sous la présidence de M. l'archiprêtre dont le dévouement pour sa belle et florissante école est à toute épreuve.

Dimanche 10, du haut des tours de la cathédrale, l'airain sacré salue l'aurore de cette journée qui va clore les fêtes du *Triduum*. La cathédrale est ornée pompeusement avec un goût délicat. De longues oriflammes déploient leurs riches couleurs dans toute la nef centrale et le chœur, portant les écussons de Léon XIII, de Monseigneur de St-Flour, du chapitre cathédral, de la famille de La Salle, dont le représentant habite, on le sait, notre diocèse. Sur plusieurs de ces oriflammes se lisent des inscriptions : *Pater pauperum, — Cor unum et anima una, — Sinite parvulos venire*, qui rappellent les vertus, les actes du héros de la fête. Au milieu du chœur est suspendue une immense étoile dont le scintillement, au moment de l'illumination, a produit un féérique effet. C'est l'étoile de l'Institut, avec la devise : *Signum fidei*.

Entourées de lumières et de fleurs, la statue et les reliques du Bienheureux sont placées à l'entrée du sanctuaire, et il semble que l'antique cathédrale soit fière de donner ainsi asile à celui qui a bien le droit de cité parmi nous, en vertu du bien accompli par ses fils dans ce diocèse d'où l'impiété, malgré sa rage satanique, n'a pu parvenir à les chasser. A cette rage, Saint-Flour, Aurillac, Maurs, Mauriac, Murat et hier encore Salers ont fièrement répondu.

La statue est la reproduction de celle de Rouen, du célèbre sculpteur Falguières, avec le groupe simplifié : le Bienheureux debout, la main droite levée à la hauteur de la poitrine, se tourne légèrement à gauche et semble s'adresser à un enfant qui, également debout, un livre ouvert à la main, regarde son maître en l'écoutant.

Ingénieuse idée ! délicieux spectacle ! Il n'est point seul cet enfant qui étudie et regarde son maître. Huit adolescents à l'uniforme de l'époque, aux mêmes couleurs, dans une pose identique, dans une même attitude de respect et d'application sont là, attendant recueillis, attentifs, leur tour à la leçon.

En bas, autour de la statue, se tient une couronne d'élèves des écoles, habillés en enfants de chœur.

Sur le second degré, deux enfants élégamment vêtus, placés l'un à droite l'autre à gauche, agitent légèrement deux banderoles aux armes épiscopales. Egalement, sur le degré le plus élevé, deux autres enfants ont en main des étendards aux armes du Saint-Père, et au milieu, sur un degré intermédiaire, un cinquième enfant, plus jeune, à la physionomie pleine d'attraits, tient déployé sur ses genoux le large écusson du Bienheureux, dessiné avec infiniment d'art. Ces enfants sont assis ; la couleur de leurs habits,

ton blanc et bleu, se confond avec la couleur des oriflammes; l'or de leur chevelure mêlé à l'or des candélabres,
leur limpide regard en font la reproduction de ces figures
angéliques peintes par l'artiste dans le tableau bien connu
de l'apothéose du Bienheureux.

Chers enfants! Puisse le souvenir de ce jour demeurer
ineffaçable au fond de votre cœur! Puisse ce cœur toujours
pur demeurer digne des impressions de cette heureuse
journée et mériter toujours la protection du Bienfaiteur
de votre âge!

A 9 heures 1 2 commence la messe pontificale si frap-
pante toujours dans sa grave splendeur. Les ministres
sacrés ont revêtu les ornements des plus beaux jours de
fête. L'*Impériale* est chantée avec toute la majesté qu'elle
comporte par les élèves du Grand Séminaire. L'orgue
gémit ou tressaille plus harmonieusement que jamais.
L'assistance est nombreuse. Les 350 enfants des pensionnats du Sacré-Cœur et de Saint-Odilon, admirables de
tenue, occupent la nef de gauche, jusqu'à la chapelle de
la Très Sainte Vierge.

Du temple, orné partout de festons magnifiques,
Le peuple saint, en foule, inondait les portiques.

A vêpres, les splendeurs des cérémonies ont été incomparables. A trois heures, à peine le bourdon a-t-il cessé
son appel, que les nefs se remplissent littéralement. Aux
enfants des Frères se joint une délégation des élèves du
Petit-Séminaire.

Monseigneur est au trône. Les vêpres pontificales sont
chantées avec un ensemble remarquable et, après le
Magnificat, M. le chanoine Tissier, doyen du Chapitre
et chancelier de l'évêché, monte en chaire.

Dieu a orné le Bienheureux de La Salle d'incomparables vertus. — Ces vertus, le Bienheureux les a employées à fonder son Institut, auquel il les a transmises.

Les vertus : la foi, l'amour de la pénitence, l'humilité, la patience, Jean-Baptiste de La Salle les a possédées à un degré héroïque. L'histoire de sa vie en est la preuve admirable.

Ces vertus, le Bienheureux les a transmises à ses Frères et c'est par elles que ceux-ci ont été et demeurent des maîtres dans l'art de l'éducation. Ici, l'orateur donne la définition et fait l'histoire de l'Ecole. Il revendique hautement les droits de l'Eglise à ce sujet, démontre la supériorité de l'enseignement chrétien et termine par une invocation au héros de la fête et un chaleureux encouragement aux chers Frères que les hommes de cœur aideront ici-bas, que leur Bienheureux Fondateur protégera du haut des Cieux.

Il suffit de dire que ce discours a été écouté comme est toujours écoutée une parole claire, précise et sûre d'elle-même.

Le prédicateur est à peine descendu de chaire que la procession s'organise à l'intérieur de l'édifice. La croix est en tête, puis la délégation des élèves des Frères vêtus en enfants de chœur ; la bannière de l'Institut ; le grand séminaire, le clergé ; la statue du Bienheureux portée par quatre Frères ; les reliques portées par Mgr Lamouroux, vicaire général ; Monseigneur, sous la main bénissante de qui la foule s'incline.

Et tandis que se déroule la procession, l'orgue lance ses notes sonores et il lui est répondu par les strophes de l'*Iste Confessor* et le refrain : *Salut ! Bienfaiteur de l'enfance*. Les couplets de ce cantique sont chantés par une splendide voix de baryton, la voix de M. Prosper Rodde.

Le salut débute par un *O salutaris* bien interprété, ensuite un *Ave Maria* et enfin un *Tantum ergo* où les voix des choristes entraînées par le violon de M. Dufour, soutenues par l'harmonium de M. l'abbé Sarrazin, se déploient souples, vibrantes, et vraiment pieuses.

Après la bénédiction, retentit le *Te Deum*. La foule vénère les reliques et se retire comme à regret, non sans un dernier regard jeté sur l'illumination dont l'effet a été pleinement réussi; sur la statue du Bienheureux et sur le groupe d'enfants, plus nombreux encore qu'à la grand' messe, perdus en quelque sorte parmi les fleurs et les décors.

Des solennités semblables à celle que nous avons essayé de décrire sont d'heureux augure pour la cause de l'éducation de l'enfance. Elle est loin de pâlir, l'*étoile* des Frères des Ecoles chrétiennes.

Nous ne pouvons mieux clore ce compte-rendu qu'en insérant la pieuse poésie due à la plume délicate d'un ancien élève des Frères, hommage de sa religieuse reconnaissance.

AU BIENHEUREUX J.-B. DE LA SALLE

Honneur à toi, bienfaiteur de l'enfance!
Le nimbe d'or à ton front est placé,
Et, par les mains de la reconnaissance,
    Un autel est dressé.

J'aime à te voir orné de l'auréole
Dont Dieu couronne, au paradis, l'élu.
Ta gloire sort de ta modeste école
    De savoir, de vertu.

Ce siècle fier, ton grand cœur le devance
De deux cents ans. Tu fis le bien sans bruit.
Ce monde ingrat, ce monde qui t'offense,
    C'est toi qui l'as instruit.

Que dirais-tu, protecteur du jeune âge,
Si tu voyais le doux Christ expulsé,
Son livre d'or banni, l'esclavage
    Pour l'enfant baptisé ?

Emu soudain pour l'enfant qu'on égare,
Avec amour le prenant dans tes bras,
Tu crierais : Arrête, loi barbare,
    Ne le mutile pas !

Mais c'est en vain que cette rage impie
S'essaie encore à renverser la foi ;
Tes fils sont là, rompant le pain de vie !
    Ils sont dignes de toi.

Oui, c'est en vain que la haine les chasse,
Qu'à la misère, hélas ! on les réduit.
Ils resteront, quoi que l'on fasse :
    Partout l'amour les suit.

Leur noir manteau recouvre un cœur de père,
Qui ne sait pas se donner à demi ;
Et l'on sent bien que la main d'un cher Frère
    Est la main d'un ami.

Ce noble amour, ce dévouement si mâle
Qu'à ton exemple ils portent en tout lieu,
Ils l'ont puisé, Bienheureux de La Salle,
    Au cœur sacré d'un Dieu.

La source est pure ; elle est aussi profonde.
La Charité ne peut jamais tarir ;
Et tant que là viendra boire le monde,
    Il ne saurait périr.

Poursuivez donc votre sainte carrière
Amis du peuple, à la clarté du jour.
A l'ignorance opposez la lumière.
    A la haine, l'amour.

Vous dédaignez l'or, les lauriers, la gloire :
A vos labeurs il ne faut que du fiel.
Cherchez plus haut le prix de la victoire :
    Le salaire est au Ciel.

Bienheureux Père, humble et puissant génie,
Garde en nos fils, purs d'esprit et de cœur,
La vieille foi, grandeur de la patrie,
    Et drapeau de l'honneur.

Rends grâce, ô France, à son illustre cendre !
Ces hommes noirs, qu'il a su te donner,
Te formeront des bras pour te défendre
    Et des cœurs pour t'aimer.

Un ancien élève des Frères.

MURAT.

—

On nous communique de Murat les détails suivants :

Nous venons d'avoir notre *Triduum* en l'honneur du Bienheureux de la Salle, et si ce *Triduum* arrive le dernier par rang de date, nous osons croire qu'il n'aura pas été le moindre par les sentiments qu'il a éveillés et les manifestations touchantes qu'il a fait naître.

Nous sommes au jeudi soir, 14 février ; l'église paroissiale, artistement décorée, offre un coup d'œil qu'on serait presque tenté d'appeler féérique. Du haut des voûtes et le long des murs, ce ne sont qu'oriflammes, que festons et guirlandes disposées de main de maître. Sur des cartouches ou tableaux à devises, on lit des inscriptions glorifiant le Héros de la fête, ses actes et ses vertus.

Le maître-autel surtout attire les regards ; aux quatre colonnes du rétable sont appliquées quatre colonnes de lumières ; entre ces colonnes, les armoiries de Léon XIII et celles du Bienheureux ; au milieu, un splendide portrait de ce dernier, et au-dessus, surmontant le tout, l'étoile de l'Institut se détache et promet de briller de mille feux quand viendra le moment voulu.

Je vous laisse à juger de l'effet.

Ajoutez à ce décor un chœur de sympathiques jeunes gens à la voix souple et puissante, placés sous l'habile direction de M. Serres et devant chanter, aux divers exercices, les morceaux les plus enlevants, et vous n'aurez pas de peine à concevoir que la population de Murat ait été ébranlée et se soit empressé d'accourir.

Aussi, en dépit du mauvais état des rues et des bourrasques de vendredi, se pressait-elle déjà nombreuse, à l'ouverture du *Triduum* que venaient d'annoncer les cloches sonnant à toute volée.

Ce qui attirait encore, plus peut-être que tout le reste, c'est la parole qui devait se faire entendre, une parole connue et justement appréciée, celle de M. l'abbé Prolhac, ancien vicaire de Murat, ancien aumônier de Saint-Joseph de Saint-Flour et depuis peu curé de Neuvéglise.

Ai-je besoin de dire que le prédicateur a répondu à l'attente générale et qu'elle a même été dépassée ?

Avec quelle éloquence pleine d'entrain, avec quel tact et quel à-propos il nous a parlé de la *sainteté* et de *ses principaux obstacles*, de *l'amour de Dieu* et de *ses manifestations prodigieuses*, du *zèle des âmes* et des *conditions surnaturelles de son exercice* — trouvant le moyen de rajeunir tous ces sujets et de les émailler de traits charmants empruntés à la circonstance.

Mais à quoi bon s'attarder aux éloges ?... Le résultat pratique est encore le meilleur, et voilà pourquoi dimanche matin, à la messe de communion principalement, en voyant les longues files de convives se succéder à la table sainte, M. l'abbé Prolhac a pu voir, du même coup si sa parole avait été chaude, communicative, entraînante, efficace !

Selon le désir qu'il en avait exprimé, « *l'admiration n'avait pas été stérile ;* » le *Triduum* portait ses fruits. Le succès était beau et le spectacle bien consolant.

Il ne restait plus qu'à voir le bouquet de la fête, à entendre le mot de la fin. Voici quatre heures, c'est l'heure des vêpres !

L'affluence est énorme ; l'enceinte a peine à la contenir,

et l'on regrette que les murs de l'église ne puissent reculer de quelques mètres.

Dans l'abside, nous remarquons un certain nombre d'ecclésiastiques qui sont venus avec empressement des paroisses voisines pour prendre leur part de la joie commune et nous apporter en même temps le témoignage de leurs sympathies.

Parmi les enfants du Bienheureux, mentionnons seulement les délégués des maisons de Clermont, d'Aurillac, de Saint-Flour.

L'illumination est splendide ; l'harmonium fait entendre ses plus beaux accords ; nos jeunes virtuoses ont donné leurs notes les plus expressives.

Après le *Magnificat* de Lambillotte, exécuté par une véritable voix d'artiste, le sympathique orateur du *Triduum* paraît en chaire et dans un discours aussi riche de fonds que de forme, il nous montre le Bienheureux de la Salle : « *à la peine et à l'honneur* » ; à la peine, pour fonder son œuvre, car toutes les œuvres de Dieu sont traversées de difficultés sans nombre, et la sienne en rencontre peut-être plus que toute autre ; mais ces difficultés ne sauraient l'étonner ni l'abattre ; il en triomphe par la patience et la résignation, par la pauvreté et le dépouillement volontaires, par l'abandon complet de sa personne entre les mains de la divine Providence — toutes vertus qu'il lègue à ses enfants comme le secret de leur force future. — Le voilà et pour toujours à l'*honneur*, placé sur nos autels ; se survivant dans son œuvre qui lui a tant coûté ; dans ses admirables instituteurs que toutes les nations se disputent, et qu'on trouve partout, faisant aimer la France ; dans ses héros humblement magnanimes que « l'histoire de nos malheurs » a baptisés du nom de *brancardiers vo-*

lontaires, et sur la poitrine desquels on n'a pu s'empêcher d'attacher la Croix des braves...

Et l'on viendra dire après que le patriotisme est incompatible avec la religion ! Que tout ce qu'il y a de bon date de 89 ! Qu'avant, l'Église n'avait rien fait, et qu'elle ne fait encore rien pour l'instruction du pauvre peuple !

Ah ! les bons habitants de Murat protesteront énergiquement contre de tels mensonges, et ils continueront, malgré tout, à donner à leur chère école chrétienne l'appui de leurs sympathies et, s'il le faut, l'appui persévérant de leur bourse.

Nous regrettons de déflorer, par cette pâle analyse, un discours qui a si vivement et si délicieusement charmé l'auditoire.

La bénédiction du Très Saint Sacrement et la vénération des reliques du Bienheureux sont enfin venues couronner ces si belles fêtes, dont la douceur et la suavité font rêver de celles du Ciel.

Et maintenant qu'ajouter ? Ce seul mot qu'un de nos grands évêques, trop tôt descendu dans la tombe, hélas ! Mgr Bougaud, avait pris pour devise et qui vient naturellement sous la plume à la suite de pareilles manifestations : *Espoir !* Espoir sans peur !

Non, l'impiété aura beau faire, elle n'arrachera pas la foi du cœur de nos populations. Ces populations demeurent malgré tout trop croyantes pour pouvoir se désintéresser de l'éducation chrétienne de leurs enfants, et, si un jour ou l'autre les dignes fils du Bienheureux de la Salle, nos chers et dévoués Frères, avaient besoin d'être soutenus au milieu des épreuves de l'heure présente, la manifestation du 17 février, à Murat, leur servirait d'encouragement et leur dirait, en un langage bien éloquent, que leur saint Fondateur veille sur eux du haut du Ciel ; qu'il est plus puissant que jamais sur le cœur de Dieu et que, grâce à son intercession, Dieu aura bientôt pitié de l'Église et de la France.

CHAMBON (Creuse).

—

Chambon est la dernière fondation d'école faite par l'Institut du Bienheureux de La Salle, c'est aussi à Chambon qu'a eu lieu le dernier des *Triduums* autorisés pendant l'année de la Béatification. On hésitait d'abord à entreprendre, dès le début d'une fondation vivement combattue, une pareille manifestation, mais les heureux résultats produits ailleurs par ces cérémonies et la confiance des Frères en la protection de leur saint Fondateur nous déterminèrent à leur donner cette satisfaction. Leur piété filiale est admirable. La sainteté du père fait la gloire des enfants. Comment ne pas s'identifier à leur joie inspirée par un tel sujet ?

Cette joie qu'éprouvent les bons frères, ils excellent à la communiquer aux populations qui les entourent. L'élan magnifique qui s'est produit à Chambon a été principalement l'œuvre des Frères.

Il y a à peine six semaines qu'ils y sont installés, cela a suffi pour que leurs soixante élèves, beaucoup de jeunes gens de la ville et une bonne partie de la population aient voulu contribuer à la célébration de cette fête avec le plus édifiant entrain. On s'est prêté avec empressement aux préparatifs malgré un froid rigoureux ; on a bravé les critiques et les railleries, on a surmonté toutes les difficultés. L'entrain grandissait chaque jour et se communiquait de proche en proche, de manière à déconcerter les opposants et à étouffer toute tentative d'hostilité, si bien que l'on a vu dimanche une de ces manifestations religieuses comme rarement on en voit et capable de produire les plus salutaires impressions.

Les chants devant être un des grands attraits de la fête, il a fallu organiser ou plutôt créer les chœurs d'exécutants. Le Frère Directeur s'en est acquitté en maitre. L'école fournissait une quarantaine de voix d'enfants, les jeunes gens de la ville ont fourni les autres voix nécessaires aux diverses tonalités des morceaux. De nombreuses répétitions ont communiqué à toutes ces voix une justesse et une sûreté qui ne se sont pas démenties à l'exécution.

Ces répétitions attiraient déjà les curieux, c'était nouveau pour une localité entièrement dépourvue de société musicale, c'était ravissant ! Combien plus on a été réjoui d'entendre, sous les voûtes sonores de la vaste basilique, cette masse de voix, en parfaite harmonie, soit dans les chants graves de la liturgie, soit dans les beaux cantiques en l'honneur du saint, qui redisent ses vertus, rappellent ses leçons, invoquent son secours, promettent de l'aimer et de lui être toujours fidèles.

Un habile décorateur voulait que l'église de Chambon n'eût rien à envier aux autres églises, il tenait à ce que le *Triduum* de clôture fût le plus brillant de tous.

De riches guirlandes enlaçaient tout l'édifice de festons magnifiques ; tous les piliers disparaissaient sous les oriflammes, les emblèmes ou les écussons. Des milliers de roses s'étalaient sur les corniches ou tombaient en couronnes du haut des voûtes. Des lumières alignées à profusion, dans tous les sens, devaient ajouter à toutes ces splendeurs leur radieuse illumination.

Le grand tableau de l'apothéose du Bienheureux remplissait le fond de l'abside, et quand, puissamment éclairé par derrière, il apparaissait dans une lumineuse transparence, il montrait vraiment comme une vision de la gloire céleste.

On sentait dans tout ce travail de décoration un grand esprit de foi, une piété vive et ardente et ces sentiments se communiquaient aux assistants. Dans une église ainsi ornée, avec ces chants et ces cérémonies pompeuses, on se croirait volontiers en paradis, comme autrefois Clovis à Reims.

Tous les cœurs chrétiens éprouvent une semblable impression dans les grandes solennités de la religion. Ici on peut croire que c'est tout un peuple qui a été saisi et ravi.

L'assistance a été très nombreuse à tous les exercices du *Triduum*, mais surtout le dimanche, à tous les offices. L'église, toute vaste qu'elle est, avait peine à contenir la foule qui s'y pressait sympathique et recueillie. Les anciens prétendent n'avoir jamais vu dans l'église une assistance pareille à celle de l'exercice du dimanche soir. Cela rappelait le bon vieux temps, quand les peuples accouraient aux grandes solennités de leur glorieuse patronne Sainte Valérie.

Malgré tout, le peuple de nos contrées est encore chrétien ; il a le sentiment du divin ; il comprend, il aime le culte des saints. C'est l'idée d'honorer un nouveau saint qui a remué toute cette foule. Et tout le peuple s'est tenu avec respect, a prié avec foi, a écouté religieusement la parole de Dieu.

Car il faut dire ausssi, à tous les attraits de ces solennités, s'est ajouté celui d'une prédication en rapport avec la circonstance. M. l'abbé Glénisson, curé du Palais, a bien voulu se charger de ce ministère et quoique averti tardivement, l'excellent prédicateur a mis tant de zèle et de dévouement à l'accomplissement de cette tâche qu'il s'est acquis l'estime et la reconnaissance de tous.

C'est le dimanche soir, le prédicateur monte en chaire, un silence profond se fait ; on sent que l'auditoire est sympathique à l'orateur.

Sur toutes ces âmes tombe un de ces discours qui charment en même temps qu'ils instruisent et qu'ils touchent.

C'est le panégyrique du nouveau Béatifié qui nous montre ses ascensions vers la sainteté.

Jean-Baptiste de la Salle vivait, il y a deux cents ans, à Reims ; issu d'une famille noble et riche, il se fit prêtre pour obéir à une sublime vocation. Amené par les circonstances à s'occuper des écoles pour les enfants du peuple, il se dévoua tout entier à cette œuvre. Il renonça pour cela aux dignités et aux honneurs qu'il pouvait espérer ; il sacrifia son repos, sa fortune et sa santé ; il supporta les critiques, les rebuts, les ingratitudes et les privations que son entreprise lui occasionna. Mais avec tout cela il fonda l'œuvre dont on peut aujourd'hui apprécier l'importance et la valeur, la congrégation des Frères des écoles chrétiennes qui actuellement compte 15000 membres et qui, par ses établissements dans tous les pays, propage partout le Christianisme et la vraie civilisation.

Tels sont les hommes que l'Eglise place sur les autels ; et voilà bien ceux qui méritent vraiment la vénération des peuples, ceux dont l'intercession ne peut manquer d'être puissante auprès de Dieu.

Que de réflexions j'ai faites en entendant ce discours, et comparant les héros que la religion honore avec ceux des libres-penseurs. Ceux que la religion honore, c'est Dieu lui-même qui les honore et les exalte, tandis que les héros de la libre-pensée, on ne peut que leur appliquer ce que disait saint Augustin des célèbres païens de son temps :

« Ils reçoivent des honneurs dans les lieux où ils ne sont plus, mais ils subissent des tourments dans le lieu où ils sont. »

C'est simple, mais grandiose ! Que peut-on rêver de plus sublime que la sainteté et son couronnement dans le ciel. Toutes ces choses étaient dites en un langage pur et avec une éloquence convaincue à tout ce peuple dont le cœur semblait battre à l'unisson de celui de l'orateur.

Après le sermon, une voix s'élève du chœur des chantres, et crie au Bienheureux cette simple mais touchante invocation répétée trois fois : *Beate Joannes-Baptista, ora pro nobis*. C'est aussi le cri unanime de l'assistance, prière facile, mais sûrement entendue du ciel. Des enfants s'approchent de la statue du Bienheureux placée au milieu du chœur, et par une invocation touchante, se mettent, eux, et leurs camarades et toute la jeunesse du pays, sous la protection du nouveau patron donné par l'Église aux écoles. Comme c'est utile aujourd'hui !

Les chants recommencent, le prêtre monte à l'autel, sort du tabernacle l'hostie sainte et bénit le peuple. L'office est terminé. Mais les chants ayant repris avec entrain, la foule veut rester encore à les entendre et ne se retire que lentement, pressée par la nuit qui s'avance.

Je me serais volontiers moi-même oublié dans l'église ce soir-là, tant je trouvais de charme à une pareille cérémonie.

Oui, voilà vraiment une belle fête, une fête utile et salutaire parce qu'elle rend gloire à Dieu et qu'elle peut procurer aux hommes la paix et la bonne volonté pour le bien. Il n'y a que les fêtes comme celle-ci, ayant uniquement pour objet la piété et la vertu, qui méritent le concours des honnêtes gens et l'empressement des populations.

Assurément, bien des âmes ont été touchées par les instructions de ces trois jours, bien des préventions contre la religion et les institutions religieuses sont tombées ; de sorte que les fruits de ces prédications s'ajoutant à l'impression produite par ces grandes solennités nous font espérer les meilleurs résultats pour le bien du pays et spécialement pour l'avenir de la nouvelle école des Frères, qui a été l'occasion de cette fête.

Un Ami des Frères.

LEZOUX

—

Les Frères de Lezoux ont tenu à célébrer, par un *Tri-duum*, la Béatification du vénérable et grand serviteur de Dieu, Jean - Baptiste de La Salle, fondateur de leur institut.

L'église paroissiale était décorée avec un goût parfait. Les regards étaient attirés surtout par un superbe tableau élevé derrière le maître-autel, et représentant le Bienheureux quittant la terre. On semblait monter avec lui tant l'on sentait là une vie circuler, un cœur palpiter, une main s'ouvrir et verser des grâces.

Pendant les deux premiers jours du *Triduum*, la parole pieusement apostolique du R. P. de Damas, jésuite, a groupé au pied de la chaire un grand nombre de fidèles, heureux d'entendre raconter les principales vertus que pratiqua le saint. Le dimanche devait être le grand jour. Le matin, nombreuses ont été les communions : les élèves des Frères et les deux communautés de saint Vincent de Paul et du Cœur de l'Enfant Jésus, sachant qu'il n'y a pas de meilleur moyen d'honorer les saints que de se nourrir de Celui qui a fait leur force et consacré leur sainteté, sont venus s'asseoir à la table eucharistique.

Le soir, à l'office de Vêpres, l'église était insuffisante à contenir la foule qui s'y pressait. Dans les places réservées du chœur, on remarquait la plupart des membres du Comité de l'École chrétienne libre : MM. Dumas, président ; le comte de Roquefeuille, vice-président ; Faure, trésorier ; Beaujeu, secrétaire ; vicomte de Sémallé ; Teyras de Grandval ; Favy ; Bompard, etc.

A l'entrée du clergé, la musique instrumentale fait

retentir les voûtes saintes de ses accents les plus harmonieux.

Après les Vêpres, M. Béal, vicaire de Saint-Pierre-les-
Minimes à Clermont, monte en chaire et nous retrace à
grands traits, dans un style imagé, la vie, les épreuves et
les œuvres du Bienheureux.

Le panégyrique du saint a été suivi par la bénédiction
solennelle du T. S. Sacrement, donnée par M. le Curé de
la paroisse, heureux de bénir une si belle assistance. Pendant l'exposition, des morceaux de musique ont été exécutés avec un rare talent par le chœur des chanteuses.

L'office du soir terminé, a eu lieu le transfert de la statue
du Bienheureux dans la chapelle de la maison des Frères ;
elle était portée par quatre frères et suivie de la foule pieuse
et recueillie. La chapelle est devenue le reste du jour un
lieu de pèlerinage ; chacun tenait à vénérer et à contempler encore l'image du bien-aimé Jean-Baptiste de La
Salle.

Honneur à ces modestes instituteurs, disciples du Bienheureux! gloire à la population de Lezoux dont la gratitude
est toujours à la hauteur des services rendus!

LE DORAT (Haute-Vienne).

—

On nous adresse les détails, suivants sur les cérémonies
du *Triduum* :

Notre ville du Dorat est tout entière sous l'impression
que laisseront longtemps encore dans les esprits et dans
les cœurs les belles fêtes du *Triduum* célébré à l'église
paroissiale les 16, 17 et 18 novembre, en l'honneur et à
la mémoire du Bienheureux Jean-Baptiste de La Salle;
ces journées sont de celles dont on ne perd pas facilement la mémoire : elles feront époque dans nos annales.
Durant ces trois jours, il faut bien le dire, notre religieuse population a montré, par son assistance et son
attitude à ces solennités, combien les dignes Frères des
Écoles chrétiennes peuvent compter sur sa reconnaissance
et sa sympathie. Le dimanche soir surtout, l'église était
comble, et la foule aussi compacte que le jour de Pâques.
C'est que, sur l'initiative des bons Frères, Le Dorat n'a pas
voulu rester en arrière sur les autres cités qui ont voulu, par
de semblables manifestations, exprimer leur pieuse allégresse au sujet de la Béatification de l'illustre fondateur de
l'Institut des Écoles chrétiennes.

L'ouverture du *Triduum* a eu lieu, le jeudi 15, à quatre
heures de l'après-midi, sous la présidence de M. le curé
qui, dans une remarquable allocution, a montré l'importance de cette manifestation catholique, énuméré les titres
du Bienheureux de La Salle à la reconnaissance publique
pour les éminents services rendus par lui à la cause de la
civilisation chrétienne et au bien des âmes.

Notre antique et vaste église avait été artistement décorée pour la circonstance, comme aux grands jours des

ostensions, et pendant ces trois jours son enceinte retentit agréablement des accents d'une belle musique religieuse. Au-dessus du maitre-autel, l'abside était complètement fermée par l'immense tableau représentant l'apothéose du Bienheureux avec l'étendard de la foi : *Signum fidei*. Des guirlandes, des banderoles, des écussons et des oriflammes, portant les armes du Bienheureux et rappelant les dates mémorables de sa vie et de sa Béatification, ornaient l'église et tapissaient gracieusement les pourtours et les lignes sévères.

L'aspect de ces décorations était saisissant et impressionnait vivement les cœurs des assistants, déjà gagnés à la cause de celui qu'ils venaient honorer. Les chants furent exécutés, le samedi soir, par les religieuses de Marie-Joseph dont la Congrégation, comme l'Institut des bons Frères, nous prouve que l'église n'a oublié aucun des besoins de la pauvre humanité ; et les autres jours par les dames du Dorat, qui se font un pieux devoir et un vif plaisir de consacrer, avec une entière bonne grâce, leur belle voix à rehausser la dignité du culte à toutes nos grandes solennités.

M. le Supérieur du Petit-Séminaire officia solennellement le dimanche à la grand'messe qui fut chantée en musique par un chœur des élèves de son établissement sous la savante direction de leur chef, M. Joly, dont le talent ne le cède en rien à beaucoup de nos célèbres artistes ; l'admirable cantate du Bienheureux, surtout, fut enlevée avec entrain et expression, les fidèles ne se lassaient pas de l'entendre.

Mais nous devons surtout parler des prédicateurs. Le premier sermon fut donné par M. l'abbé Pirrotin, un des prêtres distingués de la retraite du Dorat. L'orateur s'attacha principalement à démontrer, d'après la doctrine de saint Thomas, que le Bienheureux de La Salle avait bien mérité les honneurs qui lui sont rendus, par son humilité, par son abnégation et par son entier abandon à la divine Providence, qui a fait croître son œuvre, comme le grain de sénevé devenu un grand arbre.

Il montra ensuite comment l'Institut des Frères, qui renferme tant de talents supérieurs en tous genres, témoigne par son dévouement à la cause de l'instruction populaire, que l'Eglise n'est pas l'ennemi des lumières malgré le reproche que lui en font ses nombreux détracteurs.

Le prédicateur du second jour fut le pieux et savant professeur de rhétorique de notre Petit-Séminaire, M. l'abbé Marandet, dont la parole est toujours écoutée avec intérêt. Il nous fit voir comment le Bienheureux fondateur avait courageusement et glorieusement servi la cause de l'Eglise, de la société et du salut des âmes.

Le troisième jour, enfin, le dimanche, entre les vêpres et le Salut du très Saint-Sacrement, nous eûmes le plaisir, toujours renouvelé, d'entendre la voix si sympathique de M. l'abbé Vergnaud, vicaire de la paroisse, qui prononça le panégyrique; l'orateur nous montre le Bienheureux de La Salle, sous les deux aspects véritables sous lesquels il convient de l'envisager : le saint et le patriote et, avec des accents émus et des traits de la plus heureuse inspiration, qui produisirent une profonde impression sur son auditoire, il nous fit admirer dans l'œuvre du Bienheureux le grand modèle et l'une des formes les plus belles et les plus méritantes du vrai patriotisme.

Il nous montra, dans un tableau saisissant, le jeune Institut attaqué, dès son berceau, par trois redoutables adversaires : la mort, la persécution, la peur; et il termina par une invocation au Bienheureux le suppliant d'employer son intercession à faire rendre, par l'enseignement chrétien,

Dieu à la France et la France à Dieu? Certes les ossements de nos saints Israël et Théobald durent tressaillir d'allégresse dans leurs tombeaux.

Disons en terminant que ces trois jours ont été certainement pour les Frères et pour leurs élèves, pour la paroisse tout entière, trois jours heureux et bénis, puisqu'en glorifiant leur Bienheureux fondateur, ils ont pu procurer la gloire de Dieu et donner ainsi l'occasion de rappeler à notre intelligente et chrétienne population où sont ses véritables intérêts et ses réels bienfaiteurs.

BELLAC.

—

Jeudi soir, à 7 heures et demie, a eu lieu l'ouverture du
Triduum par le chant du *Veni Creator*, puis M. l'archi-
prètre de Bellac est monté en chaire pour lire le Bref de
béatification du Bienheureux.

Après le chant du *Te Deum*, le salut du T. S. Sacrement a été chanté par les élèves des Frères.

Disons un mot des décors. Des guirlandes en mousse,
parsemées de lis artificiels, admirablement imités, semblent sortir de la voûte et vont aboutir aux piliers en faisant de gracieuses courbes. D'autres, en papier, aux
couleurs des armoiries de l'Institut et de celles de la
famille du Bienheureux partent de la clef de voûte du
chœur et se terminent aux colonnes de droite et de gauche
à la base d'un tableau transparent, mesurant 4 mètres de
hauteur sur 2 mètres 40 de largeur.

Le Bienheureux y parait au milieu sur un nuage qui le
porte vers les régions éternelles. Au haut du tableau, on
voit les armoiries du Bienheureux ; au bas, celles de
l'Institut ; à droite, celles de Pie IX, de pieuse mémoire,
et à gauche celles de Léon XIII, glorieusement régnant.
Aux quatre angles, dans un cercle, on lit les dates suivantes : *1651*, rappelant la naissance de J.-B. de La Salle ;
1719, sa mort ; *1840*, déclaré vénérable, et *1888*, béatifié.

Une forêt de plantes artistement arrangées entoure le
maitre-autel et les lis naturels font un contraste admirable
au milieu de toute cette verdure.

Des cartouches, portant les dates principales de la vie

du Bienheureux, alternent avec les armoiries déjà citées et des oriflammes (1).

Les huit béatitudes, écrites sur une pièce de toile festonnée, forment une belle frise tout autour de la nef Saint-Jean qui ne mesure pas moins de 60 mètres de pourtour.

Des guirlandes semblables à celles du chœur et de la tribune sortent de la voûte pour aller se perdre aux angles des colonnes, sous de magnifiques oriflammes.

En un mot, le tout forme un ensemble qui s'harmonise parfaitement. Jamais, au dire des gens, l'église de Bellac n'avait été si brillamment décorée.

L'œil jouit d'un beau spectacle quand le tout est illuminé : on se croirait dans un Éden. Les saintes reliques sont exposées à l'autel de la T. S. Vierge, orné pour la circonstance.

A en juger par l'ouverture, les fêtes s'annoncent bien, et pendant les trois jours qui vont suivre, nous jouirons des splendeurs qu'apportent avec elles ces touchantes cérémonies.

Ajoutons que cette décoration est le fait des chers frères de l'école de Saint-Joseph qui, en cette circonstance de la béatification de leur fondateur, reçoivent une fois de plus les preuves de l'estime et de l'affection de tout le monde.

Comme on pouvait le prévoir, les fêtes en l'honneur du Bienheureux J.-B. de La Salle ont été splendides. Après

(1) Né et baptisé à Reims, 30 avril 1651 ; chanoine de Reims, 17 janvier 1667. Reçoit la tonsure 11 mars 1662. Entré à Saint-Sulpice 18 octobre 1670. Ordonné prêtre 9 avril 1678, Ouvre la première école, septembre 1679. Fonde l'Institut des Frères 21 juin 1681. Docteur en théologie 1681. Établit une école à Paris 1688. Distribue ses biens aux pauvres. 1685. Envoie deux frères à Rome, 1700. Ouvre le premier pensionnat, 1705. Installe le noviciat à Rouen 1705. Meurt à Rouen, 9 avril 1719. Déclaré vénérable, 8 mai 1840, Béatifié par Léon XIII, 19 février 1888.

avoir parlé de l'ouverture du *Triduum* et des décors de l'église, disons un mot des cérémonies qui ont eu lieu pendant ces trois jours de fête.

Le vendredi, 29 juin, premier jour du *Triduum*, dès 6 heures, a lieu la messe de communion pendant laquelle les élèves des frères chantent avec entrain un cantique plein d'à-propos :

(*Air : Le soleil vient de finir sa carrière*)

REFRAIN

Gloire à ton nom, honneur à ta mémoire,
Héros du Christ, défenseur de ses droits ;
Nous célébrons dans nos chants ta victoire
Sur Lucifer, l'ennemi de la Croix.

I.

Ton cœur d'Apôtre a compris la souffrance
D'un cœur broyé par le doute infernal.
Avec la foi, donne-lui l'espérance :
Toujours, partout, tu combattis le mal.

II.

Du Christ proscrit et du Christ qu'on outrage ;
Du Christ prêché par ton ardente foi,
Mais que l'enfer blasphème dans sa rage,
Défends encore le symbole et la loi.

III.

L'impie a dit : « Point de Christ à l'école ;
« Point de Credo dans le cœur de l'enfant ;
« Le ciel, l'enfer, espoir, crainte frivole,
« Que la science a réduits à néant ? »

IV.

Guidés par toi, nourris de ta parole,
Comme des preux, au chemin de l'honneur,
Nous marcherons, fidèles au symbole
Du Christ Jésus, du Christ notre Sauveur.

V.

Si, fils ingrats, nous devenons prodigues.
Jette en nos cœurs la honte et le remords ;
A nos forfaits, oppose quelques digues,
Et que ton bras soutienne nos efforts.

VI.

Depuis longtemps, prise par le vertige,
La France marche à l'abandon de Dieu ;
Pour elle, opère un éclatant prodige
Qui la ramène à genoux au saint lieu.

VII.

Donne à ses fils le respect de l'Eglise,
L'amour du bien, le culte du devoir ;
Fais que la France au Pape soit soumise,
Comme ton cœur le fut à son pouvoir.

A 9 heures, les élèves des sœurs de la Sagesse chantent la grand'messe avec une délicatesse d'expression qui porte invinciblement à la piété.

Après l'Evangile, M. l'abbé Montéléon, curé de Rancon, monte en chaire et commente, de la manière la plus attrayante, le texte de la sainte écriture :

Laudate Dominum in sanctis ejus, louez le Seigneur dans ses saints.

Après la grand'messe, pendant la vénération des saintes Reliques, les enfants chantent à l'unisson la belle hymne : *Jesu corona celsior*.

Le soir, à 7 heures et demie, la foule, malgré le mauvais temps, est plus nombreuse que la veille. Le recueillement est le caractère particulier de l'assistance. Les élèves des frères, au nombre d'environ 260, occupent la place d'honneur dans la grande nef. Cette place leur est due, puisque c'est la fête de leur père.

Après le chant de l'*Iste Confessor* et du *Magnificat*, M. l'abbé Debelut, curé de Droux, prononce le panégyrique du Bienheureux. Sa forte et puissante voix remplit l'église ; l'auditoire est suspendu à ses lèvres et on ne perd pas une syllabe de son discours dont voici le résumé :

Labia justi erudiunt plurimos (Proverbes. Ch. 10, v. 21).

Dans son exorde, l'orateur parle de l'enthousiasme général à l'occasion du décret de béatification. Cette allégresse éclate surtout en France. Ce n'est plus seulement un prêtre vénérable que nous admirons, c'est un saint que nous prions, un protecteur que nous invoquons.

Dans une première partie de son éloquent discours, il considère la vie du Bienheureux, et dans une deuxième partie, son œuvre.

« A l'époque de la naissance de Jean-Baptiste de la Salle, la France brille d'un incomparable éclat parmi toutes les nations de la terre. Bossuet commence à rendre ses oracles ; Turenne et Condé remplissent l'Europe entière de leur renommée. La naissance du Bienheureux ajoute un nouvel éclat au tableau de nos grands hommes. Il naît à Reims. C'est là que fut baptisé Clovis et en sa personne la France chrétienne ; c'est là que fut baptisé Jean-Baptiste de La Salle, et c'est là qu'en sa personne eut lieu la régénération intellectuelle des enfants pauvres et malheureux. C'est à Reims qu'Urbain II a eu la première idée des croisades contre les Musulmans. C'est à Reims que le Bienheureux Jean-Baptiste de La Salle a prêché la première croisade contre l'ignorance, source de tous les maux, dit Benoit XIII. Reims, théâtre du triomphe de Jeanne d'Arc fut aussi le théâtre du triomphe du Bienheureux.

« Rouen, théâtre du martyre de Jeanne d'Arc, fut aussi le

théâtre de la mort du Bienheureux, ou plutôt le théâtre du martyre de son dévouement à la cause des enfants pauvres. Sa piété tendre, sa grande dévotion à la Très-Sainte Vierge, tout en lui annonçait qu'il était né pour le Ciel. Prêtre, il devint le modèle de toutes les vertus sacerdotales. Ce fut à l'âge de 30 ans qu'il songea à fonder son œuvre admirable, l'âge où Jésus-Christ avait commencé à prêcher. Ce fut en ce moment que commença la persécution. Jamais saint ne fut plus humilié, plus abreuvé d'amertume... Que faisait-il ? Il se taisait comme Jésus dans sa passion, ou bien se contentait de dire : *Dieu soit béni !* Et à partir de cette époque, sa vie peut se résumer ainsi : Il priait, il souffrait et s'humiliait toujours. En la personne de ce pauvre prêtre s'est réalisée une fois de plus cette parole de l'Ecriture : *Infirma mundi elegit Deus ut confundat fortia.* On l'appelait le fou de Reims. Plût à Dieu qu'il y eut beaucoup de fous de ce genre, les affaires du monde n'en iraient pas plus mal.

« L'œuvre du Bienheureux Jean-Baptiste de La Salle arrive à l'époque marquée par la Providence. Bien que la France fut alors à l'apogée de la gloire, cependant le manteau de la gloire cachait bien des vices et bien des misères ; et le vice en descendant des plus hauts degrés de l'échelle sociale pénétrait rapidement dans les classes pauvres. Les agissements du Jansénisme, la plus hypocrite des sectes, semaient chaque jour le trouble et le désordre dans la classe populaire. Ce n'est pas tout, bientôt allait apparaître Voltaire, l'insulteur de la plus pure de nos gloires, l'adulateur de nos plus cruels ennemis. Il devait encore être l'ennemi du peuple, le traiter avec mépris. N'est-ce pas lui qui disait : « Pour les enfants du peuple, il ne faut qu'un aiguillon et du foin ». De plus, à cause des inventions nombreuses du xvie et xviie siècle, la diffusion de la lecture et de l'écriture s'imposait de plus en plus au point de vue industriel et commercial. Tout à cette époque réclamait donc, non pas seulement des maîtres chrétiens isolés, comme il y en eut toujours dans le courant des siècles chrétiens, mais un corps enseignant, un institut d'hommes dévoués à l'instruction des enfants du peuple. Ce furent les Frères des Écoles chrétiennes, œuvre admirable, œuvre merveilleuse!

« L'inspiration de cette fondation, le Bienheureux Jean-Baptiste de la Salle l'avait puisée dans la scène évangélique : *Laissez venir à moi les petits enfants; j'ai été envoyé pour évangéliser les pauvres.*

« Les qualités naturelles et morales des enfants avaient gagné son affection. L'enfant est en effet la plus belle fleur du parterre du père de famille, l'avenir de la patrie. Sans lui, le monde serait sans but. — Au point de vue religieux et moral, l'enfant, rayonnant encore de la grâce du baptême, est le miroir fidèle où se contemple la Trinité sainte : Dieu le Père, l'appelle son fils; Jésus-Christ l'appelle son frère; et l'Esprit Saint le nomme son Temple. Telles sont les raisons qui ont captivé le Bienheureux en faveur des enfants.

« Dans l'enseignement du Bienheureux Jean-Baptiste de La Salle nous voyons la religion et la science se donner la main. Ce sont deux sœurs, deux filles du même père qui dans les écoles chrétiennes s'avancent toujours l'une accompagnée de l'autre. La croix, drapeau de la religion, brillera toujours dans les classes des Frères; il sera un symbole et un encouragement pour les enfants.

« Les difficultés et les contradictions furent le partage du Bienheureux. Ses amis, ses parents, ses premiers disciples le trahissent et l'abandonnent. Les autorités civiles et ecclésiastiques même le frappent. Il reste inébranlable.

« Dans cette œuvre tout est marqué au cachet divin. L'œuvre est fondée sur l'humilité et la pauvreté. Les Frères ne jouiront d'aucun honneur ici-bas ; celui de servir une messe basse seulement, voilà le seul honneur auquel ils doivent aspirer. — Mais l'avenir sera sombre et sans garantie. Le Bienheureux a vendu tous ses biens et il veut que ses disciples n'en possèdent aucun, excepté le chapelet, le Nouveau-Testament et la sainte Communion. Cependant qu'ils se rassurent, ils auront une caisse de retraite qui n'a jamais failli aux lois de l'honneur. C'est la divine Providence, laquelle ne laissera jamais ses enfants au besoin. — Enfin, une dernière difficulté se présentait : Où trouverait-on le personnel de l'Institut ? La Providence y a encore pourvu. Depuis la fondation, des phalanges de braves jeunes gens ont quitté leurs familles et se sont enrôlés, pleins de zèle et de foi sous la bannière du Bienheureux Jean-Baptiste de La Salle.

« Aujourd'hui, ils sont 15,000, y compris les novices, et ils comptent plus de 400,000 élèves dans le monde entier.

Labia justi erudiunt plurimos.

« Et partout, dans les contrées les plus lointaines où l'on voit une sœur de charité, ou un frère des écoles chrétiennes, l'étranger se découvre respectueusement en disant : Voici la France. L'œuvre du Bienheureux n'est donc pas seulement catholique, mais elle est éminemment patriotique et française, témoin la conduite de ses disciples en 1870 sur nos champs de bataille.

« Une étoile constitue seule les armoiries et le blason de l'Institut des Frères des Écoles Chrétiennes. Aujourd'hui, cette étoile brillante est le Bienheureux Jean-Baptiste de La Salle lui-même. Levez donc les yeux vers cette étoile, bons et vénérés Frères. — Sa douce lumière vous éclairera au milieu des difficultés sans nombre de votre tâche si rude et si pénible ; son rayon si doux et si vif à la fois pénétrera vos cœurs des doux rayons de l'espérance et de même qu'une étoile conduisit les rois de l'Orient au berceau du Fils de Dieu, cette étoile que nous contemplons aujourd'hui au firmament des Cieux si vous êtes fidèles à suivre la voie qu'elle vous trace, vous conduira à l'éternel séjour. Ainsi-soit-il. »

Aussitôt après le sermon, les élèves des sœurs de la Sagesse chantent avec un délicieux ensemble le salut du Saint-Sacrement. Rien de ravissant comme ces voix fraîches et pures, célébrant les louanges du Dieu-Hostie opérant dans les âmes des saints les merveilles dont on vient d'entendre le touchant récit. Jean-Baptiste de La Salle, qui s'était laissé, durant sa vie, si intimement pénétrer de ces salutaires influences, devait sourire du haut du ciel à toutes ces voix qui célébraient le triomphe du Maître dans celui de son disciple.

Pendant la vénération des reliques, les élèves du pensionnat St-Joseph exécutent la Cantate à 3 voix, en l'honneur du Bienheureux, par le Frère Léonce. La fanfare accompagne sous la direction de M. Prévaud.

Telle fut la première et déjà si consolante journée du *Triduum* ; celle de demain ne lui cédera ni en splendeur ni en palpitant intérêt.

Samedi, 30 juin, deuxième jour du *Triduum* solennel. Dès 6 heures eut lieu l'exposition des Saintes Reliques et, pendant la messe, les communions furent plus nombreuses que la veille ; les élèves des Frères chantent à l'unisson, en l'honneur du Bienheureux, un nouveau cantique dont le dernier couplet caractérise parfaitement son œuvre :

> Par vous l'école chrétienne
> A l'enfance offre un abri,
> Pour que la foi se maintienne
> Au sein d'un monde appauvri.
> Désormais sous l'auréole
> Votre front resplendira,
> O doux patron de l'école,
> Et votre œuvre grandira.

Oui, l'Institut du Bienheureux Jean-Baptiste de La Salle continuera à prospérer et à donner aux futures générations l'enseignement chrétien malgré les difficultés des temps.

A 9 heures, grand'messe, avec diacre et sous-diacre. Les élèves des sœurs de la Sagesse et des Frères chantent avec sentiment et alternativement la messe du VI⁰ ton de Dumont.

Après l'évangile, M. Tolosa, vicaire, monte en chaire et prend pour texte de sa solide et instructive allocution les paroles du divin Maître à ses disciples : *Pax vobis.*

Après avoir exposé, dans l'exorde, les motifs de l'allégresse de l'univers entier, à l'occasion de la béatification de J.-B. de La Salle, le prédicateur nous commande de nous réjouir tous, *gaudeamus,* parce que, comme J.-C. après sa résurrection, le Bienheureux, en ce jour, nous annonce la paix, laquelle est une lumière solide, une sorte de consécration et une source de consolation.

Cette paix est une lumière solide parce qu'elle est le fruit d'une triple victoire remportée par le Bienheureux contre l'orgueil, le monde et Satan.

L'orgueil vient de l'ignorance, aussi saint Augustin ne cessa d'être orgueilleux et incrédule que lorsqu'il fut parvenu à connaître Dieu et à se connaître lui-même, et grâce à cette prière continuelle, *noverim te, noverim me*, il devint un héros d'humilité et de zèle pour la sanctification des âmes.

Jean-Baptiste de La Salle, dès ses plus tendres années apprit à connaître Dieu et à se connaître lui-même. Renonçant aux frivolités du jeune âge, il préféra la lecture de la vie des saints où il puisa la piété, la charité, le dévouement et la magnificence de la religion.

Au grand séminaire, il perfectionnera ses connaissances religieuses par de très solides études théologiques qui lui vaudront le grade de docteur en théologie.

Devenu prêtre, il possédera le principe et la fin de ses connaissances et il pourra alors s'identifier avec le Christ : *Sacerdos alter Christus*. Animé de l'esprit du divin Maître, il pensa à une œuvre qui, en sanctifiant les maîtres d'école, pourrait sanctifier aussi les élèves. Se démettant de son canonicat et distribuant tous ses biens aux pauvres, il établit son œuvre admirable sur la base solide de la charité. Dieu exauça les désirs du Bienheureux et bientôt 23 maisons ou écoles furent fondées où les maîtres et les élèves étaient dirigés par un règlement qui, assurant aux uns et aux autres une vie chrétienne et une instruction religieuse, c'est-à-dire la doctrine du Christ qui, tout en leur apprenant à connaître Dieu, leur enseignait à se connaître eux-mêmes, à supporter les humiliations, et à combattre l'orgueil, l'erreur et l'enseignement anti-chrétien.

Le monde croit trouver la paix dans la jouissance de la liberté (c'est ce qu'on appelle la libre-pensée), dans la jouissance des honneurs et des plaisirs.

Vivre comme l'on veut, avec la religion que l'on veut, dominer, avoir des amis, boire jusqu'à la lie la coupe des satisfactions humaines, voilà ce que le monde rêve, voilà la paix qu'il souhaite. — Mais il se trompe, et l'apôtre saint Jacques le condamne.

« Vous êtes pleins de désirs, dit-il, et vous n'avez pas ce que vous désirez ; vous tuez, vous êtes jaloux et vous n'êtes point satisfaits. Ne savez-vous pas que l'amitié du monde est une inimitié contre Dieu, *Subdite estote Deo.* »

Soyez soumis à Dieu et docile à son Eglise, en laissant votre libre-pensée de côté. Soyez humbles et Dieu vous accordera sa grâce : *Appropinquate Deo et appropinquabit vocis.*

Approchez-vous de Dieu par un saint amour et une véritable contrition de vos péchés et Dieu s'approchera de vous avec le baiser de la paix et du pardon.

Le Bienheureux Jean-Baptiste de La Salle dut méditer souvent ce quatrième chapitre de Saint-Jacques, et, voulant assurer à ses disciples la véritable paix, il attacha à leur règle les vœux de pauvreté, de chasteté et d'obéissance. Ses dignes enfants, aujourd'hui fidèles observateurs de la règle, n'ont point d'autre volonté que celle de Dieu, de l'Eglise, et de leurs supérieurs ; d'autres satisfactions ni d'autres richesses que celles de procurer comme leur Fondateur, à leurs élèves, le Ciel, en leur enseignant le chemin par l'exemple et l'instruction.

Obéir, souffrir, instruire, se faire petits avec les petits, sans autre ambition que la gloire de Dieu et le salut des âmes, voilà le bonheur des Frères des écoles chrétiennes, voilà la paix véritable que leur Bienheureux leur laisse au jour de sa béatification. Personne ne pourra la leur ravir. Elle est le fruit d'une victoire contre le monde.

Elle est encore le fruit d'une victoire remportée par le Bienheureux contre le démon. Satan, tentateur acharné, croit avoir triomphé d'une âme sainte quand il lui a ôté le goût de la prière et l'a privée des douces consolations qui l'accompagnent. *Veilles et priez,* dit N. S. J.-C., pour ne point tomber dans la tentation. Le Bienheureux Jean-Baptiste de La Salle, comprenant toute la portée du conseil du divin Sauveur, donna à ses enfants un règlement spirituel où l'on trouve tout ce qui peut assurer la paix intérieure : sainte messe, prières vocales, communion fréquente, etc. Tout cela bien observé, assura la paix contre l'instigation diabolique.

La paix que le Bienheureux Jean-Baptiste de La Salle laisse à ses disciples, est aussi une sorte de consécration, puisqu'au jour de sa glorieuse béatification, comme Jésus-Christ, après sa résurrection, il pourra donner la paix à ses enfants et les envoyer dans le monde entier sanctifier les âmes par leurs exemples et l'instruction chrétienne.

Enfin, cette paix est une source de consolation, puisqu'elle est la base et comme le germe de la couronne que Dieu réserve aux fidèles imitateurs du Bienheureux.

Réjouissez-vous bien, chers Frères, et réjouissons-nous tous, en ces beaux jours du *Triduum.* Regardez et faites comme votre modèle, un jour, avec votre Fondateur, vous serez glorifiés. Nos descendants, avec l'Ecclésiastique, diront de vous tous : *Laudeamus viros gloriosos.* Louons ces hommes pleins de gloire. Les enfants de leurs enfants sont un peuple saint ; leurs corps ont été ensevelis en paix et leur nom vivra dans tous les siècles. Que le peuple publie leur sagesse et que l'assemblée sainte chante des louanges.

Nous aussi, ô grand Bienheureux Jean-Baptiste de La

Salle, volontiers, nous nous unissons aux enfants de votre noble Institut, non-seulement pour nous réjouir de votre gloire et de vos grandeurs, mais encore pour implorer votre sainte protection. Donnez à vos fidèles disciples votre cœur et votre esprit, afin qu'ils fassent de nos enfants des chrétiens de cœur, de convictions, de caractère, de dévouement, d'ordre et de paix.

Obtenez pour nous, de Dieu, la grâce de bien vous imiter, ainsi que la paix que vous êtes venu nous donner au jour de votre béatification.

Pax vobis !

Après la grand'messe, les fidèles vont avec piété vénérer les saintes Reliques et nous sommes charmés pendant ce temps par le chant pieux et nourri de la belle hymne *Jesu, corona celsior*.

Le soir, à 7 heures et demie, l'église se remplit d'une assistance recueillie et sympathique à l'œuvre du Bienheureux. Elle veut honorer par sa présence le Fondateur des Ecoles populaires.

Après le chant de l'*Iste Confessor* et du *Magnificat* en faux-bourdon (ici on est frappé de la puissance des voix des enfants qui font le soprano), M. l'abbé Pierrotin, dans un pieux entretien, a charmé son nombreux auditoire en faisant passer successivement sous ses yeux les grandes vertus de Jean-Baptiste de La Salle : telles que l'humilité, la pauvreté et la charité. Il a terminé par le très intéressant récit des trois miracles opérés par le Bienheureux.

Les enfants de Marie ont bien voulu prêter leur concours et rehausser par leurs chants harmonieux ces touchantes cérémonies. Entraînées par le dévouement et le zèle qui les caractérisent, elles ont, quoique pour la plupart ouvrières, suspendu leur travail et préparé un Salut qu'elles exécutent avec un parfait ensemble et une rare précision.

Du haut du Ciel, le Bienheureux, en entendant ces cantiques eucharistiques, aura certainement supplié l'auteur de tous dons de répandre sur ces âmes d'élite ses plus abondantes bénédictions.

Cette délicieuse journée se termine par la vénération des saintes Reliques, et par le chant de la cantate dont nous avons déjà parlé.

Le public se retire plein d'admiration de ce qu'il a vu et entendu. Dieu lui-même a parlé aux cœurs.

Dimanche, 1ᵉʳ juillet, dernier jour du *Triduum*. A 6 heures, messe des communions qui sont très nombreuses. C'était un beau spectacle de voir cette phalange de jeunes gens s'avancer de la sainte Table, avec respect et pleins de foi, pour recevoir le pain des Forts. Après l'évangile, M. Leprat, vicaire, a résumé en quelques mots la vie du Bienheureux en faisant ressortir brièvement le bien que fait son œuvre dans la paroisse depuis plus de quarante ans.

A 10 heures, bannière et musique en tête, les élèves du pensionnat Saint-Joseph se rendent à l'église. Immédiatement après la fanfare, on remarquait un groupe d'enfants habillés comme au jour de la Fête-Dieu. Suivait ensuite la pension au son d'un brillant pas redoublé.

L'église est déjà remplie ; les institutions libres occupaient leur place ordinaire. La grand'messe commence avec diacre et sous-diacre.

Une messe à trois voix, de la composition de M. Léon

Couturaud est chantée, sous la direction de l'auteur, par les élèves des Frères, secondés des chantres de la paroisse.

Nos meilleurs compliments aux solistes de ténor et de soprano pour la justesse de leur voix. A l'auteur, nos félicitations les plus sincères et les plus sympathiques.

C'est à la grand'messe que M. le curé de Bellac a pris la parole. Il a parlé de la mission divine du Bienheureux.

Le soir, à trois heures, même défilé que le matin ; vêpres en faux-bourdon de Léon Couturaud ; sermon de clôture par M. l'abbé Leprat.

Il envisage l'œuvre du Bienheureux au point de vue des difficultés qu'elle présente dans les maitres et les élèves et développe les grands moyens laissés par le Fondateur à ses fils pour en triompher. L'orateur, dans une péroraison pathétique, adjure les mères chrétiennes de ne pas oublier qu'il leur reste une mission de conservation à remplir quand les frères ont accompli la leur, en formant leurs fils sur les bases de l'école chrétienne.

Après le Salut du Très Saint Sacrement, chanté par les élèves des sœurs de la Sagesse, comme le matin, la foule des fidèles se porte vers l'autel Saint-Jean pour vénérer les Saintes Reliques.

Le chant de la pieuse et mélodieuse cantate du frère Léonce termine ces magnifiques cérémonies dont le souvenir restera profondément gravé dans la mémoire de ceux qui en ont été les témoins.

Le Dimanche 1er juillet, à 8 heures et demie, le pensionnat Saint-Joseph s'illumine tout à coup. Des transparents multicolores paraissent aux croisées des deux façades donnant sur la cour principale. Les sujets sont très variés et bien choisis pour la circonstance.

Les armoiries de Benoit XIII, qui approuva l'Institut

des Frères des Ecoles chrétiennes, de Pie IX, qui déclara Vénérable Jean-Baptiste de La Salle, de Léon XIII qui lui a décerné le titre de Bienheureux, de l'Institut, de la famille du Bienheureux, de la ville de Limoges, de la ville de Bellac.

Certains transparents portent les monogrammes de Jésus et de Marie, dominé par une superbe couronne, de Saint-Joseph, entouré de deux branches de lis. Sur d'autres, on voyait le Sacré-Cœur de Jésus, répandant ses rayons bienfaisants sur un cœur qui repose sur une croix; le cœur immaculé de Marie, transpercé par le glaive de douleurs et dominé d'une étoile ; les attributs du prêtre et des vertus théologales. Deux colombes au pied d'un ciboire surmonté d'une hostie, dont les rayons semblent porter à l'innocence les douceurs de la vie eucharistique. Sur un autre, elles portent un chapelet à six dizaines qui entoure un cœur au bas duquel on lit : *Unis par la prière.*

Adossée à la façade principale du pensionnat, une gigantesque pyramide quadrangulaire et transparente produit un effet féerique. Elle se compose de quatre étages et mesure près de 10 mètres de hauteur. Le premier étage est tout en verdure. Un jet d'eau fonctionne à peu de distance au milieu d'un riant parterre, où les verres de couleurs, perdus dans la mousse, brillent comme des vers luisants.

Au deuxième étage, on voit une superbe rosace en style flamboyant, qui tourne dans un panneau de deux mètres de côté et dans ses rayons sont écrits les noms des maisons des frères du district de Clermont : Clermont, Riom, Thiers, Ambert, Issoire, Romagnat, Aubière, Cournon, Blanzat, Saint-Amand, Pontgibaud, Orcival, Aigueperse, Thuret, Effiat, Dorat, Vollore-Ville, Lezoux, Saint-Eloy, Cunlhat, Job, Billom, Saint-Maurice, Celles, Saint-Saturnin, Montferrand, Aurillac, Saint-Flour, Murat, Mauriac,

Maurs, Salers, Aubusson, Felletin, Ahun, La Souterraine, Tulle, Brive, Ussel, Limoges, Bellac, Rochechouart, Saint-Yrieix, Coussac, Le Dorat, Eymoutiers,
Saint-Léonard.

A droite, une colombe, aux ailes déployées, porte un
ovale dans lequel on lit : Déclaré Vénérable le 8 mai
1840. A gauche, même sujet, avec cette inscription :
Déclaré Bienheureux, le 19 février 1888.

Au troisième étage, une rosace, style rayonnant, tourne
également comme la précédente, dans le sens des aiguilles
d'une montre. Ses rayons portent les noms des districts de
l'Institut :

Paris, Avignon, Bayonne, Besançon, Béziers, Bordeaux,
Caen, Cambrai, Chambéry, Clermont, Lyon, Le Mans,
Marseille, Moulins, Nantes, Le Puy, Quimper, Reims,
Rodez, Saint-Omer, Toulouse, Angleterre, Irlande, Alle-
magne, Autriche, Belgique, Espagne, Rome, Torino,
Algérie, Tunisie, La Réunion, Madagascar, Chine, Inde,
Levant, Amérique, Canada, Baltimore, New-York, Saint-
Louis, Equateur.

La statue du Bienheureux parait souriante dans une
superbe niche qui forme le quatrième étage. A ses pieds
on lit : *Au triomphe du Bienheureux Jean-Baptiste de
La Salle, fondateur des Frères des écoles chrétiennes, né
à Reims, le 30 avril 1651, mort à Rouen, le 5 avril 1719.*

Sur le centre de la niche est l'invocation suivante :
Bienheureux Jean-Baptiste de La Salle, priez pour nous !

Voilà pour la face principale. Sur le côté droit, un panneau rectangulaire avec encadrement porte : *Ordonné
prêtre, le 9 avril 1678, reçu docteur en théologie en 1681,
fonde l'Institut des Frères en 1680. Il créa en France les
écoles normales, l'enseignement professionnel et commercial.*

Sur un autre panneau à quatre feuilles sont écrits les noms des écoles ouvertes par le Bienheureux: Reims, 1679; Paris, 1688; Chartres, 1699; Calais et Rome 1700, Troyes et Avignon, 1703; Rouen et Dijon, 1705; Mende Alais, 1707; Grenoble et Versailles, 1710.

Sur la face de gauche, un panneau également rectangulaire donne l'état de l'Institut à la mort du Bienheureux. Il comptait alors 25 maisons, 274 Frères et 9,885 élèves. Enfin, au-dessous, on lit : Dieu bénit l'œuvre du Bienheureux. Présentement, son Institut compte 1240 maisons, environ 13,000 frères, 1661 écoles, 6,731 classes, 305,490 élèves, dont 23,831 internes, 5,978 adultes, 1,356 apprentis, enfin, 1,046 novices.

Favorisé par un temps très calme, l'ensemble de l'illumination offrait un spectacle saisissant, aussi, tout Bellac veut en jouir. La cour et le vaste hangar ne peuvent contenir la foule enthousiasmée. De tous côtés on entend les exclamations : « Que c'est beau! que de travail! J'ai bien voyagé, disait quelqu'un et en fait d'illumination je n'ai rien vu de pareil. D'autres : Que de couleurs il a fallu pour faire ce travail! (Pas de couleurs, mais de papier). »

Il est 10 heures et demie, la cloche sonne, les élèves montent au dortoir. Les lumières s'éteignent aux fenêtres et cependant la foule ne s'écoule pas ; elle veut contempler encore une fois la pyramide de lumière qu'elle ne se lasse pas d'admirer. Est-ce l'œuvre d'un habile architecte? Nullement. C'est un frère qui en a fait le plan et l'a exécuté avec l'aide de ses élèves. En voilà du travail manuel ! Les gens se retirent heureux, et répètent dans leur enthousiasme que les Frères seuls peuvent organiser de pareilles fêtes. Les habitants de Bellac en garderont un doux souvenir.

Pendant tout le temps de l'illumination, la fanfare du

pensionnat, habilement dirigée par M. Prévaud, charme le public par l'exécution parfaite de quelques-uns des plus beaux morceaux de son répertoire.

Nous ne voulons ajouter qu'un mot à ce compte-rendu.

L'empressement de tous les habitants de Bellac à assister aux fêtes du *Triduum* doit être pour les Frères un gage du respect et de l'estime dont ils jouissent dans cette ville, où chacun les aime.

Ces belles et touchantes solennités, qui resteront dans toutes les mémoires, ont encore resserré les liens qui unissent les habitants de Bellac aux chers Frères.

Le mur et les vitraux du chœur disparaissaient sous les draperies. Une grande et belle statue du Bienheureux, décorée avec goût, se dressait, en arrière du maître-autel, sur un piédestal à gradins, très-élevé, ayant la forme d'une pyramide quadrangulaire tronquée. Cette statue était encadrée dans un baldaquin d'étoffe rouge, parsemé d'étoiles d'or, supporté par quatre élégantes colonnes vertes, à torsades rouges, et surmonté d'une immense couronne royale d'où scintillaient les plus vives couleurs.

Cinq beaux lustres, suspendus à la voûte de la nef, deux énormes candélabres de forme pyramidale, placés l'un à droite, l'autre à gauche, au bas du baldaquin, un grand nombre d'autres flambeaux, et des centaines de chandeliers, symétriquement disposés, sur les gradins de l'autel et du piédestal de la statue, supportant une forêt de bougies, formaient une splendide et éblouissante illumination.

L'art et le goût avaient présidé au choix, à la confection et à la disposition de ces décors.

L'ensemble présentait un ravissant coup d'œil bien propre à rehausser l'éclat de la fête.

Cette fête, du reste, fut belle et touchante, par la présence et la belle tenue de huit cents enfants, pleins de candeur et de piété, venant, pour la première fois, rendre leurs hommages et adresser leurs prières à leur grand Bienfaiteur, à leur tendre ami, élevé par l'Église sur les autels, au moment même où l'enfer déchaîné menace la foi de l'enfance chrétienne.

Tous les orateurs furent éloquents, le panégyriste surtout, en retraçant la vie édifiante et les vertus héroïques du Bienheureux. Pendant deux jours, la présence de l'Evêque releva la solennité.

Le très-cher Frère assistant Gabriel-Marie, les chers

Frères visiteurs de Clermont et de Rodez voulurent bien également prendre part à cette fête. On remarqua aussi dans l'assistance MM. les membres de la Société civile de l'établissement de Saint-Eugène, le comte de La Salle de Rochemaure, arrière-petit-neveu du Bienheureux, camérier de Sa Sainteté Léon XIII, et quelques autres amis des Frères.

Un public choisi, bien composé, accourut le troisième jour du *Triduum*. Il eût été tous les jours bien plus nombreux encore, si la capacité de la chapelle l'eût permis, ou si la fête se fût célébrée dans la chapelle de St-Géraud.

Les Frères et les élèves assistèrent à tous les exercices, et firent tous les frais du plain-chant, de la musique vocale et de la musique instrumentale.

Nous regrettons de ne pouvoir ajouter aux quelques détails que nous venons de résumer sur la solennité de cette belle fête, les discours des orateurs sacrés dont l'éloquence, justement appréciée, fit ressortir avec force et clarté les vertus héroïques et le mérite éclatant du Bienheureux ; de ne pouvoir même donner une analyse complète du beau panégyrique prononcé le dernier jour par M. Tissandier d'Escous, supérieur des missionnaires lazaristes. La reproduction de ces discours prouverait qu'à Aurillac, comme partout ailleurs, l'admiration sympathique et éclairée du clergé sut s'unir à l'enthousiasme des fidèles et à la piété filiale des Frères pour célébrer avec zèle et transport la gloire si pure du Bienheureux J.-B. de la Salle.

Le panégyriste fit entrer dans un plan vaste et bien ordonné les traits caractéristiques du Bienheureux ; le récit de sa naissance, de sa piété précoce, de sa vocation, des principaux actes de sa vie, et le tableau de ses héroïques vertus. Il enrichit sa narration de réflexions pieuses autant que profondes, d'utiles et ingénieuses applications, de véhémentes exhortations aux parents chrétiens de veiller sur leurs enfants, et de les placer dans des écoles propres à sauvegarder leur innocence et à former leur cœur à la pratique de la vertu.

Après avoir rappelé brièvement les fêtes de la béatification à Rome, l'orateur ajouta : « La ville d'Aurillac, qui a été si longtemps évangélisée par les disciples du Bienheureux pouvait-elle rester en arrière dans le concert de louanges que le monde entier se préparait à lui rendre ? Non, sans doute, et l'imposant auditoire réuni dans cette enceinte prouve suffisamment que les habitants de cette cité savent reconnaitre l'immense bienfait de l'éducation chrétienne, donnée à leurs enfants dans trois nombreuses écoles, par des religieux dont le zèle, l'abnégation et le dévouement sont unanimement reconnus et justement appréciés ; cet auditoire est en même temps une éclatante manifestation, mes frères, de votre sympathique enthousiasme, de votre admiration pour le mérite universellement exalté du sage et pieux éducateur que l'Église vient de placer sur ses autels.

« Quand une société se désagrège ; quand ses institutions fondamentales s'affaiblissent ou deviennent insuffisantes et qu'un besoin de transformation se fait sentir, Dieu suscite des hommes, puissants par la vertu et le génie, qui réparent l'édifice social et le raffermissent sur des bases solides. L'éducation chrétienne des enfants est une de ces bases à défaut de laquelle la société perdrait son équilibre et se précipiterait dans les abimes de l'irréligion et de l'anarchie. C'est pour assurer aux enfants du peuple le bienfait de cette éducation que Dieu choisit J.-B. de La Salle, au moment où les petites écoles primitivement établies par l'Église devenaient insuffisantes. Une telle mission était difficile et ne pouvait être menée à bonne fin que par un homme providentiel, doué d'une foi vive, d'une imperturbable confiance en Dieu et d'une volonté énergique et persévérante : tel fut J.-B. de La Salle. »

Dans sa conclusion, l'orateur s'étend sur le spectacle consolant que présente partout le nombre toujours croissant des écoles chrétiennes ; il signale ainsi le triomphe actuel de l'œuvre du Bienheureux.

« Ce spectacle si consolant n'est pas refusé au diocèse de Saint-Flour ; et si, dans le champ restreint de ce diocèse, et dans la domaine de l'éducation chrétienne de l'enfance, une voix a le droit de se faire entendre pour proclamer les prodiges accomplis par la charité, c'est bien celle de l'Évêque dont la haute sagesse, la féconde activité, l'inépuisable générosité multiplient les écoles libres pour contre-balancer les pernicieux effets des écoles sans Dieu. Aussi, les enfants du Bienheureux continuent-ils au milieu de nous l'œuvre de leur glorieux Père ; et dans les deux paroisses de Saint-Géraud et de Notre-Dame-aux-Neiges, s'élèvent deux asiles nouveaux, dans lesquels, comme dans les anciens, l'enfant apprend à connaître Dieu, à l'aimer, à le servir ; à respecter et à aimer ce que Dieu veut qu'on respecte et qu'on aime : la famille, le prochain, la patrie... »

« Quand Jeanne d'Arc eut accompli sa périlleuse mission, elle se plaça dans la Cathédrale de Reims, auprès de son roi triomphant ; regardant avec amour sa chère bannière, dont elle n'avait pas voulu se séparer, elle lui adressa cette naïve apostrophe : « O ma bannière chérie, vous avez été à la peine, il est bien juste que vous soyez maintenant à l'honneur ! »

« Dans quelques jours, mes frères, des fêtes splendides se célébreront à Reims, à la gloire de notre Bienheureux : c'est dans cette ville, auprès du tombeau de saint Remy, que le Bienheureux reçut sa mission providentielle ; c'est dans cette ville qu'il débuta dans sa longue carrière de travaux, de souffrances et d'humiliations ; il est bien juste qu'il y triomphe maintenant et qu'il puisse s'écrier : « O œuvre des écoles chrétiennes, ici je vous ai vue dans l'abjection et le mépris, aujourd'hui que l'Eglise proclame ma gloire, soyez heureuse avec moi. »

L'orateur, enfant de Saint-Vincent de Paul, a terminé son discours par une invocation au Bienheureux.

« Comme Vincent de Paul, mon bienheureux Père, dont vous avez été le digne émule, vous avez tant aimé la jeunesse de la France, nous vous la confions, cette jeunesse, spécialement celle de cette ville d'Aurillac qui célèbre aujourd'hui votre triomphe et vous invoque avec nous. Du sein de vos splendeurs, ô grand serviteur de Dieu, veillez toujours sur elle, gardez-la et protégez-la toujours !.... Alors, la foi, loin de s'affaiblir dans nos populations, s'épanouira à travers les siècles à venir, plus vigoureuse et plus vaillante que jamais, pour la gloire de Dieu et l'honneur du pays natal. »

Ces démonstrations de foi n'étonnent pas ; mais elles laissent surtout une impression fortifiante, et elles prouvent une fois de plus combien Dieu est admirable dans ses saints, puisque par eux il pourvoit sans cesse aux besoins de tout temps et de toute société.

JOB.

—

Job a célébré avec grande solennité un *Triduum* en l'honneur du Bienheureux Jean-Baptiste de La Salle.

Pendant trois jours, le matin et le soir, la population si religieuse de la paroisse a envahi l'église, magnifiquement ornée.

Au fond du chœur, un immense tableau du Bienheureux élevé au ciel sur un nuage, l'expression de son visage est grave et sereine ; il montre de la main les œuvres qu'il a fondées sur terre et sur lesquelles il veillera du haut du ciel.

Tout le long de l'église, ce ne sont qu'écussons, étendards aux riantes couleurs ; armes du Bienheureux, du pape Léon XIII, de Benoit XIII, de Grégoire XVI, de Pie IX, de Monseigneur l'évêque de Clermont, de sa ville épiscopale, ainsi que le gonfanon d'Auvergne.

On y remarquait aussi les armes de l'Institut et des villes qui ont eu des relations plus intimes avec le Fondateur ou avec ses fils : Reims, Rouen, Paris.

Toutes ces armes étaient réunies par de magnifiques guirlandes qui venaient aboutir au milieu du chœur et y former une immense couronne.

Le luminaire était en rapport avec le décor. Dès la veille, à trois heures du soir, les cloches annonçaient les fêtes en l'honneur du nouveau Bienheureux ; et, une heure après, elles appelaient les fidèles à l'ouverture du *Triduum*.

La cantate au Bienheureux est chantée alternativement

par le chœur des élèves des sœurs et celui des élèves des Frères ; M. l'abbé Béal, vicaire d'Ambert, monte en chaire et prononce le panégyrique du Bienheureux de La Salle ; l'exposition des Reliques précède le Salut solennel du Très Saint-Sacrement qui met fin à la première solennité.

Vendredi, 9 novembre, premier jour du *Triduum*, à sept heures, messe et chant des cantiques.

Le soir, à quatre heures, cantate, vénération des Reliques, panégyrique du Bienheureux, par M. Dessagnes, premier vicaire de la paroisse, et Salut solennel.

Samedi, 10 novembre, second jour du *Triduum*, messe à sept heures, et chant des cantiques.

Le soir, à quatre heures, cantate, vénération des Reliques, panégyrique du Bienheureux, par le vénérable pasteur de la paroisse, suivis du Salut solennel du Très Saint-Sacrement.

Dimanche, 11 novembre, dernier jour du *Triduum*, messe basse à sept heures, messe de communion générale pour les enfants, les jeunes gens, et pour l'immense majorité des pères et mères de famille.

Spectacle enregistré au livre des joies du ciel et des vraies fêtes de la terre ! Pendant l'action de grâces, la cantate au Bienheureux retentit sous les voûtes du Sanctuaire, puis, la vénération des Reliques ; cette dernière cérémonie a duré une heure.

A onze heures, a lieu la grand'messe très solennelle ; après l'Evangile, M. Allirot prononce le panégyrique. A l'issue de la grand'messe, les vêpres furent chantées, afin de permettre aux paroissiens les plus éloignés de l'église d'assister à la clôture du *Triduum* ; vu la distance des villages, ils n'auraient pu y revenir le soir.

Le Salut solennel du Très Saint-Sacrement et la vénération des élèves mirent fin à ces belles fêtes, dont la si pieuse population de Job gardera longtemps le souvenir.

Les cérémonies du *Triduum* terminées, un grand nombre de familles désireuses de connaître le Bienheureux dans les moindres détails, ont tenu à lire sa vie. Puissent, cette lecture et les belles fêtes du *Triduum*, en révélant ce qu'a coûté à Jean-Baptiste de La Salle la création de son œuvre des écoles chrétiennes, y attacher plus fortement encore notre population religieuse pour garder intactes ses mœurs et ses croyances.

ROCHECHOUART.

—

Nous regrettons de ne pouvoir insérer des détails plus
complets sur le *Triduum* célébré à Rochechouart.

Commencé le 20 juillet, il a été prêché par le R. Père
Magnié de la Compagnie de Jésus.

Le premier jour, l'orateur a traité de l'esprit de foi du
Bienheureux.

Le deuxième jour, de son zèle pour l'éducation de l'enfance.

Le troisième jour, de l'ensemble de ses vertus.

La sympathique population de Rochechouart s'est mon-
trée digne des services rendus par les Frères. L'église, trop
petite pour contenir la foule recueillie qui s'y pressait,
avait été décorée comme la cathédrale de Limoges, moins
le grand tableau de l'apothéose, remplacé par la statue
du Bienheureux.

La lecture de la lettre de béatification a ouvert la série
des cérémonies du *Triduum*. Chacun des trois jours, la
messe fut chantée, soit par les élèves des Frères, soit par
les enfants des sœurs de Saint-Vincent.

Les communions furent nombreuses et nous avons tout
lieu de croire que cette manifestation assurera le bonheur
des familles et des enfants confiés à la sollicitude des
bons frères des Ecoles Chrétiennes.

St-MAURICE, PONTGIBAUD, ROMAGNAT.

—

Si modestes qu'eussent été les *Triduum* célébrés par
les communautés de Saint-Maurice, de Pontgibaud et de
Romagnat, nous aurions désiré en insérer ici les compte-
rendus. Nous savons qu'ils ne l'ont cédé en rien pour la ferveur et le recueillement aux localités les plus chrétiennes.

Les enfants préparés avec soin à ces touchantes cérémonies ont été pour la population un sujet d'édification, heureux qu'ils étaient d'apporter, eux aussi, leur note pieuse
dans ce concert unanime de prières envers Celui que désormais ils invoqueront comme leur Patron et leur Protecteur.

Nous gardons l'espoir que de si ardentes supplications
retomberont en grâces abondantes sur les familles et les
nombreux enfants qui reçoivent l'éducation chrétienne en
ces écoles.

TABLE

GRAVURES

Contenues dans la brochure des Triduum